U0540874

| 天
Borderless
| 下

天下，在乎正义和你

刑事辩护的模式

李奋飞 著

法律出版社
LAW PRESS·CHINA
北京

图书在版编目(CIP)数据

刑事辩护的模式 / 李奋飞著. —— 北京：法律出版社，2023

ISBN 978-7-5197-7618-3

Ⅰ.①刑… Ⅱ.①李… Ⅲ.①刑事诉讼－辩护－研究－中国 Ⅳ.①D925.210.4

中国国家版本馆CIP数据核字(2023)第032534号

刑事辩护的模式
XINGSHI BIANHU DE MOSHI

| 作　　　者：李奋飞 |
| 责任编辑：张心萌 |
| 装帧设计：贾丹丹 |
| 出版发行：法律出版社 |
| 编辑统筹：学术·对外出版分社 |
| 责任校对：王　丰　郭艳萍 |
| 责任印制：陶　松 |
| 经　　销：新华书店 |
| 开　　本：710毫米×1000毫米　1/16 |
| 印　　张：15.5 |
| 字　　数：216千 |
| 版　　本：2023年7月第1版 |
| 印　　次：2023年7月第1次印刷 |
| 印　　刷：天津嘉恒印务有限公司 |
| 书　　号：ISBN 978-7-5197-7618-3 |
| 定　　价：78.00元 |

版权所有·侵权必究

销售电话：010-83938349　客服电话：010-83938350　咨询电话：010-63939796
地　　址：北京市丰台区莲花池西里7号(100073)
网　　址：www.lawpress.com.cn
投稿邮箱：info@lawpress.com.cn
举报盗版邮箱：jbwq@lawpress.com.cn
凡购买本社图书，如有印装错误，我社负责退换。电话：010-83938349

序　言

　　虽然,斯蒂芬·茨威格曾在《人类命运攸关的时刻》一书的序言中写道:"命运攸关的时刻,在个人的生活上,在历史的演进中,都是极为罕见的。"但是,在不少人的成长过程中,却还是会经常遇到一些转折点的。别的不说,回顾自己的学术历程,至少就有过一次重要转折。熟悉我的师友大都知道,我有过数年"随心所欲"的学术经历。其间,不仅以兼职律师的身份从事过刑事辩护业务,也常通过关注轰动案件在"博客"、报刊上发表一些有关刑事程序的碎片思考,并在上海三联书店、清华大学出版社相继出版了三本随笔集,但却鲜有严格的学术论文发表。为此,一些可亲可敬的师友都曾善意地提醒我,要兼顾好甚至应专注于规范的学术论文的生产。

　　如今想来,我的学术转折,即从过去热衷"小文章",到今天专注"大论文",时间节点应该是2015年。正是在这一年,我发表了《论"表演性辩护"——中国律师法庭辩护功能的异化及其矫正》一文。我通过观察一些影响性案件的庭审发现,不少律师的辩护活动并非以说服裁判者接受其辩护意见为目标。对于这种带有"表演"性质的辩护,我将其概括为"表演性辩护",并根据律师的行为方式及其与公安司法机关的关系,将"表演性辩护"区分为"配合性表演"和"对抗性表演"两种模式。这是我对"模式分析方法"的初步尝试。虽然该文并未能完全摆脱"对策法学"的烙印,但文中所运用的模式分析却为我之后的学术研究(包括但不限于对刑事辩护问题的研究)提供了重要的方法论指导。

可以说,呈现在读者面前的这部名为《刑事辩护的模式》的著作,在很大程度上就是笔者运用这种模式分析方法研究刑事诉讼尤其是刑事辩护问题的阶段性成果。例如,有关"唯庭审主义"辩护模式的提炼,笔者不仅就这一辩护模式的主要特征进行了归纳,还对这一模式的形成原因进行了分析,并指出了其可能产生的负面影响。2012年《刑事诉讼法》虽赋予了律师在审前程序的辩护人地位,使部分律师日益重视"辩护前移",并取得了初步成效。但要让中国律师彻底走出"唯庭审主义"的辩护模式,实现有效辩护尤其是有效果的辩护,至少还应从检察机关的审前定位和办案方式的诉讼化、律师权利的增设与保障、刑事法律援助的质量监管和值班律师的定位等诸多方面,对中国刑事辩护制度乃至刑事司法制度加以改革和完善。

可见,作为刑事诉讼制度的重要组成部分,刑事辩护制度的进步自然是与刑事诉讼的发展呈正相关的。而自1979年第一部《刑事诉讼法》实施以来,"发展"无疑构成了"中国刑诉"的核心命题。这不仅是因为,中国先后在1996年、2012年和2018年对《刑事诉讼法》进行了三次或大或小的修改,也是因为,中国在过去的20多年里推动了一轮又一轮的司法改革,尤其是党的十八届四中全会通过了《中共中央关于全面推进依法治国若干重大问题的决定》,既将推进以审判为中心的诉讼制度改革作为司法改革的重要目标,也将完善刑事诉讼中的认罪认罚从宽制度作为司法改革的重要部署。特别是,随着国家监察体制改革的深入推进,检察机关的职务犯罪侦查权被整体转隶至全新的监察委员会,这不仅打破了中国司法领域固有的权能结构,也对中国刑事诉讼体系产生了重大影响。可以说,无论是哪一次刑事诉讼法修改,也无论哪一轮司法改革,都与刑事辩护存在非常紧密的关系。甚至,从一定意义上可以说,刑事辩护所遭遇的种种问题,既是"中国刑诉"的问题,也是中国司法的问题。因此,刑事辩护模式的孕育、发展以及变革,也可以成为刑事诉讼模式孕育、发展以及变革的真实写照。

《刑事辩护的模式》一书分为两个部分:一是"刑辩模式的演进

动因";二是"刑辩模式的理论展开"。在第一部分,本书讨论了"以审判为中心"的刑事诉讼制度改革、认罪认罚从宽处理制度改革等重大司法改革的推行,对中国刑事诉讼模式格局的影响。随着改革的逐步推进,具有中国特色的刑事诉讼模式格局或将孕育出来。例如,"以审判为中心"的深入推进,将导致案件随着程序的层层推进接受越来越严格缜密的审查。如果说"以侦查为中心"的诉讼模式可以被概括为"顺承模式"的话,那么"以审判为中心"的改革落地后的诉讼模式则可被称为"层控模式"。再如,随着认罪认罚从宽制度等司法改革的深入推进,刑事案件的办理方式日益呈现出两个"互斥共存"的程序格局,即"以庭审为重心"和"以审查起诉为重心"。其中,认罪认罚从宽案件就是"以审查起诉为重心"的典型。这一程序格局体现在:认罪认罚从宽制度的实施以审查起诉环节为重要依托。其核心要旨在于有效地量刑协商,且作为控辩协商一致之产物的量刑建议一般应当被法院采纳。这一切,既为中国辩护制度的发展提供了新的契机,也构成了刑事辩护发挥作用的司法场域。

与第一部分紧密相关的是,第二部分讨论了刑辩模式的理论展开。在这一部分,笔者指出,随着以审判为中心的刑事诉讼制度改革的推进,控辩关系将逐渐呈现出三种阶段性的样态。在当下中国的刑事司法语境下,控辩双方的平等对抗只能适用于审判阶段,由此形成了"对抗主导型"的审中样态。而在进入审判前,由于作为控方的检察机关享有批准逮捕、审查起诉等带有司法属性的权能,辩方通常只能与其形成交涉关系,即通过有效的信息沟通,以说服其接受并作出有利于己方的决定,由此形成了"交涉主导型"的审前样态。而在审判终结后,一旦发现已经生效的裁判存在错误,控辩之间的互动机制便会被重新激活,由此形成了"协作主导型"的审后样态。控辩关系的三种样态各有其形成原因及运作机理,也都有独特的存续时空。通过研究控辩关系的这些复杂样态,可以为未来的中国刑事诉讼制度勾勒出新的图景。

在此基础上,笔者还对改革所引发的较为新颖的刑事辩护模式——交涉性辩护——进行了概括提炼。认罪认罚从宽制度的推行,使刑事案件的办理被区分为认罪认罚案件与不认罪认罚案件两种类型。与不认罪认罚案件中控辩双方在法庭上进行"唇枪舌剑""你来我往"式的平等对抗有所不同,认罪认罚案件的辩护则更多地体现在审前程序,尤其是审查起诉环节中与检察机关的沟通、协商、对话。如果说不认罪认罚案件中的辩护样态可被概括为"对抗性辩护",则认罪认罚案件中的辩护样态可被称谓为"交涉性辩护",其所追求的诉讼目标是,通过与检察机关积极的沟通、协商和对话,说服其在被追诉人自愿认罪认罚后及时终结诉讼,或在提起公诉的情况下可以向法庭提出较为轻缓的量刑建议,从而让被告人获得更为有利的诉讼结果。

此外,笔者还在本部分特别指出,在中国的刑事辩护实践中,始终存在一种"唯庭审主义"的辩护模式。其主要特征是,律师把庭审环节当成辩护的主要场域,甚至唯一场域,而忽视庭审外尤其是庭审前的辩护活动。审前既不与检警机关设法沟通,也未能说服其作出任何有利于己方的决定;庭审辩护又以宣读根据卷宗撰写的辩护词为中心。这一模式的形成,与审前制度空间的局限、刑事辩护理念的偏差、审前辩护技能的欠缺有着紧密的关系,并导致了诸多消极的后果,尤其是辩护效果不佳,无法有效保障被追诉人的利益,也难以及时地促使检警机关自我纠偏。《刑事诉讼法》虽赋予了律师在审前程序的辩护人地位,使部分律师日益重视"辩护前移",并取得了初步成效。但要让中国律师彻底走出"唯庭审主义"的辩护模式,实现有效辩护尤其是有效果的辩护,至少还应从检察机关的审前定位和办案方式的诉讼化、律师权利的增设与保障、刑事法律援助的质量监管和值班律师的定位等诸多方面,对中国刑事辩护制度乃至刑事司法制度加以改革和完善。

当然,伴随着中国律师制度的深刻变革,特别是律师身份的逐步演变,"忠诚义务"在中国律师职业伦理中的重要地位得以凸显。作为为被追诉人"提供法律服务的执业人员",辩护律师必须将维护当事人的利益作为自己所有工作的出发点和归宿。为此,辩护律师不仅需要根据事实和法律,在程序框架内向办案机关提出被追诉人无罪、罪轻或者减轻、免除其刑事责任的材料和意见,还应该在必要时敢于并善于运用一切法律和执业纪律所不禁止的方式,包括本书尚未讨论的律师在程序框架以外适当引入社会、政治力量的策略选择,去挽救自己的当事人于危难之中,以为其谋取最大限度的利益。为达此目的,律师有时甚至在一定程度上"必须无视其可能对其他人造成的惊慌、痛苦以及破坏"。但是,辩护律师的忠诚义务并不是绝对的,而是有限度和边界的。辩护律师忠诚义务的限度和边界,可以从"执业目标""身份独立""真实义务"三个维度进行界定。对辩护律师忠诚义务的限度和边界进行研究,既有助于解决辩护律师如何履行忠诚义务的问题,也有助于调和被告人与辩护律师的辩护冲突,还有助于化解辩护律师的执业风险。

不过,由功底和见识所限,本书对刑事辩护问题的模式研究还只是初步的。笔者只能寄希望于未来,在对刑事辩护实践进行细致观察的基础上,能够对刑事辩护问题有更加深入的思考,并可以真正实现"惊心动魄的跳跃"。

学术之路犹如人生之路,曲曲弯弯,有苦有甜,所幸还有众多师友的提携、引领、支持和帮助。在《刑事辩护的模式》一书的写作过程中,笔者就得到过不少师友的提携、引领、支持和帮助。借该书出版之际,笔者要向这些可亲可敬的人表达诚挚的感谢。一一列举,难免挂一漏万。这里,我谨向为本书的出版鼎力推荐的陈兴良教授、陈卫东教授、陈瑞华教授、王新清教授表示忠心的感谢。本书的部分章节,曾在《中国法学》《中外法学》《政法论坛》《环球法律评论》《法学论坛》《华东政法大学学报》等刊物上发表过,我要特别感谢李游编辑、于贺清编辑、吴岩副主编、王雪梅编辑、宫雪编辑对我的文章给予的厚爱。原法律出版社的高山编辑以及本书的责任编辑张心萌女士,都为本书的出版倾注了大量心血,在此书出版之际,也要向他们表示衷心的感谢!

古人云:"滴水之恩,当涌泉相报。"而我深知,自己作为一个教书先生,报答以上师友的最好方式,就是以后要更加努力、更加专注,争取"多出成果,出好成果。"

李奋飞
2020年8月15日

目 录

第一编 刑辩模式的演进动因

第一章 从"顺承模式"到"层控模式"
　　　　——"以审判为中心"的诉讼制度改革评析　　3
一、问题的提出　　3
二、两种模式的中国叙述　　4
三、两种模式的要素表达　　8
四、两种模式的关系互动　　17
五、两种模式的转化坐标　　23
六、结语　　26

第二章 论刑事诉讼中的"争点主导主义"　　29
一、庭审实质化的新阶段　　29
二、"争点主导主义"的正当化逻辑　　32
三、"争点主导主义"的类型化动因　　37
四、"争点主导主义"的规范化格局　　41
五、"争点主导主义"的集中化例外　　46
六、结语　　50

第三章 诉讼格局·立法文本·参与主体
　　　　——我国刑事诉讼制度持续发展因子探析　　52
一、刑事诉讼的发展命题　　52
二、诉讼格局:从"浪漫"到"务实"　　54
三、立法文本:从"技术"到"理念"　　62
四、参与主体:从"器物"到"心性"　　69
五、结语　　75

第四章 论刑事庭审实质化的制约要素　77
　一、问题的提出　77
　二、司法决策的卷宗依赖　80
　三、庭前会议的功能异化　84
　四、当庭讯问的程序不当　88
　五、控辩对抗的效果不彰　90
　六、审判期限的巨大压力　94
　七、结语　97

第五章 以审查起诉为重心：认罪认罚从宽案件的程序格局　99
　一、问题的提出　99
　二、"以审查起诉为重心"的内涵解读　102
　三、"以审查起诉为重心"的正当根据　105
　四、"以审查起诉为重心"的若干隐忧　109
　五、"以审查起诉为重心"的合理规制　115
　六、结语　120

第六章 论"确认式庭审"
——以认罪认罚从宽制度的入法为契机　123
　一、问题的提出　123
　二、"确认式庭审"的特质归纳　125
　三、"确认式庭审"的形塑机理　130
　四、"确认式庭审"的隐患来源　134
　五、"确认型庭审"的优化进路　138
　六、结语　143

第二编 刑辩模式的理论展开

第七章 论控辩关系的三种样态　147
　一、问题的提出　147
　二、"交涉主导型"的审前样态　149
　三、"对抗主导型"的审中样态　156
　四、"协作主导型"的审后样态　162

五、结语　　　　　　　　　　　　　　　　　　　168

第八章　论"交涉性辩护"
　　　　——以认罪认罚从宽作为切入镜像　　　170
一、问题的提出　　　　　　　　　　　　　　170
二、"交涉性辩护"之意涵　　　　　　　　　　172
三、"交涉性辩护"之形塑　　　　　　　　　　176
四、"交涉性辩护"之瓶颈　　　　　　　　　　181
五、"交涉性辩护"之出路　　　　　　　　　　185
六、结语　　　　　　　　　　　　　　　　　　189

第九章　论"唯庭审主义"之辩护模式　　　　　191
一、问题的提出　　　　　　　　　　　　　　191
二、"唯庭审主义"之特征　　　　　　　　　　193
三、"唯庭审主义"之诱因　　　　　　　　　　198
四、"唯庭审主义"之反思　　　　　　　　　　203
五、"唯庭审主义"之突破　　　　　　　　　　208
六、结语　　　　　　　　　　　　　　　　　　214

第十章　辩护律师忠诚义务的三个限度　　　　216
一、问题的提出　　　　　　　　　　　　　　216
二、宏观限度："执业目标"上的限制　　　　　218
三、中观限度："身份独立"上的限制　　　　　223
四、微观限度："真实义务"上的限制　　　　　228
五、结语　　　　　　　　　　　　　　　　　　235

第一编
刑辩模式的演进动因

第一章 从"顺承模式"到"层控模式"
——"以审判为中心"的诉讼制度改革评析

一、问题的提出

一般认为,中国刑事诉讼在纵向上具有"流水作业"的构造特征,即侦查、起诉和审判这三个独立的诉讼环节分别由公安机关、检察机关和审判机关来掌控。其最大的弊端是,侦查游离于"诉讼"之外,并在"诉讼"中占据主导乃至"中心"地位,随后的起诉和审判环节很难发现和纠正侦查犯下的错误。正因如此,侦查被认为是决定被追诉人命运的阶段。[1] 这不仅影响了被追诉人的权利保障水平,也增大了诱发冤错案件的风险。"以侦查为中心"的诉讼模式的核心要旨可归纳为"顺承"一词中内含的服从、接受,在中国刑事诉讼中表现为起诉、审判等诉讼环节对侦查成果的"逆来顺受"。这无疑背离了诉讼的基本规律,"现代司法所特别强调的司法裁判中心主义,不仅在观念上,而且在制度上都没有得到确立",[2] 也注定了本轮改革的必然性和必要性。这种

---

[1] 参见陈卫东、李奋飞:《论侦查权的司法控制》,载《政法论坛》2000年第6期。
[2] 熊秋红:《公检法的权力配置应继续改革》,载《环球法律评论》2013年第2期。

"以侦查为中心"的诉讼构造可归纳为"顺承模式"。

党的十八届四中全会明确提出"推进以审判为中心的诉讼制度改革"。不过,尽管"以审判为中心"的诉讼制度改革建立在应然诉讼规律的基础上,其却未必要复制西方式的诉讼模式。值得注意的是,党的十八届四中全会并未摒弃公、检、法之间"配合制约"的关系定位,反倒夯实了"坚持""加强"的主体基调。换言之,公、检、法三机关依然会维系宪法所设定的衔续关系。"流水作业"式的动态衍进模型,也不会因"以审判为中心"的提出而被抛弃。笔者认为,"以审判为中心"的诉讼制度改革,并非为了塑造法院抑或法官至高无上的诉讼地位,而是着眼于批判性地继承原有的诉讼模式,使刑事诉讼的重心从侦查转向审判,以便案件可以随着诉讼程序的递次推进而接受愈加严格的审核。这样,从侦查到起诉再到审判,处于后位的程序环节就可以通过逐层控制来提升案件办理质量。也就是说,无论是起诉较之侦查,还是审判较之起诉,抑或救济审较之普通审,均可不受干扰地对案件进行独立性审查并作出相应结论。对于这种预期中的诉讼格局,本章将其提炼为"层控模式"。

从"顺承模式"到"层控模式"的转型升级,是对"以审判为中心"的改革进路的一种理性解读,而非简单构筑于理论设想之上的臆断。显然,前述两种模式的演进过程已超越了中外比较研究的偏狭性,因为其立足于本土制度环境的需求。[①] 此外,其微妙之处还在于,两种模式之间既具共性基础,又有个性差异。一方面,两种模式在主导价值、诉讼构造、主体关系以及程序流转形式上,具有一脉相承的关联,符合历史发展的继受特征;另一方面,"层控模式"较之"顺承模式",在优势地位的归属方、程序推进的流畅度、庭审价值的权重比、证据裁判的实现力以及资源配置的合理性等要素环节,更加契合刑事诉讼的内在规律,显现了前者在后者基础上的改造与发展。

二、两种模式的中国叙述

"顺承—层控"的模式分类之所以能超然于西方的理论框架,与

---

① 参见黄宗智:《经验与理论:中国社会、经济与法律的实践历史研究》,中国人民大学出版社2007年版,第454页。

中国特有的司法语境密切相关。特别是在全面深化改革的大背景下,体制内的政策性因素已为其发展脉络设定了边界,即"一个国家实行什么样的司法制度,归根结底是由这个国家的国情决定的"①。以审判为中心的诉讼制度改革固然能够推进模式转型,但并不意味着前后两种模式的迥然对立。政治体制影响下的本土经验决定了二者具有共性基础,这也是"顺承—层控"模式有别于传统理论的别致之处。从系统论出发,"顺承模式"与"层控模式"的差异其实存在于功能层面,源自内部分子间的重新排列组合。具体而言,两种模式的共性主要体现在以下几个方面:

(一)以犯罪控制为主导的价值诉求

"一项制度之创建,必先有创建该项制度之意识与精神。"②同样,一种诉讼模式的形成也是某种价值的自然产物。确切地说,文化观念形态促成了国家层面的法律价值标准,进而影响诉讼模式的发展方向。长期以来,刑事司法在中国被视作实现社会控制的重要手段,以体现国家权力的动员统筹能力。在这种精神的主导下,确保案件客观真相的准确还原,并通过严厉打击犯罪维系社会秩序稳定,必然成为刑事诉讼的首要诉求。因而在程序流转中,线性结构的效率特征得以张扬,侦查在诉讼中也占据了举足轻重的位阶,从而塑造了"顺承模式"的现实合理性。按照美国学者帕克的诉讼模式分类标准,其显然应归属于犯罪控制模式的范畴,即"抑制犯罪行为显然是刑事诉讼程序要履行的最重要的功能"③。

尽管中国当下的改革力图实现从"侦查中心"向"审判中心"的转化,但却不意味着作为主导精神的犯罪控制理念会被取代。即便构建"层控模式"的设想被付诸实践,其仍然不会脱离犯罪控制这条主线,而只是引入了相当的程序正义因子,以平衡公正与效率之间的现实关系。再进一步说,中国刑事诉讼不会放弃对实体真实的追求,仍会尽最大努力还原事实真相,以"不枉不纵"作为司法核心利

---

① 孟建柱:《深化司法体制改革》,载《人民日报》2013年11月25日。
② 钱穆:《国史大纲》,商务印书馆2010年版,第415页。
③ Herbert Packer, *Two Models of the Criminal Process*, 113 University of Pennsylvania Law Review 1(1964).

益。中国最高裁判机关在阐述改革精神时的表达,[①]就可以视作对犯罪控制思想的宏观诠释。而公诉机关在2013年重提"两个基本"的案件审查标准,也充分流露出其对提升侦控效能的急迫心态,表明惩罚犯罪的意识始终都未脱离司法改革的主流基调。[②] 在"层控模式"的自洽性逻辑中,对于犯罪活动的控制仍优位于程序价值的维护,只是人权保障理念得到了强化,以防诉讼结果失真,产生冤假错案。由此,改革语境下从"顺承模式"到"层控模式"的转变,在价值观层面并未脱离犯罪控制的基本脉络,投射到刑事诉讼构造上,则表现为"流水作业"的诉讼构造的延续。

(二) 以"流水作业"为特征的诉讼构造

中国刑事诉讼构造之所以被冠以"流水作业"的称谓,就是因为公、检、法机关在审判、审查起诉、侦查三个程序环节各自成为案件的主导者。这种纵向性特征突出了不同程序主体之间的接应关系,倾向于犯罪控制的价值维度。在刑罚的效率性与妥当性目标之间,纵向构造优先考虑前者。鉴于西方法律体系中,以裁判机关为中心的横向构造具有普遍性,[③]以"三角"布局代替线性模式,似乎早已占据了通说地位。然而,人们对横向模式的追捧,并不等于其具备现实必然性。"以审判为中心"事实上维护了诉讼结构的原有形态,换言之,脱胎于"顺承模式"的"层控模式"仍以"流水作业"为基础。

如果对党的十八届四中全会决定加以整体把握,就不难发现,公、检、法之间的配合制约关系并未弱化,反而这种配合制约关系成为健全司法权力运行机制的关键环节。而所谓的"既配合又制约",恰恰是"流水作业"形成的原因。本轮改革在维持上述关系的前提下强调审判中心地位,并非不明就里的矛盾行径。公、检、法之间的配合制约关系以《宪法》第140条为渊源,本质上是国家权力配

[①] 参见周强:《必须推进建立以审判为中心的诉讼制度》,载《人民日报》2014年11月14日。

[②] 参见余啸波:《正确认识和贯彻"两个基本"》,载《检察日报》2014年4月21日。

[③] 参见李心鉴:《刑事诉讼构造论》,中国政法大学出版社1997年版,第26页。

置运行的基本遵循,并自成完整的逻辑和规范体系。① 而事实上,宪法条款已经排除了"流水作业"被取代的潜在可能性。"层控模式"只是通过解释宪法条款的内涵预设,让公、检、法机关的权力配置趋向合理,从而扭转审判机关的被动地位,并消除"顺承模式"的结构性缺陷。

(三)以官方掌控为基调的主体关系

达马斯卡曾以官僚制的发达与否为切入点,形成了"阶层模式"与"同位模式"的分类理论。② 这两种权力构造形态的认知,涉及诉讼参与主体之间的基本关系。在不少人看来,程序的正当性价值需要诉讼参与主体之间的权利义务关系趋向平等,且共同起到诉讼推进的作用。特别是那些不具有公权属性的诉讼主体,诸如辩护律师,如果能与侦控、裁判主体形成互动性的三角关系,将有助于产生具有较高品质的司法产品。然而,无论是"顺承模式",还是"层控模式",以辩护权为代表的私权主体,都只能在公、检、法机关掌控的不同诉讼阶段中起到补充作用,而难以与其形成同位关系。③ 即便2012年《刑事诉讼法》扩大了律师的权利版图,也不能从根本上扭转其在刑事诉讼中的从属地位。例如,侦查机关在采用侦查手段或强制性措施时,具有较大的灵活性,适用条件宽松,限制因素极少。其根据需要还可以在一定范围内采取秘侦手段,对有关场所和人员进行监控、跟踪、盯梢等。④ 而律师调查取证权受各种主客观条件限制,在力度和效能上显然无法与之相提并论。以审判为中心的诉讼制度改革尽管要求强化律师介入,以促进司法行为规范化,却难以打破业已定型的主体关系格局。

(四)以案卷材料为媒介的程序流转

"阶层"特征显著的诉讼模式,需要微观的媒介物来联结不同的

---

① 参见韩大元、于文豪:《法院、检察院和公安机关的宪法关系》,载《法学研究》2011年第3期。

② See Mirjan Damaska, *Structures of Authority and Comparative Criminal Procedure*, 84 Yale Law Journal 481(1975).

③ 参见熊秋红:《审前程序中的律师辩护权》,载《法律科学(西北政法学院学报)》2004年第5期。

④ 参见谢佑平:《刑事程序法哲学》,中国检察出版社2010年版,第82页。

程序阶段,而案卷的价值就体现在此。"起诉状一本主义"曾被视作实现审判中心的必然选择。然而,1996 年《刑事诉讼法》并没有完全采取"起诉状一本主义",而是采取了折中的"复印件主义"。① 这种公诉方式在实践中却暴露出诸多缺陷,迫使 2012 年《刑事诉讼法》又恢复了"全案卷宗移送主义"。这其实是立法者在理想和现实之间作出了倾向于后者的抉择。毕竟,向"起诉状一本主义"靠拢的努力已然碰壁。既然刑事诉讼依赖于公、检、法之间的程序接力,那就决然需要一定的媒介承转,而案卷笔录恰恰能够发挥"接力棒"的作用。实际上,案卷笔录在中国刑事诉讼实践中具有不可或缺性。在缺少案卷笔录的情况下,公、检、法目前均难以履行职责,更不要说放弃案卷笔录了。因此,中国刑事诉讼的权力配置特征,必然要求以某种公文形式作为职权衔接的凭借。即便 1996 年《刑事诉讼法》试图调整案卷笔录的诉讼地位,其也难以得到有效实施。事实上,以权力为主导的诉讼模式大都不能排除来自案卷的影响。② 在权力布局未变的前提下,"层控模式"亦不能将案卷束之高阁,而只能着眼于在技术层面削弱其对司法官心证的不当干扰。换句话说,"层控模式"与"顺承模式"一样,也需要通过案卷完成不同诉讼环节之间的"串联"。试图将"起诉状一本主义"纳入"以审判为中心"范畴的努力,目前既得不到立法层面的支持,也难以在司法改革文件中找到依据。

三、两种模式的要素表达

"顺承模式"与"层控模式"均处在中国本土化的司法体系循环之中,展示出高度的现实合理化成分,而不是简单复制域外的诉讼模式,这也符合决策层对本轮司法改革的预期。不过,尽管"顺承模式"与"层控模式"存在共性基础,但这样不意味着二者不存在本质区别。无论是基本内涵还是外在表现,"顺承模式"与"层控模式"均存在明显的不同,而这些不同构成了诉讼制度改革能否付诸实践的

---

① 参见李奋飞:《从"复印件主义"走向"起诉状一本主义"——对我国刑事公诉方式改革的一种思考》,载《国家检察官学院学报》2003 年第 2 期。

② See Marcelo Fernando Aebi et al., *European Sourcebook of Crime and Criminal Justice Statistics*, Boom Juridische Uitgevers, 2006.

关键指标。

(一) 优先地位的归属方

在"顺承模式"中,"侦查中心主义"的倾向异常明显,即便《刑事诉讼法》明确了检察机关的法律监督地位以及法院的统一定罪权,程序运转依然在很大程度上受制于侦查机关的偏好。侦查序幕一旦拉开,其他诉讼环节的价值就更多地体现为保障前者的目标实现。在这种模式下,强制措施不再单纯服务于诉讼保障,而异化为特殊的侦查手段。特别是未决羁押措施,基本沦为保证侦查起诉成功的手段,而不具有最低限度的中立性。① 在实践中,"报捕"的成败往往是侦查人员最在意的诉讼节点,也是侦查优势地位所面临的最大考验。如果能将被追诉人置于羁押状态,不仅现行体制下的看守所隶属模式会助力提升侦讯效能,随后的程序推进也将是一片"坦途"。为确保强制措施的侦讯效果,侦查机关往往不遗余力地争取审查逮捕方面的支持。

等到侦查阶段告终,同属检察权能的起诉部门通常只能尽量查漏补缺以便案件顺利推进至下个程序环节,且不得不包容前述活动的各种流弊——无论是证据提取方面的瑕疵,还是事实认定方面的缺陷。当然,对于侦查活动的刻意支持,也是检察机关批捕决定的一种自然延续。受此影响而产生的一些极具特色的词汇(如"带病"起诉、"硬诉"等),形象地展示了侦诉关系的现状。假如案件在此情况下进入审判,即便有辩护方作为防御力量的介入,亦无法有效阻止"硬判"发生。《宪法》明确规定的"配合制约",可能只剩"配合"而无"制约"了。面对证据并未达到法定标准的案件,法院所能做的通常也只是让有罪判决看起来更合理,有时甚至不得不采取庭外调查方式,自行收集不利于被告人的证据,以完成事实认定的"最后拼图"。因而在"顺承模式"中,侦查走向直接决定了案件的最终命运。一旦犯罪嫌疑人被立案侦查,尤其随着批准或决定逮捕的完成,其距离有罪判决通常只有"一步之遥"。基于侦查的优势地位,处在流水作业"下游"的诉讼环节大多只能"仰人鼻息"。

然而,在"层控模式"下,案件一旦进入程序,就将面临来自侦

---

① 参见陈瑞华:《未决羁押制度的理论反思》,载《法学研究》2002年第5期。

查、起诉、审判的逐级审查控制,且标准越来越趋向严格。这种动态模型提升了审判在诉讼过程的中心地位,毕竟司法产品只有经此环节才能最终形成。党的十八届四中全会决定中"确保侦查、审查起诉的案件事实证据经得起法律的检验"的表述,也暗含了审判机关的最终裁决身份,并相应弱化了侦查机关的主导地位。其实,检警机构在办案中出现差错固然可怕,但更可怕的是法院没有发现和纠正错误的能力,以致酿成大祸,导致冤案。因为"其产生出来的东西会危害到宪法原则本身"①。为了保障诉讼结果的正义性,有效防范冤案,"层控模式"下优势地位归属方的后移不可避免。相应地,虚化的乃至带有表演性质的审判是不能被接受的,且救济审的实质价值也将得到充分发挥。同时,这种优势转移伴随个体办案责任的加重,相关过错追究将集中于法官群体。由于裁判者有责任排除前置程序中的不当结论,如发生冤案等重大司法事故,且无情有可原的例外情形存在,其就须为自己的判断承担不利后果。为避免被追责,裁判者必然要针对案件事实和证据承担起最大限度的注意义务,并不再以各种法外因素为由对正义进行"打折"。相应地,"留有余地""审辩交易"也将逐渐沦为历史名词。

需要澄清的是,"以审判为中心"既不等于"以法院为中心",也不等于"以法官为中心",更不等于"以法官的意见为中心"。宪法规范下的公、检、法关系,是以地位相互平等作为权力配置基础的。任何机关都不具有凌驾于其他机关之上的权力,其在各自主导的程序阶段内均具有独立性。同时,鉴于法律规定的权力行使者均局限在单位主体范畴,以法官或法官的意见为中心并不具有现实意义。"以审判为中心"指代的是一种工作程序上的主从关系,②其意味着侦查不能再游离于公诉之外,公诉活动也必须服从审判程序的运行逻辑,只有这样才能奠定"层控模式"下审判程序的动态中心地位。

(二)程序推进的流畅度

"顺承模式"不仅难以保证一气呵成的阶段衔接,而且时常饱受

---

① [美]亚伦·德萧维茨:《最好的辩护》,李贞莹、郭静美译,南海出版公司2002年版,第116页。

② 参见韩大元、于文豪:《法院、检察院和公安机关的宪法关系》,载《法学研究》2011年第3期。

"程序倒流"引发的困扰。《刑事诉讼法》有关退回补充侦查的制度设计,本是一种例外情形下的补救措施,[①]然而在"顺承模式"下,侦查的中心地位客观上助长了案卷材料形成的随意性,导致后续的诉审活动无法进行正常的司法甄别,有时甚至不得不面临如何"收场"的难题。尽管从诉讼程序的本质出发,案件在任何诉讼阶段都可由相应的主导机关依法予以终结(这也是撤案、不起诉、宣告无罪等机制存在的理论依据),但侦查主体的内在需求却难以接受"半途而废"的结局。故而以"退回补充侦查"为代表的回流手段异化为常态,隐含了诉审主体对侦查主体的迁就。当程序基于事实层面的模糊或源自证据采集上的缺失而无法顺利推进时,诉审主体很难直接对侦查结论给予否定性评价,而只得借助"程序倒流"方式,将案卷材料转回"上游"环节,并尽可能通过材料补充来矫正案件瑕疵。由于此过程有时伴随争辩,"退而不补"或"消极怠工"都是可能的现象。即便如此,检察机关或者审判机关在"程序倒流"手段穷尽的情势下,有时也不敢轻易给出否定结论。

"层控模式"是以审判的中心地位作为价值导向的,客观上削弱了影响程序流畅度的因素。一方面,退补机制将被严格限制在法律框架内,检察机关不再充当侦查机关的"保姆"角色,且会逐渐强化对侦查的监督和控制。侦查行为失范将遭受相应的程序性制裁,直至诉讼进程的强制终止。而随着诉讼及时理念的植入,程序推进的草率和拖沓都将不再被认同。为避免不必要的麻烦甚至惩戒,侦查权的运转必须回归合法高效的轨迹:准确把握立案标准,及时收集证据材料,制作符合移送程式的案卷材料,尽量降低退补机制的启动频率。对于检察机关而言,必须摆脱起诉裁量权备而不用的尴尬局面,果断终结不必要的程序推进。既然"层控模式"强调逐层强化的控制力,就不应再容许对侦查行为的过分迁就,法外因素也不应再成为干扰程序流畅度的理由。另一方面,"疑罪从无"不应再接受任何权宜之举,而违背司法规律的考评机制也不应再有"容身之地"。在消除对无罪裁决的非理性恐惧后,侦诉主体也会逐步放弃

---

① 参见樊崇义:《刑事诉讼法学》,中国政法大学出版社1996年版,第290页。

迫使案件"程序倒流"的主观意愿。①

(三)庭审价值的权重比

作为司法权的核心表征,庭审通过控辩审三方的交互作用,实现实体公正和程序公正的高度统一。如果以权力属性加以甄别,侦查、起诉均具有鲜明的行政权特征,表现为阶层式的组织建构及上令下效的行为推进模式,而审判基于庭审机制的存在,则展示出典型的司法权本质,特别是运行方式的中立性与被动性,②必然被定位为诉讼的权威环节。无论是"顺承模式"还是"层控模式",都不能忽视庭审程序的存在意义,只不过在价值权重上,二者呈现出大相径庭的境况。

"顺承模式"强调了侦查活动的主导地位,使刑事程序的行政化运作倾向异常明显,这势必会削弱庭审在诉讼全局中的影响力。"本来功能不同的侦诉程序与庭审程序,也无可避免地变异为接力赛关系,即由侦诉主体先跑完前段,再交棒给法院,由后者接力跑完后段。"③裁判者的主要工作就是依法确认案卷材料的周延性,而且这一工作在多数情况下并非通过庭审来完成。定期宣判与庭外阅卷的相互呼应,确保了由侦查主体制作并经检察机关整理补充的案卷笔录,可以轻而易举地转化为"定案的根据"。庭外裁判机制的发达,干扰了庭审的规范化运行,造成法庭调查的虚无倾向。同时,证人出庭始终是最为严峻的问题之一。④言词证据的认证过程转化为案卷笔录的当庭宣读,而该现象恰恰是庭审活动在"顺承模式"中实际价值的缩影。该诉讼模式下的法官群体,对于案卷笔录的依赖度远远超过庭审,证人出庭往往被看作司法成本的无谓消耗,口头原则的泛化也不会受到欢迎。由于控方宣读案卷笔录成为证据调查的主导形式,审判程序也就基本异化为案卷笔录的书面复核,庭审

---

① 2015年年初,各地政法机关对各类执法司法考核指标进行全面清理,取消刑事拘留数、批捕率、起诉率、有罪判决率、结案率等不合理的考核项目,可以视为转向"层控模式"的配套举措。
② 参见陈卫东:《程序正义之路》(第1卷),法律出版社2005年版,第165页。
③ 林钰雄:《严格证明与刑事证据》,法律出版社2008年版,第42—43页。
④ 参见易延友:《证人出庭与刑事被告人对质权的保障》,载《中国社会科学》2010年第2期。

的流于形式最终导致高速度与高定罪率的司法运行态势。[1]

在"层控模式"中,庭审活动将成为审判的中心,庭外活动只能作为补充形式出现。[2] 作为诉讼中具有决定性意义的环节,审判的推进需要最完备的事实认定机制。基于多方参与的形式特征,庭审无疑是适宜的事实认定模型。唯有庭审实质化得到保障,检警机构犯下的错误才可能在审判环节被及时发现和纠正。具体而言,就是"事实调查在法庭、证据展示在法庭、控诉辩护在法庭、裁判说理在法庭"。[3] 尽管"层控模式"也采用了纵向的诉讼构造,但在审判阶段,以庭审为中心的"三角形"结构是立体呈现的,法庭提供了一个相对独立于外部环境的决策的"隔音空间"。[4] 在严格的时空环境限制下,裁判者要借助其中立身份,辅之以必要的调查手段,经过证据规则和经验良知的洗礼,最终形成对案件事实的心证重塑。而通过短暂且必要的法律加工,大部分司法裁决都能当庭完成,庭外活动的边际影响也会降至最低。案卷笔录纵然存在于审判阶段的程序流转中,却在直接言词原则的影响下丧失了原有的地位,只能起到有限的验证作用。在此诉讼模式下,证人出庭作证不再是可有可无的,裁判者也不会再轻易否定其对于维护庭审完整性的价值。较之"顺承模式","层控模式"给予了庭审更加重要的地位,以程序运转的实质化代替了形式化,以证据展示的口头化代替了书面化,以心证形成的集中化代替了碎片化。

(四)证据裁判的实现力

证据是诉讼活动通往真相的阶梯,任何具备现代化特征的司法体系都不会忽视证据裁判原则作为"帝王条款"的价值。[5] 然而在实然层面,不同诉讼模式却可以展现原则履行力度的差异。两种模式所依存的诉讼构造,客观上凸显了口供在证据链条中的作用。侦查

---

[1] 参见李昌盛:《缺乏对抗的"被告人说话式"审判——对我国"控辩式"刑事审判的实证考察》,载《现代法学》2008年第6期。
[2] 参见兰荣杰:《刑事判决是如何形成的?——基于三个基层法院的实证研究》,北京大学出版社2013年版,第29页。
[3] 刘惠:《坚持角色定位,推进庭审实质化》,载《检察日报》2014年1月27日。
[4] 参见季卫东:《程序比较论》,载《比较法研究》1993年第1期。
[5] 参见林钰雄:《刑事诉讼法》,国家图书馆2003年版,第400页。

权具有的天然攻击性,在同个体的单向互动进程中,不自觉会将受力对象的屈服作为诉求目标。加上案卷在诉讼中是以信息媒介形式存在的,口供的佐证价值也就极易表现为其中最关键的元素。因此,即便在法律上确立"不得强迫任何人自证其罪"的国际通行原则,也不妨碍如实供述作为被追诉人必须履行的义务存在。然而,这样的客观现实却可能助长侦查主体以非法方法获取口供的心理动机。非法证据排除规则在中国的适用前景,也由此成为各方关注的焦点。结合刑事诉讼模式的个性特征,中国非法证据排除规则的构建具有浓郁的本土色彩。其中,最显著者当属排除非法证据的权力并不限于法院,而是依不同诉讼阶段被分配至公、检、法三机关,这明显区别于西方国家刑事诉讼的权能布局,与中国特有的诉讼结构相得益彰,并不失其现实合理性。

在"顺承模式"中,侦查权占据优先地位,相应降低了非法证据排除规则的实现盖然性。起诉、审判只是作为侦查的延伸存在,又怎能被寄望于纠正证据资格上的缺漏?该模式对于证据可采性的硬性要求趋向低位,非法证据排除规则的适用空间表现出偏狭性。而"层控模式"是以审判为中心的诉讼制度改革的产物,拥有包括非法证据排除规则在内的具体措施保障不同阶段的逐级监控。在该模式中,裁判者对于证据能力的有效审查成为把握案件的主要抓手,形成"对不同的利益关系在个案中区别加以分析的个别的举证禁止"[1]。由此,非法证据排除规则可以从休眠转向激活状态,并从根本上遏制侦查人员非法获取口供的思想倾向。[2] 就非法证据排除的具体方式而言,随着诉讼程序的不断推进,其也呈现愈加精密的趋势。侦查、起诉环节的证据排除仍带有高度的行政化色彩,并以证据禁止进入后续程序作为制裁性后果;而到了审判阶段,非法证据排除规则的运用完全融入司法场域,包括独立的合法性审查程序、证明责任的分配等较为严密的程序机制,完全符合"层控模式"的内在自洽性需求。

---

[1] [德]克劳思·罗科信:《刑事诉讼法》,吴丽琪译,法律出版社2003年版,第214页以下。

[2] 参见袁定波:《新刑诉法主要看点:新刑诉法以制度遏制刑讯逼供,保障案件质量》,载《法制日报》2012年3月21日。

除证据可采性指标外,相关性规则的严谨度在两种模式之间也有不同的反响。"确实充分"是两种模式所掌握标准的字面表述,但如何操作却是不折不扣的主观认识问题。即便在立法表述上改采英美式的"排除合理怀疑"标准也概莫能外。[①] 在"顺承模式"中,证明标准的运用是非层次性的,起诉、审判环节对关联性标准的把握未必高于侦查环节。侦查主体在把传闻证据、品格证据、意见证据等作为指证被追诉人的利刃之际,通常不会担心诉审主体在后续程序中提出异议。即使证据链条的衔接不够牢固,后续程序也会为证明其可靠性尽可能提供支持依据。反观"层控模式",为了同审判中心的诉讼格局相对应,证明标准必然随程序的流转而逐级升高。满足侦查终结要求的案件,未必符合审查起诉的证据标准;而提起公诉的案件,也并非都能在审判环节获得"有罪"结果。到了审判环节,所有证据材料都要接受控辩双方的质证。标准的"高低""宽严"之分在此时将达到顶峰,证据材料的证明力较低无疑会导致待证事实的局部甚至大范围模糊化。一旦无法通过补强手段弥补证据材料的证明力,案件事实的真伪不明状态就将不可避免,进而引发证明责任分配机制的应激反应,最终影响司法裁判的结论认定。"证明力—证明标准—证明责任"之间形成的这种关联体系,则是证据裁判原则在"层控模式"中由浅入深递进发展的必然结果。

(五) 资源配置的合理性

刑事诉讼活动并非一味以快速推进为宜,也不会单纯把"慢工出细活"作为褒奖原因。诉讼进程的快与慢,并不是整齐划一的,而取决于案件具体情形。通常而言,在事实清楚、证据充分或者情节较为简单的案件中,尤其是在被告人已经认罪的情况下,需要诉讼程序的高效运行,以保证案件在较短时间内终结;而对那些事实争议较大或者情节较为复杂的案件,尤其是在被告人不认罪的情况下,则需要审慎、精细地推进诉讼程序。相应地,在司法资源投入方面,后者无疑也要明显多于前者。当然,如何对案件的复杂程度加以区分并投入与之相称的诉讼成本,实现程序运转的效率性价

[①] 参见王敏远:《重新认识"排除合理怀疑"》,载《检察日报》2013年11月26日。

值,则是把握诉讼节奏的关键。① "顺承模式"在诉讼节奏的把握上有不尽合理的一面,其原因就在于侦查权的膨胀。侦查主导增大了案件质量方面的潜在风险,不仅存在非法取证现象,而且也存在取证不全面、不细致的问题。因此,在随后的审查起诉以及法庭审理中,也就不得不投入重复性劳动以进行反复核实。即便对于那些案情简单、情节轻微甚至被告人已经认罪的案件,裁判者亦不敢掉以轻心,仍需对所有事实、证据进行推敲核对,以免忽视某些影响实体真实的细节。因此,2012年《刑事诉讼法》虽扩大了简易程序的适用范围,但却难消除裁判者内心的焦虑感。裁判者仍不得不事无巨细地履行那些本可省略的职责,以防不明就里地承担不利后果。如果再结合法官对于"初判/审批"以及"阅卷/核实"等基本工作方法的依赖,就不难理解简易程序与普通程序高度同质化的现状了。②

"层控模式"强调审判的中心地位,却并不意味所有案件最终都要流入审判程序。事实上,相对发达的审前功能和繁简分流的程序设计,既是实现以审判为中心的必要前提,也是缓解司法资源与正义需求冲突的重要手段。正如有人曾指出的,"以审判为'中心'是指在一起案件横向经历的各诉讼阶段中应当以审判阶段为核心,但其并不否定刑事诉讼审前程序的重要性"③。在党的十八届四中全会的改革计划出台前,速裁机制的试点启动早为诉讼模式的转型做好了铺垫。通过在审判中心与速裁机制之间建立联系,关注者不难发现对诉讼节奏加以调控的宏观设计。对于轻微刑事案件,"层控模式"力图用最小的成本消耗,换取最大限度的合理化处置。此外,随着"程序倒流"问题的妥善解决,起诉裁量权也将逐步得以释放。唯有如此,才能有效保障普通审判程序仅适用于那些重大、疑难、复杂的案件。要理顺公、检、法之间的主体关系,必须使各方在诉讼衔接上取得真正意义的互信,排除成本投入的重复繁冗部分,司法效能才能在快与慢之间介乎于理性值。

---

① 参见谢佑平:《刑事程序法哲学》,中国检察出版社2010年版,第416页。
② 参见兰荣杰:《刑事判决是如何形成的?——基于三个基层法院的实证研究》,北京大学出版社2013年版,第184页。
③ 王守安:《以审判为中心的诉讼制度改革带来深刻影响》,载《检察日报》2014年11月10日。

四、两种模式的关系互动

无论决策者在完成顶层设计之际是否有所意识,以审判为中心的诉讼制度改革客观上构成了诉讼模式转型的决定变量。这种转型的特色之处,在于其完成了从理想主义到现实主义的蜕变,"在新获得的事实与一系列依赖陈旧、狭隘的实证基础的学说之间搭建一座桥梁"[1]。同帕克、格里菲斯以及达马斯卡等人总结的若干对立模式相较,"顺承模式"与"层控模式"之间有某种天然的血缘关系,而不是处在截然对立的地位。对于两种模式之间的微妙关系,有四个关键词需要予以把握。

(一)关键词:"纽带"

诉讼模式的转型,是在立法完善与司法进步的协调中实现的。而2012年《刑事诉讼法》的实施为模式转型的发轫创设了基础,是促成上述变化的纽带。假如没有2012年《刑事诉讼法》的实施,审判中心的诉求只能被视作纸上谈兵,或者说诉讼机制的变化仅会产生于局部环节。1996年《刑事诉讼法》试图向对抗制的积极靠拢,具有浓厚的理想主义色彩。此前的刑事审判方式属于典型的职权主义模式甚至超职权主义模式,而1996年《刑事诉讼法》在总体上并未摆脱在1979年的时代背景和认知水平下形成的框架体系,[2]在技术上存在缺陷,尤其是程序性制裁机制严重缺位。立法技术的缺陷,也为司法实践的无序打开了豁口,例如,面对刑讯获得的有罪供述,"层控模式"要求裁判者将其排除在定案根据之外。然而,1996年《刑事诉讼法》却对非法证据排除规则只字未提,那么,让裁判者依据什么去排除非法证据呢?

2012年《刑事诉讼法》不仅基本完成了系统性的规范建构,如延长审判期限、加强律师辩护能力、填补非法证据排除规则的制度空白等,还在立足中国国情的同时,接受了"不得强迫任何人自证其

---

[1] [美]亚伯拉罕·S.戈尔茨坦:《两种模式的反思:美国刑事诉讼中的纠问因素》,载[美]虞平、郭志媛编译:《争鸣与思辨:刑事诉讼模式经典论文选译》,北京大学出版社2013年版,第98页。

[2] 参见陈卫东主编:《2012刑事诉讼法修改条文理解与适用》,中国法制出版社2012年版,第4页。

罪"等国际通行原则,并在公诉方式等方面回归现实需要。然而,如果司法行为模式仍旧处于原有的停滞状态,立法目标也难以在实践中产生及时回应。例如,2012年《刑事诉讼法》尽管对审判制度做出了富有新意的修改,却仍然难以阻止个别裁判者将事实审置于形式化的倾向。尤其在第一审程序中,裁判者还是有机会依靠阅卷、庭外调查、行政审批等庭外活动来形成对案件事实的认识,架空为规范法庭审判而设置的机制。[1] 侦查权的独大会限制程序流转的有序性,新法的意图依旧无法得到有效贯彻。作为"纽带",相对完备健全的立法只是提供了充分条件,却并不必然导致司法运行的规范化。只有在"必要条件"有效介入后,"化学反应"才能真正形成。而这里的"必要条件",恰恰就是以审判为中心的诉讼制度改革。当宪法所设定的权力配置在刑事诉讼领域得到严格体现,立法设计与司法运行之间就会相应完成由龃龉到和谐的关系质变,两种模式转换的逻辑自洽性将导入恒定值。

(二)关键词:"升级"

要理解两种模式的转型关系,必须先摆脱二者必然存在对立的思维窠臼。归根结底,"层控模式"是"顺承模式"的升级形态,通过弥补、修复前者存在的缺陷和漏洞,构筑既反映宪法诉求又符合中国实际的诉讼体系。从全局着眼,"顺承模式"的确存在诸多缺陷,制约了诉讼程序的功能发挥,进而危及司法公正的实现,但这并不代表"顺承模式"一无是处,而应当予以全盘推翻。在共同体中被公认为有效的规范不一定都形成预期的约束力,实际的效力影响可能是各种原因所致。[2] 笔者认为,"层控模式"和"顺承模式"在相当程度上具有同源性。毕竟,诉讼结构所依托的权力分配格局从未出现过大的变动。不过,后者却在实践层面基于各种变量干预而产生异化,暴露出了诸多事与愿违的矛盾点。概言之,可归纳如下:(1)配合制约失灵,即侦查机关占据"龙头",检、法两家重配合而轻制约;(2)侦查行为失范,即过分依赖侦查讯问手段,强制措施功能

---

[1] 参见龙宗智:《论建立以一审庭审为中心的事实认定机制》,载《中国法学》2010年第2期。

[2] 参见[德]马克斯·韦伯:《论经济与社会中的法律》,张乃根译,中国大百科全书出版社1998年版,第25页。

扭曲,非法取证现象出现较多;(3)资源调配失衡,即人、财、物投入不够合理,比例原则难以体现,裁量空间被挤压;①(4)诉讼结论失真,即对证据可采性及相关性规则把关不严,疑罪从无让位于疑罪从有、疑罪从轻;(5)司法权威失信,即当事人质疑裁判的合法性及合理性,特殊救济程序启动较频繁,既判力缺乏应有的程序保障。上述种种问题与制度设计的原始初衷相去甚远,也揭示了"顺承模式"逐步被替代的历史必然性。

不过,"层控模式"的确立并不是一种推倒重来的颠覆性建构,其立足点仍然没有脱离宪法设定的公、检、法关系。其试图通过微观解构及行为范式的重新整合,在操作领域形成符合预期"图纸"的动态进路。一方面,其对不同诉讼阶段之间的衔接关系重新予以定位,形成逐级递进且层层把关的程序推进方式,修补因程序前后"倒挂"所造成的配合过当与制约不力。据此,三机关之间的配合制约关系届时将呈现符合宪法文本原意的客观投影,"以侦查为中心"的局面即可转化至"以审判为中心"的程序格局。另一方面,作为精神指引的司法理念将得到更新,突破"顺承模式"形成的行为惯性,激活刑事诉讼法中的"休眠性"条款,促成程序正义与庭审活动的高度融合,铲除异化刑事诉讼价值的制度土壤。② 但应警惕的是,"顺承模式"向"层控模式"的转型将是一个漫长的进程,其间必将伴随相当程度的"阵痛"。

(三)关键词:"渐进"

诉讼模式的表现形态实际是一国法治发展水准的现实写照,延续了传统文化的内在需求,因而不以任何主观倾向为转移。从"顺承模式"到"层控模式"的升级更新,并未摆脱犯罪控制的价值引领,而是维护社会秩序这一传统观念形态的自然延伸。"统一是一个宿命般的、带有终极意义的中国文化,是考察所有治理技术的边

---

① 参见左卫民等:《中国刑事诉讼运行机制实证研究》,法律出版社2007年版,第233页。

② 具体而言,应当体现为党的十八届四中全会决定所提出的"全面贯彻证据裁判规则,严格依法收集、固定、保存、审查、运用证据,完善证人、鉴定人出庭制度,保证庭审在查明事实、认定证据、保护诉权、公正裁判中发挥决定性作用"。

界"①,而两种模式所展现出的"自上而下的控制"特征,恰恰符合这种历史传承。只有遵循这样的逻辑脉络,"层控模式"才能够在维持"顺承模式"合理成分的前提下,完成更趋近于现代法治诉求的局部改造。然而,此过程的完成不能简单依赖"外科手术式"的法律移植,而应依托于中国法治文化的内生力量。换言之,诉讼模式转型既不可能在朝夕之间完成,也不会同我们的理性设计完全吻合。亦即,诉讼模式升级能否顺利实现,并不取决于官方的主观臆断。盲目加快革新变量的转换,追求"快变""速变",未必能换来新模式的一蹴而就,反而更可能导致改革的折戟沉沙。因而,两种模式的转化并无"时间表"可循。

虽然我们对于本国法治的完善有着急迫的憧憬,但却不能违背司法规律行事。否则,诉讼模式的演进便极易陷入司法的"大跃进"困局,导致两种模式之间内在联系的人为中断。所以,从"顺承模式"到"层控模式"的转化,总体上是与中国社会经济发展的潮流大势相辅相成的,断不可能培植出超越客观历史阶段的诉讼形态。长期以来,在立法者与司法者、实务界与学术界之间,始终存在隔膜与怀疑,甚至夹杂着责难、非议。对于诉讼制度的完善而言,这无疑不全是积极的力量。就司法发展方向、人权保障程度等基本价值观问题,法律职业共同体各方要达成基本共识也需时日。而"层控模式"的实现,要求在各方之间达成必要的共识甚至谅解,避免各说各话的矛盾格局。具体来说,立法者的程序设计能够照顾到司法者在个案操作中的现实处境,而司法者亦可以体谅立法者的精神诉求并予以合理地裁量实施。学术界能够从实际出发演绎自然正义,为诉讼实践提供有价值的理论指导;而实务界亦不再对"学者思维"嗤之以鼻,而是运用普适性的法治观念推进个体公正。实现上述诸点,需要法律职业共同体在内部关系上不断地自我调适与融合,非有时间的打磨难以成型。时下,司法人员对于"顺承模式"的主观依赖,并不会因诉讼体制的改革论调而迅速瓦解,"层控模式"的徐徐形成也必然会伴随某些"反动"。不过,历史的经验告诉我们,变革出现某

---

① 吴晓波:《历代经济变革得失》,浙江大学出版社2013年版,第4页以下。

些局部的"反动"是司空见惯的,断不可因此而否认变革本身的价值。①

(四)关键词:"障碍"

强调从"顺承模式"走向"层控模式"的渐进属性,并不否定必要的人为建构,而本轮司法改革无疑提供了这样的平台。"顺承模式"之所以在中国司法实践中具有极强的生命力,是因为其受到各种力量的互相影响作用。因此,"头痛医头,脚痛医脚"的改造思路,不仅无法治本,甚至能否治标都不无疑问。例如,对刑讯逼供这个司法"毒瘤"的剪除,就不是孤立的问题。没有相关软硬件的保障和配合,《刑事诉讼法》相关条款的实施很可能成为镜花水月。大体而言,制约刑事诉讼模式转型的变量因素可以归结为内外两个方面:一是公、检、法之间业已形成的惯性行为模式;二是客观环境衍生出的强大干预力。而要克服这两个障碍,仅突出以审判为中心的诉讼体制是远远不够的,对改革深度及广度的硬性需求便呼之欲出了。②

毕竟,静态的制度唯有同动态的人事相配合,才有可能形成善治。③ 就内因而言,公权力所产生的向心力,有可能促成公、检、法之间配合照顾多于制约监督的心理倾向。例如,警察在办案中出现纰漏,法官、检察官如果公事公办容易被指责为不近人情等。毕竟,中国是个具有浓厚的人情传统的关系社会,司法人员也并非生活在真空当中,人情关系的存在不可避免会影响职业操守的遵循。而公安机关在政治体制中的特殊性又增添了其施压的筹码,使法、检机关在对不当侦查行为进行否定性评价时可能会有所顾忌。当公安机关欲在程序推进上达成某种意愿时,法、检或将顾虑前者的政治优先地位,行为趋向难免有所权宜;而与个人职业利益密切相关的业绩考评体系,也夯实了侦控权力在诉讼进程中的"私利"诉求,并事实上恶化了不同阶段程序主体之间的诚实信用关系。于是,本应正常的工作交涉,有可能异化为暗藏玄机的"过招"。法律设定的以保

---

① 参见钱穆:《中国历代政治得失》,生活·读书·新知三联书店2001年版,第25页以下。

② 参见孟建柱:《完善司法管理体制与司法权力运行机制》,载《人民日报》2014年11月7日。

③ 参见钱穆:《中国历代政治得失》,生活·读书·新知三联书店2001年版,第1页。

障程序衔接为目的的"明规则",有可能让位于考评机制左右下的"潜规则"。"实际上,进入何种规则体系的决定因素,正是对不同规则背后的利害得失的计算。计算并比较不同规则体系带来的成本风险和收益,便是过招的实质。"[1]由此,程序运行应遵循的刚性标准会面临被软化乃至架空的风险。因而,司法潜规则的破除是模式转型中不容忽视的关键因素。一则,政治体系的架构务必要平衡公、检、法之间的位阶权重,不能为侦控权能的膨胀留有余地;二则,必须全面清理各类考核指标,使之重新回归"数据参考"的理性状态,[2]消除利益博弈对于诉讼公正产生的不当影响。

司法权具有软弱性和易受侵害性的特征,特别是在缺失独立地位的环境下。不无遗憾的是,这恰恰是多年来中国司法权运行状况的真实写照。也正因如此,"顺承模式"的诸多弊端才具有了外部的衍生土壤。法院之所以无力抵御各种法外因素的侵袭,就是因为自身的人财物分配权限尽在人手,单纯的诉讼格局整合当然无法解决上述难题,只能诉诸提升司法权的独立地位。结合人财物省级统管、人员分类管理、办案责任制以及职业保障体系等举措在"以审判为中心的诉讼制度改革"中的优先试点地位,就不难理解这一顶层设计的宏观动机了。[3] 如此一来,诉讼格局的重新建构亦能顺理成章递次展开。为抵消"权力本位"传统对于司法公正的渗透性破坏,具有原生特色的"领导干部干预司法活动、插手具体案件处理的记录、通报和责任追究"制度也就应运而生了。[4] 其目的无非是遏制任何影响司法的个体活动,为诉讼程序的推进筑牢"防火墙"。

---

[1] 吴思:《血酬定律——中国历史中的生存游戏》,中国工人出版社2003年版,第61页。

[2] 2014年年底,最高人民法院为更好地尊重司法工作规律,尊重法官主体地位,进一步调动广大法官办案积极性,决定取消对全国各高级人民法院的考核排名;除依照法律规定保留审限内结案率等若干必要的约束性指标外,其他设定的评估指标一律作为统计分析的参考性指标,作为分析审判运行态势的数据参考;坚决杜绝以保证结案率为由,年底不受理案件的做法。

[3] 孟建柱:《走出一条符合司法规律的改革之路》,载《法制日报》2014年7月15日。

[4] 2015年3月18日,中共中央办公厅、国务院办公厅印发了《领导干部干预司法活动、插手具体案件处理的记录、通报和责任追究规定》,并发出通知要求各地区各部门认真贯彻执行。

五、两种模式的转化坐标

目前,从"顺承模式"到"层控模式"的转型正处于"进行时",而远非"完成时"。这将是个持续的过程,何时完成尚不敢妄断。当然,最理想的状态是,随着改革路线图的全面贯彻,诉讼模式的转型也相应完成。但是,这极有可能是个可望不可及的奢求。而无论模式转型的过程是否顺畅,其不可逆性都毋庸置疑。该过程的完结,也是以符合若干指数标准为界值的,因此具有可评估性。

（一）公正指数

"理想的制度,当然希望能完全避免错误裁判,但为现实上不可能。"[1]2015 年,各级法院再审改判刑事案件 1357 件,其中,依法纠正陈某影绑架案,陈某故意杀人、放火案等一批重大冤错案件。[2] 这也从侧面反映了以下事实:原有诉讼模式较易滋生冤错案件。"层控模式"在内部要素设计时,希冀通过公正的程序追求客观真相,偏向接受"宁纵勿枉"的诉讼理念。当定罪标准无法达到时,作为诉讼中心环节的审判不会脱离证据实际去追求犯罪控制的目标,似是而非或勉为其难的裁决都不会被接受。故在"层控模式"中,定罪量刑的准确度将大幅提升,误判发生的概率亦将大幅下降。换言之,诉讼模式转型带来的将是办案质量的显著提升。这既可通过各类救济程序的启动频率得到宏观验证,又能借助裁判结论的合理性与合法性获取微观支持。

公正程序的建构还体现在诉讼主体的多元化层面,尽管公权力主导的基本格局并未颠覆,但其他主体的参与力度却呈现出增强态势。特别是辩护律师的参与频率及深度都会持续增强,阅卷难、会见难、调查取证难等问题将得到根本解决,从而可以更为有效地协助司法办案人员"忠实于事实真相"。无论在哪个诉讼阶段,办案人员都会给予律师充分尊重,并认真听取其辩护意见。律师参与的功能路径将贯穿诉讼全程,附着于每个程序环节,并强烈排斥"庭审虚

---

[1] 王兆鹏:《刑事诉讼讲义》,台北,元照出版有限公司 2005 年版,第 5 页。
[2] 参见周强:《最高人民法院工作报告——2016 年 3 月 13 日在第十二届全国人民代表大会第四次会议上》,载《人民法院报》2016 年 3 月 21 日。

化"倾向。在庭审的场域内,"等腰三角"式的局部诉讼构造能够稳定呈现,辩护方基于平等原则与控方进行有效互动。"辩护方尽其所能地进行抗辩,直至其权力的边界,这种抗辩将包括辩护律师的所有任务。"①

被害人的理性参与也为新模式的公正内涵提供了诠释,通过有选择地吸收格里菲斯"家庭模式"学说,培植诉讼程序的后现代化萌芽。在"层控模式"中,公诉案件的和解程序竭力避免越过"罪刑法定"原则,而演变为被害人与被追诉人甚至司法机关之间的"讨价还价"。被害人的观点和意见对于诉讼全局的作用,应当体现为一种真正的可调和性。② 此外,作为公民参与司法的直接力量,人民陪审员和人民监督员也将在新模式中发挥更大的作用。③ 鉴于中国刑事诉讼模式的纵向特征,公民参与司法活动的空间不仅是局限于审判环节,而是体现在每个诉讼环节之中,这自然与域外经验大相径庭。④ 在新模式给予的宽松环境中,人民陪审员或将集中于案件的事实认定问题,以对职业法官形成必要的制约;而人民监督员也将摆脱对检察机关的依附,朝着刚性监督的方向渐进。随着诉讼参与制度实质化,程序的公正维度将会逐步增添有分量的砝码。

(二) 效率指数

没有认罪答辩制度的刑事诉讼程序就像没有投降制度的战争一样,显然是不可想象的。⑤ 决策层显然已经认识到,繁简分流机制的

---

① [美]约翰·格里菲斯:《刑事程序中的理念或刑事诉讼的第三种"模式"》,载[美]虞平、郭志媛编译:《争鸣与思辨:刑事诉讼模式经典论文选译》,北京大学出版社 2013 年版,第 88 页以下。

② "可调和性显然不能意味着利益的和谐,除非在一个完全神秘的和分析性的无益的感觉里,完全的和谐从来不可能存在于一个惩罚的情形中。可调和性,如果它确实存在,必须与一些利益的冲突,或至少是差异,相一致。"See John Griffiths, *Ideology in Criminal Procedure*, 79 Yale Law Journal 359 (1970).

③ 2015 年,中央全面深化改革领导小组先后审议通过了《深化人民监督员制度改革方案》和《人民陪审员制度改革试点方案》,进一步提升了"两员"选任的广泛性和代表性,并试图加强其参与诉讼活动的力度,这说明了决策层以公民参与来促进司法公正的心理预期。

④ 参见陈卫东:《把群众参与司法落到实处》,载《人民日报》2015 年 2 月 8 日。

⑤ See John Griffiths, *Ideology in Criminal Procedure*, 79 Yale Law Journal 359 (1970).

建立对于以审判为中心的诉讼制度改革具有重要意义。倘若此项机制不能"落地生根",司法资源配置就会呈现失衡状态,以审判为中心的诉讼模式转型不可能牢固。"高效"是司法权运行必不可少的评价指标,其意义并不亚于"公正"与"权威"要素。而繁简分流机制特别是认罪认罚从宽制度的存在,恰好是公认的调控诉讼效率的妥当手段。其实,中国刑法早已设定了如实供述从宽处刑的逻辑模型,却始终苦于缺少适宜的运作平台。2012年《刑事诉讼法》公布后,立法机关的解读曾经为中国式认罪答辩创造了契机。① 但遗憾的是,其并未在实践中激起"涟漪"。资源配置不合理的状态表明了"顺承模式"的韧性。党的十八届四中全会决定从规范司法权力运行体系的视角,明确提出探索"认罪认罚从宽制度",②结合先期启动的轻微刑事案件速裁机制试点,打造符合中国实际繁简分流的规划已然跃然纸上。

考虑中国刑事诉讼构造的特殊性,"成本—收益"比值的衡量绝不能囿于审判阶段,而应以诉讼全程为基本单位。倘若轻刑案件抑或认罪认罚案件仅仅在庭审环节快速终结,却消耗了更多的审前资源,显然是得不偿失的。在中国刑事诉讼中建构繁简分流机制应当立足于"层控模式"的个性特征,通过优化配置公、检、法资源,使认罪认罚案件在适当的程序阶段及时终结。这样,完备而充分的程序保障将尽可能投入疑难、重大、复杂的案件中,体现出诉讼资源配置的"能量守恒"原理。当诉讼资源的投入与案件的难易、复杂程度、认罪认罚与否合乎比例地呈现正相关时,基本可以断定诉讼模式转型的效率值已然达标。

---

① 2012年3月8日,全国人大常委会法制工作委员会副主任郎胜在回答记者提问时表示:"不得强迫任何人证实自己有罪,这是我们刑事诉讼法一贯坚持的精神,因为现在的刑事诉讼法里就有严禁刑讯逼供这样的规定。为了进一步防止刑讯逼供,为了进一步遏制可能存在的这样一种现象,这次刑事诉讼法明确规定不得强迫任何人证实自己有罪,这样的规定对司法机关是一个刚性的、严格的要求。至于规定犯罪嫌疑人应当如实回答是从另外一个层面,从另外一个角度规定的。就是说,我们的刑法规定,如果犯罪嫌疑人如实回答了问题,交代了自己的罪行,可以得到从宽处理。刑事诉讼法作为一部程序法,要落实这样一个规定,它要求犯罪嫌疑人如果你要回答问题的话,你就应当如实回答,如果你如实回答,就会得到从宽处理。这是从两个角度来规定的,并不矛盾。"

② 孟建柱:《走出一条符合司法规律的改革之路》,载《法制日报》2014年7月15日。

（三）公信度指数

本轮司法改革成功与否,司法公信力有无提高应视作根本的衡量尺度。① 从另一个角度分析,这也揭示了"顺承模式"运行期间存在的信度缺失问题。刑事诉讼事关公民的人身、财产等基本权利,自然备受瞩目。即便公权力的运作只是出现了微小差池,其也会给民众心理造成巨大的冲击。因此,尽管冤假错案在公、检、法办案总量中只占极小的比例,但对司法公信力的伤害却是致命的。

"层控模式"的建立必须将司法公信力的恢复作为关键指标,这也是新模式获得持久生命力的根本保证。民众对于司法的信任,只能构建于充分掌握必要信息的基础之上。维持过分封闭的状态,只能增添外界对于"暗箱操作"的怀疑。因此,我们可以发现,"阳光司法"的平台建设始终与其他改革事项保持同步性。伴随信息技术的不断发展,司法公开的进程势必驶入快车道。特别是裁判文书的对外公开,无疑是将审判活动置于全社会的监督之下,对于其中心地位的确立将起到催化作用。而在构建"阳光司法"的背景下,审判机关不必再担心来自侦查权的压力,反能借助舆论监督倒逼侦查行为的规范化。与"层控模式"相协调,公开机制也涵盖了任一诉讼环节。当然,前提是侦查秘密原则不会遭到破坏。② 通过各种公开机制,无论是当事人及其他利害关系人,还是普通社会公众,对于公安司法机关都会持更加积极的态度。执法公信力的显著提升,也将成为模式转型的重要量化指标。

六、结语

中国学者对刑事诉讼模式问题的研究有着难以割舍的热情,因而该命题始终能够占据前瞻性地位。围绕中国刑事诉讼的模式定位,至少曾有过两轮理论学说层面的热烈讨论。第一轮争鸣肇始于20世纪90年代,以程序推进的方式及诉讼目标为切入点,并充分运用"当事人主义—职权主义""对抗制—纠问制""侦查中心—裁判

---

① 参见习近平:《以提高司法公信力为根本尺度,坚定不移深化司法体制改革》,载《人民日报》2015年3月25日。
② 参见孙长永:《侦查程序与人权——比较法考察》,中国方正出版社2000年版,第34页。

中心"等对称性概念作为分析工具。这轮研究不仅刺激了结构分析方法在程序法研究中的风靡,更直接与1996年《刑事诉讼法》的修改形成了有效互动。而从各种纷繁的理论观点中,我们大致可以循着帕克"犯罪控制"与"正当程序"的模式界分方法加以对照。[1] 第二轮模式理论的争鸣,则与恢复性司法的引入有着千丝万缕的关联。其发轫于2007年前后,随着刑事和解运动的勃兴,借助实证研究的系列成果,甚至有学者直接冠之以"对抗—合作"的模式界分。[2] 刑事和解的出现,建立于趋利避害的现实主义基础上,这让人不禁联想起约翰·格里菲斯的"家庭模式"论说。[3] 事实上,二者都注意到了刑事司法的教育功能,突破了国家与个人利益所谓的不可调和性,[4]具有异曲同工之处。该理论研讨带有鲜明的后现代特征,而2012年《刑事诉讼法》明确规定的"当事人和解的公诉案件诉讼程序"在某种程度上可被视为立法层面的呼应。

关于诉讼模式的讨论对刑事程序的构建具有纲领性作用,也无怪乎能引发这么多年的热议。"以审判为中心"的诉讼制度改革甫一提出,或许就已然为新一轮的模式理论争鸣创造了契机。与以往不同的是,本轮思辨与源自顶层设计的改革进程相伴而生,更容易在司法实践中得到密切关注。优良的模式设计必定与其所处的人事环境相互作用。化学反应是否能如愿产生,改革的全局性效果至关重要。一旦这样的类型化思路得到现实认证,作为中国司法实践经验的客观产物,"顺承—层控"的诉讼模式界分,将为世界范围内的诉讼模式学说增添新亮色。

就历史经验而言,任何制度都是利弊共生的,也不会一成不变。当前中国的刑事诉讼模式也难例外。"顺承模式"有自身的存活环境及生长条件,即便呈现出了诸多弊端,却也并非一无是处。就特定时代背景下的社会经济秩序维护而言,"顺承模式"最大限度地展

---

[1] See Herbert Packer, *Two Models of the Criminal Process*, 113 University of Pennsylvania Law Review 1(1964).

[2] 参见陈瑞华:《司法过程中的对抗与合作——一种新的刑事诉讼模式理论》,载《法学研究》2007年第3期。

[3] See John Griffiths, *Ideology in Criminal Procedure*, 79 Yale Law Journal 359 (1970).

[4] 参见李心鉴:《刑事诉讼构造论》,中国政法大学出版社1997年版,第46页。

现了自身价值。然而,历史总是要向前发展的,任何模式终究有落伍的时候。国家治理模式的现代化变革已被最高决策层提上议事日程,而司法权的运行轨迹应伴随经济社会的全局转型有所调整。在党的十八届四中全会所定的改革方略中,依法治国成了贯穿始终的主线,"推进以审判为中心的诉讼制度改革"虽只是其中一项内容,却蕴含着宏大的历史动力,刑事诉讼模式的中国化转型或将就此拉开帷幕。故而,"顺承模式"基于种种不足将不可避免地告别历史舞台。当然,作为接替者的"层控模式"并不会如有些人预期的那样,能够从西方诉讼格局中寻找到自身原型。即便遵循"同位模式""家庭模式"等西方经典理论进行程序构建,也终会落入"南橘北枳"的法律移植陷阱之中。制度的生命力源于理论预设同实践操作的高度统一,这也是认知两种模式之间关系的基本前提。"层控模式"并非"顺承模式"的对立面,二者之间从来就不存在竞争关系,而归属于历史发展进程的不同阶段。从本质上看,两种模式的分野,实乃时代发展规律下的必然产物。

第二章 论刑事诉讼中的"争点主导主义"

一、庭审实质化的新阶段

众所周知,以审判为中心的刑事诉讼制度改革最终被落脚在刑事庭审实质化改革上,其目的是提升法庭审判发现疑点、厘清事实、查明真相的能力。但是,庭审实质化改革首先需要考虑的问题就是,如何确定其适用范围。毕竟,刑事司法不能仅仅关注公正,也必须关注效率,并协调好公正和效率之间的关系。庭审实质化在提升司法公正的同时,也不可避免地会影响诉讼效率。因此,包括中国在内的许多国家刑事诉讼程序都呈现出简易化的趋势与倾向。我国在1996年的《刑事诉讼法》中增设简易程序后不久,又开始在司法实践中对适用普通程序的刑事案件实行简化审理。2003年3月14日,最高人民法院、最高人民检察院、司法部(以下简称"两高一部")对"被告人认罪案件"的审理程序作了特别规定。① 而 2012 年《刑事诉讼法》的修改则对前述二者做了一定程度的糅合，随之将其纳入立法范畴。为解决"案多人少"的矛盾，缓解司法机关的办案压力，2014 年 6 月 27 日，第十二届全国人大常委会授权最高人民法院、最高人民检察院（以下简称"两高"）在北京等 18 个城市开展为期两年的"刑事案件速裁程序"试点工作。② 在两年试点期限届满后，全国人大常务委员会又授权"两高"在上述北京等 18 个城市开展"认罪认罚从宽制度"试点工作。

2018 年修改后的《刑事诉讼法》通过试点积累的现实经验，完善了认罪认罚从宽制度，并增加了"刑事速裁程序"的内容。这意味着，刑事案件的处理将逐渐呈现两种基本类型，即认罪认罚案件的处理和不认罪认罚案件的处理，两类案件的处理程序特别是庭审程序在运作上也将趋于呈现两种互为补充的功能样态，即"确认式庭审"和"实质化庭审"。③ 一般而言，对于认罪认罚的案件，控辩双方已然没有诉讼争议或争议不大，法庭就可以通过"刑事速裁程序""刑事简易程序"等带有"形式化"特质的庭审对作为控辩双方合意结果的认罪认罚具结书进行"确认"；而对于不认罪认罚的案件，控辩双方则存在诉讼立场上的冲突，法庭需要严格遵守正当法律程序，尤其需要进行"实质"的庭审，以确保被追诉者能够获得充分的

---

① 根据《关于适用普通程序审理"被告人认罪案件"的若干意见（试行）》（已失效）第 7 条的规定，对于被告人自愿认罪并同意适用该意见进行审理的，可以对具体审理方式作如下简化：(1) 被告人可以不再就起诉书指控的犯罪事实进行供述。(2) 公诉人、辩护人、审判人员对被告人的讯问、发问可以简化或者省略。(3) 控辩双方对无异议的证据，可以仅就证据的名称及所证明的事项作出说明。合议庭经确认公诉人、被告人、辩护人无异议的，可以当庭予以认证。对于合议庭认为有必要调查核实的证据，控辩双方有异议的证据，或者控方、辩方要求出示、宣读的证据，应当出示、宣读，并进行质证。(4) 控辩双方主要围绕确定罪名、量刑及其他有争议的问题进行辩论。

② 《关于授权最高人民法院、最高人民检察院在部分地区开展刑事案件速裁程序试点工作的决定》要求，对事实清楚，证据充分，被告人自愿认罪，当事人对适用法律没有争议的危险驾驶、交通肇事、盗窃、诈骗、抢夺、伤害、寻衅滋事等情节较轻，依法可能判处 1 年以下有期徒刑、拘役、管制的案件，或者依法单处罚金的案件，进一步简化刑事诉讼法规定的相关诉讼程序。

③ 参见李奋飞：《论"确认式庭审"——以认罪认罚从宽制度的入法为契机》，载《国家检察官学院学报》2020 年第 3 期。

程序保障,最大限度地维护司法公正。①

不过,要实现司法资源配置的持续优化,深入推进刑事庭审实质化改革,保证有限司法资源能够更多地配置到那些存在诉讼争议的案件审理中来,②仅仅建构认罪认罚案件和不认罪认罚案件的分流机制,是远远不够的。其实,对于那些不认罪认罚的案件,即使按照普通程序进行审理,庭审实质化的程度也应有所差别,而不应平均施力。例如,对于被告人不认罪但却"认事"的案件,庭审实质化的程度就可以相对有所减弱;又如,对于被告人被指控数罪或者数起犯罪事实的案件,如果被告人对其中部分犯罪或者部分犯罪事实没有异议,法庭也应在适用普通程序时,对此无异议事项进行简化审理;再如,被告人虽既不认罪也不"认事",但却对指控其有罪的绝大多数证据没有异议,庭审实质化的焦点无疑也不应集中在这些没有争议的证据上。最高人民法院出台的旨在深化庭审实质化改革的"三项规程",③基本上也是认可在普通审理程序中以有无诉讼争议为标准进行这种二元划分的。④ 对于这种以诉讼争议存在与否来确定庭审实质化适用范围的总体思路,笔者称之为刑事诉讼中的"争点主导主义"。笔者拟通过对"三项规程"的分析,对庭审实质化改革背景下刑事诉讼中的"争点主导主义"问题进行初步的研究。本章在对"争点主导主义"的正当化问题进行充分论证的基础上,细致梳理"争点主导主义"的类型化动因,并对其规范化格局和集中化例外进行了展开。在笔者看来,普通程序中的"二元模式",即"有诉讼争议—实质化解决"模式和"无诉讼争议—形式化确认"模式,目前

---

① 参见李奋飞:《"论交涉性辩护"——以认罪认罚从宽作为切入镜像》,载《法学论坛》2019年第4期。

② 参见龙宗智:《庭审实质化的路径和方法》,载《法学研究》2015年第5期。

③ 《人民法院办理刑事案件庭前会议规程(试行)》(以下简称《庭前会议规程》)、《人民法院办理刑事案件排除非法证据规程(试行)》(以下简称《排非规程》)和《人民法院办理刑事案件第一审普通程序法庭调查规程(试行)》(以下简称《普通程序法庭调查规程》)。

④ 《普通程序法庭调查规程》第6条第2款规定:"对于庭前会议中达成一致意见的事项,法庭可以向控辩双方核实后当庭予以确认;对于未达成一致意见的事项,法庭可以在庭审涉及该事项的环节归纳争议焦点,听取控辩双方意见,依法作出处理。"第31条第1~2款规定:"对于可能影响定罪量刑的关键证据和控辩双方存在争议的证据,一般应当单独举证、质证,充分听取质证意见。对于控辩双方无异议的非关键性证据,举证方可以仅就证据的名称及其证明的事项作出说明,对方可以发表质证意见。"

已经初露端倪。未来普通程序的再设计,也应以这种互利共生的"二元模式"的建构为切入点。这不仅是实现庭审实质化的重要保障,也是庭审实质化改革持续推进的必然结果。

二、"争点主导主义"的正当化逻辑

"实质化"庭审也有自身明显的局限性,特别是需要充分的司法资源予以保障。因此,其必须与能够有效节约司法资源的"形式化"庭审形成一种相互补充、相互协调的关系。而且,如前文所述,"实质化"庭审的适用,应以诉讼争议的存在为前提。甚至,对于不同类型的诉讼争议,还可以在普通程序的适用中贯彻不同程度的实质化。这种以诉讼争议作为实质化审理焦点的"争点主导主义"的理论提炼得是否准确,既关乎司法资源的有效配置,也关乎当前庭审实质化改革的基本方向。只有界定好庭审实质化的适用范围,才能使这个好东西物尽其用,实现其预期的价值。为此,本章首先就"争点主导主义"的正当性进行论证。具体而言,"争点主导主义"的正当性,不仅体现在效率上,还折射在其他重要的价值和功能上。

(一)资源配置的优化趋向

不容置疑,公正与效率是评估司法权运行妥当与否的永恒指标,[1]而二者之间的此消彼长又直接影响着司法主体的行为模式。但是,要达到公正和效率之间的合理平衡,就需要实现司法资源的优化配置,特别是在当前"案多人少"的矛盾较为突出的背景下,更是如此。要实现司法资源的优化配置,就必须继续推进案件的繁简分流,而繁简分流的关键在于,在遵循司法规律的前提下,结合中国刑事司法的特有实践,合理设计诉讼程序(包括但远远不限于审判程序),把有限的司法资源投入最需要予以保障的案件之中,做到"当繁则繁,当简则简"。毕竟,"在一个资源有限的世界里,人们只有学会放弃才能获取更大的利益。"[2]这早已不是艰深的理论问

---

[1] 事实上,刑事诉讼法学中的许多重要的理论与实践问题最终都可归结于这两大问题:诉讼公正与诉讼效率。参见陈卫东:《公正和效率——我国刑事审判程序改革的两个目标》,载《中国人民大学学报》2001年第5期。

[2] 陈瑞华:《刑事诉讼的私力合作模式》,载《中国法学》2006年第5期。

题,而是实实在在的社会常识。①

不过,对理想模型的勾勒要比在繁杂的实践中实际实施它要简单很多。② 尽管笔者总体上认同,以罪刑的严重程度及控辩双方的合意程度来决定程序简化的程度。③ 但这绝不意味着,在司法资源有限的情况下,处理那些被告人可能被判处重刑以及因不认罪而需要适用普通程序的案件中,就不存在繁简分流问题。换句话说,并非只要是适用普通程序审理的案件,就要对所有的诉讼事项进行实质化审理。如果在适用普通程序审理的案件中,法庭对所有诉讼事项不分伯仲平均用力,仍然会导致司法资源在无诉讼争议事项上的无谓消耗,并造成司法资源在有诉讼争议的事项上投入不足。特别是,作为"以审判为中心的刑事诉讼制度改革"的重要内容,庭审实质化改革的持续推进,将强化控辩双方的对抗,④这必然导致庭审耗时的大大增加,相应的司法资源耗费将呈几何倍数增长。⑤ 如果不能在普通程序中继续进行繁简分流设计,对所有诉讼事项都实现实质化审理,还会让法庭因不堪重负而不得不吞噬庭审实质化改革的已有成果。因此,在庭审实质化改革持续推进的背景下,中国普通程序的完善除了应朝着发挥庭审作用、加强控辩双方平等对抗的方向迈进外,还应进行内部的繁简分流设计。对于控辩双方有异议的诉讼事项,采取"实质化"的解决程序,而对于控辩双方无异议的诉讼事项,则采取"形式化"的确认程序。普通程序中这种"有诉讼争议—实质化解决"和"无诉讼争议—形式化确认"的二元模式划分,与十多年前司法实务部门曾推行过的"普通程序简便审"改

---

① 最高人民法院、最高人民检察院、公安部、国家安全部、司法部联合发布的《关于推进以审判为中心的刑事诉讼制度改革的意见》第21条也明确规定:"推进案件繁简分流,优化司法资源配置。完善刑事案件速裁程序和认罪认罚从宽制度,对案件事实清楚、证据充分的轻微刑事案件,或者犯罪嫌疑人、被告人自愿认罪认罚的,可以适用速裁程序、简易程序或者普通程序简化审理。"

② [美]斯蒂芬诺斯·毕贝斯:《刑事司法机器》,姜敏译,北京大学出版社2015年版,第226页。

③ 参见闵春雷:《认罪认罚从宽制度中的程序简化》,载《苏州大学学报(哲学社会科学版)》2017年第2期。

④ 可以说,刑事庭审的实质化程度越高,控辩双方的对抗脉络也就越发清晰。参见李奋飞:《论控辩关系的三种样态》,载《中外法学》2018年第3期。

⑤ 参见陈实:《刑事庭审实质化的维度与机制探讨》,载《中国法学》2018年第1期。

革,有着本质的不同。① 这种根据诉讼争议的存在与否所采取的"厚此薄彼"的做法,如果能够处理得当,无疑有助于实现司法资源配置的持续优化,最终也有助于庭审实质化改革的深入推进。

(二) 处分自由的充分激活

除了有在普通程序中继续优化资源配置的考虑以外,将庭审实质化的焦点集中在有争议的诉讼事项上,还是合理界定诉权与裁判权关系的应有之义。"在诉讼过程中,诉权与审判权各自围绕自身的目的,依照一定的运行规律和要求共同推进和拓展着诉讼的进程。"② 从本质上讲,诉权与裁判权的关系就是当事人处分权与司法干预的关系。要保障诉权的充分行使,司法就不能轻易违背当事人的合理意志。随着诉权理论在刑事诉讼领域内的导入,诉权理论已不仅是民事诉讼法学的基础理论,也开始被认为是刑事诉讼法学的基础意涵。③ 作为一种行使诉权的方式,辩护方对某诉讼事项提出异议,尽管其未必能够在结果上获得裁判者的支持,但至少应在程序上对裁判者产生必要的约束和规制。否则,就容易造成司法上的非正义,并引发社会的质疑。因此,对辩护方提出的诉讼异议,裁判者应启动一种专门审查程序,对该项异议是否成立的问题进行解决。④ 如果法庭认为某项异议较为重大,还应该通过正式的庭审来进行审查,即适用"实质化"指标。

---

① 有学者认为,在过去的刑事司法改革中,法院为了提高诉讼效率,推行"普通程序简便审",强调简化法庭审理程序,缩短法庭审理的时间周期,形成了从法庭审理中探寻提高诉讼效率的改革思路。但经验表明,这种改革思路不仅在理论上有致命的缺陷,而且也没有取得改革者所预期的法律效果。单方面强调法庭审理期限的缩短,必然侵犯被告人的诉讼权利,损害正当法律程序的价值,并蕴含着造成冤假错案的可能性。毕竟,我国的法庭审判程序本来就已经非常简易,根本没有太大的简化空间,假如继续沿着简化法庭审理程序的改革思路走下去,那么,未来必然走向完全书面化的"法庭审理"程序,也就是法院不再开庭审理,仅仅通过阅卷就做出迅速裁判。参见陈瑞华:《"认罪认罚从宽"改革的理论反思——基于刑事速裁程序运行经验的考察》,载《当代法学》2016 年第 4 期。

② 徐显明:《当事人监督论纲》,载《法学论坛》2013 年第 2 期。

③ 中国刑事诉讼法学界目前已经广泛接受了诉权在刑事诉讼中的存在。参见徐静村、谢佑平:《刑事诉讼中的诉权初探》,载《现代法学》1992 年第 1 期;汪建成、祁建建:《论诉权理论在刑事诉讼中的导入》,载《中国法学》2002 年第 6 期;樊学勇、陶杨:《刑事诉权理论视野下的刑事审判制度改革》,载《当代法学》2005 年第 4 期。

④ 陈瑞华:《辩护权制约裁判权的三种模式》,载《政法论坛》2014 年第 5 期。

以辩护方对证据合法性的异议为例。根据《排非规程》的相关规定,辩护方申请排除非法证据,并提供相关线索或者材料的,人民法院就应当召开庭前会议。如控辩双方在庭前会议中对证据收集的合法性未达成一致意见,人民法院应当在庭审中进行调查。人民法院对证据收集的合法性进行调查后,应当当庭作出是否排除有关证据的决定。不过,控辩双方并不总是处于完全对立的地位,而有可能在庭前会议中对证据收集的合法性达成一致意见。这事实上是辩护方对自己诉权的一种处分。法庭只需要在庭审中向控辩双方核实并当庭予以确认。这也体现出法庭对作为诉权应有之义的辩护方处分权的尊重。法庭只有确保辩护方对一些诉讼事项拥有必要的处分权,最大限度地尊重其意志、意愿和意思,才能切实维护其作为诉权享有者的主体性地位,避免其成为司法审判的客体。作为诉权应有之义的处分权如果能够得到充分激活,还可以有效地发挥其对裁判权的制约作用,防止司法专横。

当然,充分激活辩护方的自由处分权,并不否定裁判者的审查把关功能。毕竟,对于控辩双方没有异议的诉讼事项,裁判者仍然可以通过"形式化"的庭审进行确认,只是通常不再进行"实质化"的庭审而已。对于控辩双方没有争议的事项,如果法庭再适用"实质化"庭审,组织控辩双方进行法庭调查和法庭辩论,不仅没有多少实际意义,也注定难逃流于形式的窠臼。法庭对于无争议诉讼事项所采取的这种"形式化"确认,不但无可指摘,还应受到提倡,表明其开始以更加务实的态度来对待控辩双方的意见。在某种程度上,这甚至还可以被看作是裁判权的自我约束。由于充分尊重了控辩双方的意思自治,特别是提升了被告人的诉讼主体地位,尽管裁判者对无争议事项所采取的只是"形式化"的确认程序,但其一样可以获得控辩双方尤其是辩方对其裁判的信赖和认可。因为,法庭对无争议事项的"形式化"确认,意味着控辩双方可以对法庭的决定施加更为有效的影响。

(三)裁判公正的有效保障

将庭审实质化的焦点集中在有争议的诉讼事项上,还可以有效地保障司法裁判的公正。司法裁判的公正在内涵上囊括了裁判程序公正和裁判实体公正,而裁判程序的公正性,又直接影响裁判实体的公正性。而按照程序公正的基本要求,必须确保那些利益可能受到裁判结果直接影响——尤其是不利的影响——的人能够直接参与到裁判的制作过程中来,并对裁判结论的形成施加积极有效的影响。① 如果当事人的参与机会能够得到有效保障,其就会倾向于认为裁判者是中立的、尊重他人的和可信任的。因此,保障当事人的有效参与,对提升其公正感是非常重要的。②

长期以来,不少人都认为,控辩双方尤其是辩护方总是有参与法庭审判的积极性,但由于裁判者的司法理念不同等原因,当事人的有效参与却得不到应有的保障。应该说,这种情况确实存在,有时可能还比较严重。如果辩护方提出的诉讼请求,法院并没有将其纳入裁判的对象,那么,可能会导致"辩审冲突",即辩护律师不与公诉人对抗,反而同主持庭审的法官进行对抗,甚至二者之间演变成了"对手"关系。③ 但是,这并非控辩双方庭审参与度不够的全部原因。实际上,与裁判结果有着直接利害关系的控辩双方,在参与法庭审判的过程中并非关注所有的诉讼事项,而只可能关注那些有着不同意见的诉讼事项。

假如辩护方对某诉讼事项本身并无异议,其也就不大可能向法庭提出申请,更不可能通过自己的积极努力对法庭施加影响乃至进行说服。因此,只有将诉讼争议作为实质化审理的焦点,才可以调动起控辩双方参与庭审的积极性,并通过他们的积极的对抗,促使法庭做出公正的裁决。例如,在控辩双方对证人证言并不存有异议的情况下,假如法庭认为某证人证言对案件定罪量刑具有重大影响,证人有必要出庭作证,当然也可以安排证人出庭作证。但是,如果缺少控辩双方对该证人的交叉询问,仅靠裁判者单方面的询问,是无法保障其决策公正的。④

---

① 参见陈瑞华:《程序正义论——从刑事审判角度的分析》,载《中外法学》1997 年第 2 期。
② 参见李昌盛、王彪:《"程序公正感受"研究及其启示》,载《河北法学》2012 年第 3 期。
③ 参见李奋飞:《"论表演性辩护"——中国律师法庭辩护功能的异化及其矫正》,载《政法论坛》2015 年第 2 期。
④ 正如有学者已指出的,"程序参与者如果完全缺乏立场上的对立性和竞争性,就会使讨论变得迟钝,问题的不同无法充分反映,从而影响决定的全面性、正确性"。参见季卫东:《程序比较论》,载《比较法研究》1993 年第 1 期。

三、"争点主导主义"的类型化动因

诉讼制度的根本价值就在于解决争议。在刑事诉讼中,控辩双方之间在事实认定上、证据运用上和法律适用上都可能存在争议。例如,控方指控被告人杀害了其邻居刘某,但被告人却矢口否认杀人。这样,控辩双方就对指控的事实基础产生了争议。这样的诉讼争议,可以说就属于典型的"事实争议"。又如,控方指控被告人构成盗窃罪,被告人供认后又翻供,辩护律师则以现有证据无法达到法定证明标准(排除合理怀疑)为由作无罪辩护。控辩双方对此诉讼事项的争议,可以被概括为"证据争议"。再如,控方指控被告人构成了贪污罪,但辩方则以被告人不具有国家工作人员身份为由进行抗辩。控辩双方对被告人是否属于刑法上的国家工作人员的争议,可以被称为"适法争议"。近年来,程序性辩护悄然兴起,辩护方既不是从有罪事实能否成立、犯罪构成要件是否具备等方面做出无罪的辩护,也不是从诸如被告人是否存在立功、自首、坦白、退赃等从轻或减轻的情节方面对量刑问题作辩护,而是开始积极地"指控"侦查人员、检察官或法官存在违反法律程序的行为,并要求法庭对此加以审查和确认。[①] 控辩双方对诉讼行为是否合法的争议,也可以归结为"适法争议"。可见,以争议的内容为标准,我们可以把诉讼争议分为三种类型:一是事实争议;二是证据争议;三是适法争议。研究诉讼争议类型的价值在于,诉讼争议的类型不同,争议解决的阶段和方式也有所不同。比如,管辖、回避、出庭证人名单等程序性争议,要尽可能在庭前会议阶段来解决。尽管有些诉讼争议也需要在法庭上解决,但由于争议事项的重要程度不同,庭审实质化的程度仍可以有所区别。

(一)以事实争议为动因

事实认定是刑事审判的重要职责。中国之所以要推进"以审判为中心的刑事诉讼制度改革",其目的就是确立审判阶段在刑事诉

[①] 当然,律师并非仅仅甘做法定诉讼程序的维护者和实施者,其做出这种程序性辩护的最终目的,还是寻求法院宣告指控被告人有罪的证据不足的结果,并进而寻求法院宣告被告人无罪的结局。参见陈瑞华:《程序性辩护之初步研究》,载《现代法学》2005年第2期。

讼中的中心地位,并通过庭审实质化改革,发挥庭审在事实认定等方面的作用。但是,事实认定却是"司法上由来已久和最难解决的问题之一"。① 因此,控辩双方在事实认定上产生争议也就在所难免,尤其是在犯罪事实是否为被告人所为等核心事实上。对于事实争议,有必要进行更为细致的区分。由于控辩双方均可能对作为证明对象的事实产生争议,事实争议又可以区分为"实体事实争议"和"程序事实异议"。其中的"实体事实争议"则可进一步区分为"定罪事实争议"和"量刑事实争议"。量刑事实还可以进一步区分为"有利于被告人的量刑事实"和"不利于被告人的量刑事实"。

在共同犯罪中,可能会出现部分被告人认罪,部分被告人对事实提出异议的情况。例如,在孟某等人的强奸案中,5 名被告人对与被害人发生性关系的事实均不持异议,但孟某、索某、多某及其辩护人提出,被害人在整个过程中没有拒绝、反抗、呼救,甚至连一句斥责的话也不曾讲,系自愿与被告人发生性行为,另外两名被告人则认罪。在本案中,控辩双方的争议不是有无发生性关系这一事实问题,而是在被害人无明显反抗行为或意思表示时,被告人的行为能否认定为强奸罪中的"违背妇女意志",而被告人是否"违背妇女意志"与被害人发生性关系仍然属于事实层面的问题,控辩双方的这一争议也属于"事实争议"。在一人被指控数罪的案件中,可能会出现被告人仅对部分指控事实有异议的情况。例如,检察机关指控被告人黄某犯故意杀人罪、诈骗罪,被告人对起诉书指控其以投毒杀害被害人的事实无异议,但辩称指控其诈骗被害人钱财不是事实。其辩护人提出,起诉书指控黄某犯诈骗罪的证据不足。在数额犯中,犯罪数额的认定,不仅影响定罪,也影响量刑。所以,在这些案件中,控辩双方的争议焦点有时就集中在犯罪数额上。例如,检察机关指控陈某犯走私珍贵动物制品罪。庭审时控辩双方对于犯罪事实并无分歧,但对于犯罪数额的认定却产生了争议。控方认为,应根据案涉象牙制品的重量来核定其价值;而辩方则提出,被海关查获的 5 件象牙制品中,有 4 件象牙制品来自一根象牙,并向法庭

---

① [美]罗斯科·庞德:《通过法律的社会控制》,沈宗灵译,商务印书馆 1984 年版,第 29 页。

提供了被告人在国外曾受赠过一根完整象牙,剩余 2 段象牙尚留在国外家中的证据。①

(二) 以证据争议为动因

证据是认定案件事实的根据。事实争议在一定意义上也是证据争议。控辩双方对某个证据或证据体系的争议,往往也会影响指控事实的成立。因此,证据争议的落脚点其实是事实争议。就某个证据的争议(是否可以转化为定案的根据)而言,又涉及证明能力和证明力两个方面的争议。证据法应规范的主要是证据能力问题,而且在证据能力和证明力的关系问题上,证据能力还应居于优先地位。②"随着中国最高司法机关相继确立旨在规范证据审查判断的规则,也随着诉讼制度的逐步完善,中国初步结束了在证据运用领域无法可依的局面。"③在此背景下,控辩双方在刑事证据运用上的争议无疑会越来越多地出现在当前司法实践中。甚至可以说,证据争议的产生与证据法的发展存在某种内在的联系。

例如,2016 年,山东省青岛市人民检察院对张某等人提起公诉,指控其与他人合谋,"利用信息优势连续买卖,操纵证券交易价格和交易量",构成操纵证券市场罪。起诉书认定这一事实的主要证据有书证、证人证言、司法鉴定意见、辨认笔录、被告人供述等。其中,中国证监会出具的《关于对"赛象科技"股票操纵案有关问题进行行政认定的函》(以下简称《认定函》),被列为首要指控证据。《认定函》根据公安部《关于商请对赛象科技股票操纵案进行行政认定的函》以及公安部提交的相关证据材料,认定张某等人"具有利用信息优势操纵市场的故意""具有信息优势""利用信息优势实施了连续买卖赛象科技的股票交易价格和交易量"。《认定函》指出,以上意见"仅供公安、司法机关办理本案时参考"。④ 而在此类案件的诉讼过程中,辩护律师普遍对该《认定函》的证据能力提出异议,理

---

① 参见徐艳红:《携带象牙制品入境,小心触犯刑律!》,载《人民政协报》2017 年 12 月 26 日。
② 参见汪贻飞:《论证据能力的附属化》,载《当代法学》2014 年第 3 期。
③ 陈瑞华:《以限制证据证明力为核心的新法定证据主义》,载《法学研究》2012 年第 6 期。
④ 参见陈瑞华:《刑事辩护的艺术》,北京大学出版社 2018 年版,第 110 页。

由是此类《认定函》不属于《刑事诉讼法》规定的任何一种证据,即证据形式不合法。因此,该类《认定函》不能作为定案的根据。

又如,在浙江张氏叔侄奸杀冤案中,被害人王某的 8 个指甲末端检出混合的 DNA 谱带可由死者与一名男性的 DNA 谱带混合形成,但排除由死者和张某或张某平的 DNA 谱带混合形成的可能性。对于该证据的证明力,控辩双方就存在明显的争议。控方认为,该证据与本案犯罪事实并无关联;而辩方则认为,该证据能够有力地证明张氏叔侄没有犯罪嫌疑。

(三) 以适法争议为动因

"以法律为准绳"是刑事诉讼的基本原则。① 而所谓"以法律为准绳",经典的说法就是,要求公安司法人员在办案中,既要遵循实体法,又要遵循程序法。但是,无论是在实体法的适用中,还是在程序法的适用中,控辩双方都可能发生争议。控辩双方对实体法的适用存在的不同意见,可以被称为"实体争议",而控辩双方对程序法的适用存在的不同意见,则可以被称为"程序争议"。

"实体争议"又可分为定罪争议和量刑争议。定罪争议,就是控辩双方对指控罪名成立与否存在不同的意见。例如,检察机关指控洪某等人对西平县部分饭店、早餐店、学校餐厅、悬挂伊斯兰标志的车辆进行了共计 17 起的多次强拿硬要公私财物行为,应当以寻衅滋事罪追究刑事责任。而辩护律师则认为,洪某等人是在西平县民族宗教局和依法成立的县伊斯兰协会的组织下,以县伊斯兰协会的名义开展清真食品检查,其行为具有明确依据,在本质上是一种协助执法行为,该行为不符合敲诈勒索罪的构成要件,因此不构成敲诈勒索罪。量刑争议,就是控辩双方对被告人构成的罪名意见是一致的,但却对如何量刑存在不同的意见。比如,是否存在某个法定或酌定的量刑情节,是否需要对被告人从重、从轻、减轻或者免除刑罚。以被告人胡某贪污案为例,辩护方对贪污罪指控不持异议。不过,辩护人认为,被告人具有自首情节,并向法庭进行了举证,以证明被告人在未受到传唤和未被采取强制措施的情况下,"即到检察

---

① 《刑事诉讼法》第 6 条明确规定:"人民法院、人民检察院和公安机关进行刑事诉讼,必须……以法律为准绳……"

院说明情况并将家里的存单全部交给检察院",还向检察院投案,"交代了自己的犯罪事实",而公诉人在发表"质证意见"时认为,胡某的行为不属于自首。

程序争议,又可根据争议的目的作广义和狭义之分。广义的程序争议,是指所有与刑事诉讼法适用有关的争议事项,如是否需要回避、是否需要变更管辖、是否必须传唤某证人出庭作证等。而狭义的程序争议,主要指那些是否需要适用非法证据排除规则的争议事项。例如,在章某锡受贿案的一审期间,被告人及其辩护人提出,章某锡审判前的供述是非法取得,并提供了章某锡在侦查阶段审讯时受伤的线索。法庭调取并查看了看守所体表检查登记表,要求公诉人提供章某锡同步审讯录像等证据,以查明原因,但公诉机关拒绝提供。一审法院据此认为公诉机关提供的现有材料不足以证明其获取章某锡有罪供述的合法性,章某锡有罪供述在未排除非法获得可能性的情况下,无法作为定案根据。①

四、"争点主导主义"的规范化格局

从1996年《刑事诉讼法》修改到2017年最高人民法院印发"三项规程"的二十多年里,中国刑事庭审的实质化程度已然发生了一些变化,但是庭审"形式化"的问题并未从根本上得以解决。② 特别是"案卷笔录中心主义"审判模式确实在中国具有较强的惯性,庭审活动至今仍然无法摆脱对案卷笔录的依赖,案卷笔录始终可以直接作为法庭调查的对象,证人证言笔录等各种笔录类证据可以直接作为法庭认定案件事实的根据。即使是在那些为数不多的证人出庭作证的审判中,证人出庭作证也不会对证言笔录的采信乃至案件的处理产生多少影响。正因如此,有学者才认为,中国刑事审判仍然带有"间接审理"和"书面审理"的色彩,并将这种审理方式称为"新

---

① 参见浙江省宁波市中级人民法院刑事判决书,(2011)浙甬刑二终字第288号。
② 有学者认为,所谓庭审的"形式化",是指"法官对案件事实的认定和对法律的适用主要不是通过法庭调查和辩论来完成的,而是通过庭审之前或之后对案卷的审查来完成的,或者说,法院的判决主要不是由主持庭审的法官作出的,而是由'法官背后的法官'作出的,即庭审在刑事诉讼过程中没有起到实质性作用,法院不经过庭审程序也照样可以作出判决"。参见熊秋红:《刑事庭审实质化与审判方式改革》,载《比较法研究》2016年第5期。

间接审理方式",与此相伴而生的诉讼理念则被称为"新间接审理主义"。① 可见,要实现对"诉讼争议"特别是"事实、证据争议"的实质化解决,审判机关必须在妥善确定"诉讼争议"的基础上,努力克服这种"新间接审理主义"的消极影响,尤其要真正贯彻直接言词原则,对"诉讼争议"进行实质化审理。

(一) 争议事项的确定

为确保法庭集中持续审理,提高庭审的质量和效率,必须发挥好庭前会议的制度功能,确定需要进行实质化审理的争议事项,尤其要先行解决可能造成庭审中断的程序争议。众所周知,庭前会议是2012年《刑事诉讼法》修改时新确立的一项制度。根据庭前会议的程序安排,在检察机关提起公诉后,审判人员可以在开庭审理前,召集公诉人、当事人和辩护人、诉讼代理人,对回避、出庭证人名单、非法证据排除等与审判相关的问题,了解情况,听取意见。这意味着,庭前会议程序已成为控辩双方庭前相互沟通、表达意见和对抗合作的重要平台。② 庭前会议的制度功能如果发挥得当,就可以在一定程度上起到解决程序争议、整理案件争点、明确庭审重点的作用。但是,由于庭前会议效力的模糊性和争议性,③其无法及时地处理那些可能导致庭审中断的程序性事项,以至于控辩双方不得不在庭审时继续提出异议,从而对庭审质量和效率产生不当影响。④

作为庭前准备程序的核心和关键,庭前会议理应对相关问题有所解决,其处理结果也应具有一定的法律效力。唯有如此,才能真正发挥其所承载的程序价值和功能。⑤《庭前会议规程》不仅明确了

---

① 参见陈瑞华:《新间接审理主义——"庭审中心主义改革"的主要障碍》,载《中外法学》2016年第4期。

② 参见莫湘益:《庭前会议:从法理到实证的考察》,载《法学研究》2014年第3期。

③ 甚至就连最高人民法院的法官们也认为,"庭前会议只能了解情况和听取意见,法院不能在庭前会议中对回避、出庭证人名单、非法证据排除等程序性事项作出裁定、决定"。参见江必新主编:《最高人民法院关于适用〈中华人民共和国刑事诉讼法〉的解释:理解与适用》,中国法制出版社2013年版,第190页。

④ 参见吉冠浩:《论庭前会议功能失范之成因——从庭前会议决定的效力切入》,载《当代法学》2016年第1期。

⑤ 参见步洋洋:《审判中心语境下的刑事庭前会议制度新探》,载《河北法学》2018年第7期。

庭前会议的程序功能,①还在一定程度上解决了庭前会议决定的效力缺失问题,②尤其是通过多个条款明确了庭前会议对庭审程序的作用和影响。③ 此外,《普通程序法庭调查规程》第 31 条第 3 款也规定:"召开庭前会议的案件,举证、质证可以按照庭前会议确定的方式进行。"总体来看,对于不同的诉讼争议,《庭前会议规程》采取了不同的处理方式。对于事实、证据争议,通常需要在庭审中进行"实质化"解决,但在庭前会议中需要确定控辩双方在事实认定上和证据运用上的争议焦点,只有这样庭审实质化需要重点解决的问题才能清晰;对于附带民事诉讼的争议问题,可以展开调解;而对于程序争议,则尽可能在庭前会议中予以解决。

尽管是否需要适用非法证据排除规则的争议事项也属于程序争议,但是《排非规程》对该程序争议的处理方式与对其他的程序争议的处理方式却有所不同。按照《排非规程》的规定,除非基于控辩双方的合意,控方决定撤回有关证据或被告人及其辩护人撤回排除非法证据的申请(参见《排非规程》第 14~15 条),非法证据排除之争议是在庭审中予以解决的。不过,在庭前会议中,控辩双方对证据收集的合法性达成一致意见的,法庭向控辩双方核实后当庭予以确认;而未达成一致意见的,法庭可以归纳争议焦点,听取控辩双方意见,并依法作出处理。控辩双方在庭前会议中对证据收集是否合法未达成一致意见,公诉人提供的相关证据材料不能明确排除非法取证情形,人民法院对证据收集的合法性有疑问的,应当在庭审中进

---

① 《庭前会议规程》规定,庭前会议中,人民法院可以依法处理可能导致庭审中断的程序性事项,组织控辩双方展示证据,归纳控辩双方争议焦点,开展附带民事调解,但不处理定罪量刑等实体性问题。

② 《庭前会议规程》第 10 条第 2 款规定:"对于前款规定中可能导致庭审中断的事项,人民法院应当依法作出处理,在开庭审理前告知处理决定,并说明理由。控辩双方没有新的理由,在庭审中再次提出有关申请或者异议的,法庭应当依法予以驳回。"

③ 《庭前会议规程》第 19 条第 1~2 款规定:"庭前会议中,对于控辩双方决定在庭审中出示的证据,人民法院可以组织展示有关证据,听取控辩双方对在案证据的意见,梳理存在争议的证据。对于控辩双方在庭前会议中没有争议的证据材料,庭审时举证、质证可以简化。"第 20 条规定:"人民法院可以在庭前会议中归纳控辩双方的争议焦点。对控辩双方没有争议或者达成一致意见的事项,可以在庭审中简化审理。人民法院可以组织控辩双方协商确定庭审的举证顺序、方式等事项,明确法庭调查的方式和重点。协商不成的事项,由人民法院确定。"

行调查(参见《排非规程》第15条)。

(二)争议事项的辨明

应该肯定的是,对控辩双方的诉讼争议,尤其是对事实、证据争议,《普通程序法庭调查规程》采取了一些较为规范、严谨的处理方式:有多起犯罪事实的案件,对被告人不认罪的事实,法庭调查一般应当分别进行;对于被告人不认罪或者认罪后又反悔的案件,法庭应当对与定罪和量刑有关的事实、证据进行全面调查(第11条第1~2款)。如果控辩双方对证人证言、被害人陈述提出异议,并申请证人、被害人出庭,人民法院经审查认为该证人证言、被害人陈述对案件定罪量刑有重大影响的,应当通知证人、被害人出庭;如果控辩双方对鉴定意见有异议,申请鉴定人或者有专门知识的人出庭,人民法院经审查认为有必要的,应当通知鉴定人或者有专门知识的人出庭;如果控辩双方对侦破经过、证据来源、证据真实性或者证据收集合法性等有异议,申请侦查人员或者有关人员出庭,人民法院经审查认为有必要的,应当通知侦查人员或者有关人员出庭(第13条第1~3款)。对于证人出庭作证的,其庭前证言一般不再出示、宣读(第25条第1款);对那些控辩双方存在争议的证据,法庭一般应当单独举证、质证,充分听取质证意见,控辩双方还可以进行多轮质证(第28条第3款、第31条第1款);而且,控辩双方出示证据,也应当重点围绕控辩双方存在争议的内容进行(第33条第1款)。

不得不指出的是,即使《普通程序法庭调查规程》的相关规定能够在庭审实践中得到落实,也与"有诉讼争议—实质化解决"的目标存在很大的距离。按照《普通程序法庭调查规程》的相关规定,不仅承办法官在开庭前应当阅卷(第3条),而且证人的"庭前证言"、被告人的"庭前供述""自书材料"等在法庭上仍然具有证据资格。可以说,在中国,要对有争议的诉讼事项实行直接言词的审理方式,即让法庭通过亲自听取控辩双方对证人的交叉盘问,来对诉讼争议进行辨明,可能还有很长的路要走。作为落实庭审实质化的关键一环,直接言词原则囊括了两个方面的内涵,即直接原则和口头原则。前者强调裁判者的亲历性,后者则着眼于审理方式。对于中国的庭审实质化进程而言,直接原则指向的主要是过往普遍存在的"先定后审"问题。① 而口头原则所指向的则是至今仍存在的"活人质死证"现象。因此,要对诉讼争议特别是事实争议进行"实质化"解决,必须抛弃这种盛行于中国法院内部的"案卷笔录中心主义"的审判方式,②以确保公诉方的案卷材料能够被排除于不认罪认罚案件的庭审之外。法官固然可以通过庭前阅卷辅助完成"诉讼争点"的整理,但是却不能将之作为裁判依据,并体现于最终的诉讼文书中。此外,要实现对"事实争议"进行真正的"实质化审理",法庭必须通过接触证据的最原始形式,尤其要通过亲自听取控辩双方对证人、鉴定人的交叉盘问,确保裁判者从当庭的言词陈述和辩论中形成对案件事实的内心确信。③ 这就要求法庭在控辩双方对证人、鉴定人证言提出异议的情况下,能够安排证人、鉴定人出庭作证。为此,未来应当明确被告人的对质权。④

(三)争议事项的解决

"有诉讼争议—实质化解决",除了要求裁判者通过实质化的庭审对争议事项进行辨明,还要求裁判者尽可能对争议事项进行当庭解决。相对于庭后解决,当庭解决可以确保司法决策免受或者少受法庭外因素的影响,从而使司法决策真正形成于法庭审理过程之中。这无疑是庭审实质化的应有之义。其不仅有助于提高诉讼争议的解决质量,也有助于增强诉讼争议的解决信度。

长期以来,对于控辩双方的诉讼争议,哪怕是事实证据争议,法庭通常都不会采取当庭解决的方式,而大多是在庭审完成之后的判决书中予以解决。以法庭认证的情况为例,法庭目前对无争议证据予以当庭认证,而对有争议证据则通常不作当庭认证。即使对于证据的可采性与真实性问题,只要控辩双方存在争议,法

---

① 参见卞建林:《直接言词原则与庭审方式改革》,载《中国法学》1995年第6期。
② 参见陈瑞华:《案卷笔录中心主义——对中国刑事审判方式的重新考察》,载《法学研究》2006年第4期。
③ 参见陈瑞华:《新间接审理主义——"庭审中心主义改革"的主要障碍》,载《中外法学》2016年第4期。
④ 有学者指出,以确立对质权解决证人出庭问题,应当成为改革和完善我国刑事证人作证制度的基本思路。参见熊秋红:《刑事证人作证制度之反思——以对质权为中心的分析》,载《中国政法大学学报》2009年第5期。

庭就趋于不明确表示支持或反对。① 相关的实证研究也表明当庭认证率较低。②

尽管当庭解决和庭后解决存在明显的不同,但是《普通程序法庭调查规程》却没有对这两种解决方式设定不同的条件和理由,而是直接授权法庭可以在当庭解决和庭后解决之间进行自行选择。要实现诉讼争议的实质化解决,未来需要明确,对于控辩双方的诉讼争议特别是事实证据争议,原则上都要采取当庭解决的方式。只有这样,才可以确保控辩双方能够通过自己的积极努力,对法庭裁判尤其是事实裁判施加有效的影响。此外,无论是当庭解决,还是庭后解决,法庭都应提供充足的令人信服的理由。

五、"争点主导主义"的集中化例外

现代刑事司法制度是建立在国家追诉主义的基础之上的。③ 在国家追诉主义的笼罩下,刑事诉讼基本上是由公权主体(公、检、法机关)所主宰的,以辩护权为代表的私权主体,最多只能在公权主体掌控的不同诉讼阶段中起到补充作用,而难以与其形成同位关系。④ 因此,强调通过诉讼程序尤其法庭程序的设计,确保刑事审判过程中控辩双方的"平等对抗"确实无可厚非。在近年来的刑事诉讼立法运动中,中国诉讼法学者普遍倡导的任何人不得被强迫自证其罪原则,沉默权规则,非法证据排除规则,侦查讯问时律师在场制度,侦查讯问录音录像制度,证据展示制度和证人、鉴定人出庭作证制度等,也几乎都被认为是为维持这种"对抗性司法"所做出的制度改革的努力。显然,这种"对抗性司法"的正当性是以控辩双方存在

---

① 参见龙宗智:《庭审实质化的路径和方法》,载《法学研究》2015 年第 5 期。
② 中国人民大学法学院"刑事庭审实证研究"课题组曾对"中国法院网"上"网络直播"栏目下的"现在开庭"子栏目所登载的 2010 年 1~12 月审理的共计 292 起刑事案件进行了实证分析。在这 292 起案件中,法官作了当庭认证的有 62 起,占 21.23%,而且其中 52 起的认证只是"对双方明确无异议的证据予以认可",属于可有可无的认证。参见何家弘:《刑事庭审虚化的实证研究》,载《法学家》2011 年第 6 期。
③ 参见李奋飞:《刑事被害人的权利保护——以复仇愿望的实现为中心》,载《政法论坛》2013 年第 5 期。
④ 参见李奋飞:《从"顺承模式"到"层控模式"——"以审判为中心"的诉讼制度改革评析》,载《中外法学》2016 年第 3 期。

诉讼争议(特别是被告人不认罪)为前提的。① 但是,对于那些控辩双方并无争议的诉讼事项(特别是被告人已认罪),"对抗性司法"也就没有了存在的基础。即使是在普通程序中,法庭也可以对这种无争议的诉讼事项,在向控辩双方核实后当庭予以确认。与"有诉讼争议—实质化解决"这种"对抗性司法"模式不同,"无诉讼争议—形式化确认"实际具有了"合作性司法"模式的特征。只不过,控辩双方经过沟通协商、平等对话、妥协合作而就一些诉讼事项所达成的协议,尚需要得到法庭"形式化"的确认而已。

(一)非争议样态的普遍性

在大多数刑事诉讼过程中,控辩双方对事实认定、证据运用乃至法律适用并不存在明显的争议。而且,即使对一些诉讼事项存在争议,控辩双方还可以通过适宜的机制平台进行沟通协商、平等对话乃至妥协合作。经过这种理性平和的商谈,控辩双方之间存在对绝大多数诉讼事项达成合意的可能性,以免出现更为不利的诉讼结局。尽管中国目前的刑事诉讼尚未从实质上形成控辩平等、相互制衡的格局,程序主体性也尚未从运作层面上得到贯彻,从而缺乏合意达成的基础,②但是,近年来刑事和解制度在中国的兴起,在一定意义上打破了刑事诉讼与民事诉讼的传统界限,③甚至还有学者认为,在刑事诉讼中出现了公法与私法互动的趋势。④ 目前,中国刑事诉讼中事实上已经呈现的控辩合意包括但其实远远不限于:以认罪认罚为内容的合意、关于审理程序选择的合意以及关于证据问题的合意,等等。

以证据问题的合意为例。在刑事庭审实践中,法官在一方举证

---

① 参见陈瑞华:《司法过程中的对抗与合作——一种新的刑事诉讼模式理论》,载《法学研究》2007年第3期。
② 参见王新清、李蓉:《论刑事诉讼中的合意问题——以公诉案件为视野的分析》,载《法学家》2003年第3期。
③ 参见陈瑞华:《刑事诉讼的私力合作模式——刑事和解在中国的兴起》,载《中国法学》2006年第5期。
④ 刑事诉讼法传统上具有公法属性,现代刑事诉讼制度出现私法性因素,私法公法化与公法私法化在刑事诉讼领域均有所体现。参见孟军:《公法私法互动视角下刑事诉讼制度的运作与发展》,载《学习探索》2015年第11期。

之后会询问另一方对证据有无异议,但对方表示"有异议"的比例很低。① 有学者对"中国法院网"2011 年 10 月至 2014 年 11 月登载的刑事案件采用简单随机抽样的方法抽取了 100 起(含简易程序审理案件 42 起,普通程序审理案件 58 起),并对样本进行了统计分析。在这 100 起样本案件中,被告方提出异议的仅为 29 起,不到总量的 1/3。② 随着相关司法改革的深入推进,中国刑事诉讼的格局体系将发生重大转型,控辩双方合意的适用范围或会继续扩大,未来甚至有望对"定罪标准""罪名""罪数"等问题达成合意,相应地,控辩双方对诉讼事项的非争议样态也将更具普遍性。

(二)庭前会议的适应性改造

考虑到非争议样态的普遍性,中国刑事审判程序的建构,不仅需依据案件轻重、难易程度不同,构建多元化的简易、速裁程序,还需要根据诉讼争议的有无,建构普通程序的"二元模式",即"有诉讼争议—实质解决模式"和"无诉讼争议—形式确认模式"。而这种"二元模式"的良性运行,又需要成熟而完善的庭前会议制度作为支撑。这就需要我们在对庭前会议的功能进行理性反思的基础上对其进行改造,使其不仅可以承载交换证据等附带功能,还可以承载以下两项主要功能:

一是解决管辖、回避、出庭证人名单等程序性争议。有学者认为,解决程序性争议应是庭前会议的首要目标。③ 为了保证庭审能够集中解决被告人的定罪量刑问题,除控辩双方争议较大的情况以外,非法证据排除之争议原则上应在庭前会议中予以解决。④ 目前

---

① 在前述 292 起案件中,控辩双方共举出 5817 份证据。其中,证人证言受到质疑的比例最高,占 16.67%;书证受到质疑的占 11.92%;被害人陈述受到质疑的占 9.83%;被告人供述和辩解受到质疑的占 7.53%;鉴定结论受到质疑的占 5.14%;视听资料受到质疑的占 4.34%;物证受到质疑的占 3.18%;勘验检查笔录受到质疑的占 2.83%。质疑的内容多数涉及证据的真实性,少数涉及证据的合法性和关联性。参见何家弘:《刑事庭审虚化的实证研究》,载《法学家》2011 年第 6 期。

② 参见胡铭:《审判中心、庭审实质化与刑事司法改革——基于庭审实录和裁判文书的实证研究》,载《法学家》2016 年第 4 期。

③ 参见熊秋红:《刑事审判模式下的庭前会议功能定位》,载《人民法院报》2017 年 6 月 14 日。

④ 杨波:《由证明力到证据能力——我国非法证据排除规则的实践困境与出路》,载《政法论坛》2015 年第 5 期。

的制度安排只是将庭前会议规定为可以提及非法证据排除申请的载体,却并未赋予其启动证据合法性审查的资质。[①] 但是,如果能在庭前会议将非法证据予以排除,其便自动丧失了参与质证的诉讼能力,这样不仅效果更为直接,而且有益于庭审的高效运作。

二是整理控辩双方的诉讼争点,尤其是在事实认定和证据运用方面。由于职权主义仍然是中国刑事审判的基本构造且控辩双方的"争点"意识尚比较欠缺,因此,未来庭前会议制度的改造需要凸显出"争点整理"的功能。当庭前会议通过发挥"争点整理"的功能,可以为庭审活动的集中进行做出缜密而周延的安排,诉讼各方的逻辑思路就会更加清晰地呈现出来,当庭解决诉讼争议的盖然性也会大幅提升。

(三)偏重形式化的法庭确认

作为中国刑事司法实践中长期存在的突出问题,庭审的"形式化"一直饱受诟病。为解决庭审的"形式化"的问题,无论是诉讼法学界,还是司法实务界,都倾注了极大的热情。但是,作为一种诉讼成本极高的审判方式,"实质化"庭审是有其适用范围的。只有对控辩双方的诉讼争议,特别是对"事实争议"采取"实质化"庭审,才能称得上"物尽其用"。不过,我们不能只关注"实质化"庭审的优势,而不关注其不足。正如我们不能只关注"形式化"庭审的弊端而不关注其优点一样。

这里当然不是要为"形式化"庭审正名,而是要借此界定其适用范围。"形式化"庭审之所以饱受诟病,不仅是因为其与程序正义的要求不符,也不仅是因为其发现和纠正错案的能力不高,更是因为其超出了自己的适用范围,其根本就不应该被适用在那些控辩双方存在争议的诉讼事项上。其实,对于那些按照简易程序、速裁程序审理的案件,"形式化"庭审非但没有受到质疑,反而正在被广泛倡导。即使对于按照普通程序审理的案件,也不能一味地追求"实质化"审理。对于那些控辩双方没有争议的诉讼事项,即使仍然可以成为庭审的对象,但也应和那些有争议的诉讼事项区别对待。对于控辩双方无争议或者已达成一致意见的诉讼事项,法庭通常只需要进行

[①] 参见郑思科、黄婧:《庭前会议如何排除非法证据》,载《检察日报》2013年7月17日。

"形式化"确认即可,即法庭在向控辩双方核实后当庭予以"确认"。①

与"有诉讼争议—实质化解决"不同,"无诉讼争议—形式化确认"既不需要证人、鉴定人出庭作证,也不需要再贯彻直接言词原则。与此同时,案卷笔录的证据资格也可以不再受到严格限制。对于那些控辩双方无争议的诉讼事项,法庭的"确认"无疑将成为常态。这种"确认",可以说具有明显的"形式化"特征,既不存在所谓的证明责任分配,也不需要满足法定的证明标准。甚至,对于控辩双方无异议的诉讼事项,判决书也可以不必对"确认"的事项进行说理。这就是说,控辩双方对一些诉讼事项的意见,将成为案件处理的直接依据,至少也会对案件处理产生影响。当然,"无诉讼争议—形式化确认",并不是说法庭就将无所作为,更不是说将裁判权交给了控辩双方。因为,通过采取"向控辩双方核实"等方式,法庭也可以不予"确认"。在被指控数罪的情况下,如控辩双方对某个指控罪名并无争议,但法庭经审理认为指控罪名错误的,可以变更指控罪名(不予"确认");被告人虽对其中某罪的量刑建议并无争议,但如果法庭经审理认为超过了法律幅度的,也可以不予采纳(不予"确认")。毕竟,对于控辩双方没有争议的证据,只是简化举证、质证,而非不再出示、质证。②

六、结语

截至目前,针对"争点主导主义"的形塑尚且处于模型建构阶段。换言之,本章所做的样态划分更多的只是一种抽象意义上的秩序规划。中国的刑事司法格局还需要转化到更加具体的层面,才能确保司法权力主体在实践中能够遵循上述图式加以行事。而这种变化却不可能是一蹴而就的,其间甚至可能会有所延宕辗转。"大脑或思维中预先形成的秩序或模式,不仅不是一种使秩序得以确立的高级方式,甚至是一种很初级的方式。"③尽管如此,"争点主导主

---

① 参见《普通程序法庭调查规程》第6条第2款。
② 参见刘静坤:《让刑事司法改革成效展现在法庭》,载《人民法院报》2017年8月15日。
③ [英]弗里德里希·奥古斯特·冯·哈耶克:《致命的自负》,冯克利、胡晋华等译,中国社会科学出版社2015年版,第88页。

义"都不失为打造符合中国本土资源特质的诉讼格局之理想方案。或许其最终呈现的具体形式会与时下的设想有所出入,但无碍于整体轮廓的臻于合理化。当然,时间的累积是不容回避的客观要件,而相关规范文本的落到实处,则势必是各方需求的必然归宿。

值得注意的是,目前围绕"争点主导主义"的制度建构,抑或"有诉讼争议—实质化解决"与"无诉讼争议—形式化确认"作为两种模式的分野,所面临的最大隐患在于,改革次序无法得到合理厘定。一方面,"有诉讼争议—实质化解决"代表了较高层级的制度格调,其在操作环节的臻于完备亦代表了"以审判为中心"的成熟架构。但是,如果这一模型在时序上占得绝对意义上的先机,那么,司法资源投入的不堪重负则将无可避免,这势必影响其自身质量的稳定性。而另一方面,"无诉讼争议—形式化确认"作为一种补充性手段,固然有助于诉讼效益的内在均衡,但却需要正视其基数上的超高比重。倘若在实质化进程尚未巩固之际,就大强度地推进此种模式的系统工程,则恐怕"有诉讼争议—实质化解决"作为主基调的地位便会受到侵蚀。这似乎是一种进退维谷的两难境地。

的确,当这种设想转化为现实之时,庭审实质化改革和认罪认罚从宽制度改革的并驾齐驱,反而会造成双方关系的龃龉不断。而上述现象所导致的最糟糕的结果,莫过于"鱼"与"熊掌"二者兼失的惨淡结局。换言之,倘若司法资源的配置未达于妥当化,同时庭审实质化基于适用范围的错谬而未能成功,刑事诉讼制度的改造就不免陷入了困局。为此,"争点主导主义"的内涵及其外延,需要率先在理论维度上加以明确,进而以更为缜密周延的方式,呈现于顶层设计的文本规范之中。只有未来的刑事诉讼制度改革能够反馈出适宜的层次感,从抽象秩序到具体环境的转型才能不落窠臼地臻于完满。据此,对于中国的最高司法机关来说,下一步的核心要务或许需要集中于,在规范层面整合好乍看起来功能迥异,但其实却是互斥共生的改革举措,且使之呈现一体化格局,从而真正开创"争点主导主义"影响下的中国化刑事审判构造。

第三章　诉讼格局·立法文本·参与主体
——我国刑事诉讼制度持续发展因子探析

一、刑事诉讼的发展命题

作为法治体系中的关键一环,具有"小宪法"之称的《刑事诉讼法》亦不可游离于持续发展的轨迹之外。事实上,从 1979 年第一部《刑事诉讼法》颁布至今,中国刑事诉讼程序始终都处在变动不居的情状之下。从《刑事诉讼法》反复修改的争论前行,到多轮司法改革的循序渐进,程序公正和人权保障的价值诉求已然越发清晰。归结起来,中国刑事诉讼的变革一直构筑于现代法治理念的基础之上,并以公正、高效、权威作为追逐方向。[①] 然而,令人遗憾的是,这种变革始终无法将刑事诉讼制度一步到位地定型于某种常态图景中。甚至,中国刑事诉讼的发展进程还可能存在陷入"钱穆制度陷阱"的风险,进而妨碍其持续效度。[②]

[①] 参见陈卫东:《论公正、高效、权威的司法制度的建立》,载《中国人民大学学报》2009 年第 6 期。

[②] 中国著名历史学家钱穆在分析中国历史时指出:"中国政治制度演绎的传统是,一个制度出了毛病,再定一个制度来防止它,相沿日久,一天天地繁密化,于是有些却变成了病上加病。"这就是所谓"钱穆制度陷阱"。该理论所揭示的道理是,越来越繁密的制度积累,往往造成前后矛盾的结果。这样,制度越繁密越容易生歧义,越容易出漏洞,而执行新制度的人往往在分歧争执中敌不过固守旧制度的人,因而越来越失去效率。

例如,为了强化诉讼程序的事实发现功能,1996年《刑事诉讼法》修订植入了较多的对抗性因素。其中,发挥庭审的实质效用以及优化辩护权能无疑是两条重要举措。然而,时至今日,庭审的虚化和辩护权的孱弱现象依然被认为是中国刑事诉讼中的两块"短板"[1]。对于前者而言,即便2012年《刑事诉讼法》再修订继续着力于非法证据排除和证人出庭作证的体系构建,以案卷笔录为中心的办案方式却依然被作为司法机关处置案件的主导形态存在。换言之,直接言词原则并未与刑事诉讼的事实发现功能产生稳定联系。以侵犯被追诉人基本权利为代价的证据收集手段仍然存在,证人出庭作证的比率也依然很低。[2] 对于后者而言,随着时间的推移,律师辩护中的"会见难""调查取证难"等问题并未从根本上得到解决。相反,在两轮法律修订完成之后,"发问难""质证难""辩论难"等问题又浮出水面,迫使中央层面不得不做出相应的顶层设计。[3] 由此可见,尽管刑事诉讼程序的完善改造系以公正司法作为基本的衡量指标,但却难免在司法实践中陷入事与愿违的尴尬境地。又如,长期以来,针对诉讼效率的改革尝试,始终处于程序体系建设的要旨地位。为此,繁简分流机制的有效打造已经成为各方共识。但是,从简易程序的创设到普通程序简化审的探索,再到二者的有机融合,以及从刑事速裁机制试点启动到认罪认罚从宽处理的改革设想,新的构思虽层出不穷,却似乎尚未找到从根本上克服这一难题的答案。司法资源的优化配置是否能够顺利实现,诉讼效益的价值认知又能否投射到司法实践中,已在不少法律人心中造成了疑问和忧虑。那么,中国刑事诉讼究竟应当如何步入良性发展轨迹,又怎样才能克服"钱穆制度陷阱"呢?

我们知道,即便在那些程序制度较为发达的国家,近年来也在不

---

[1] 参见李奋飞:《论"表演性辩护"——中国律师法庭辩护功能的异化及其矫正》,载《政法论坛》2015年第2期。

[2] 参见李奋飞:《"作证却免于强制出庭"抑或"免于强制作证"?——〈刑事诉讼法〉第188条第1款的法教义学分析》,载《中外法学》2015年第2期。

[3] 参见孟建柱:《依法保障执业权利 切实规范执业行为 充分发挥律师队伍在全面依法治国中的重要作用》,载《中国司法》2015年第10期。

同程度上弥漫着某种消极情绪。① 但是,这并不能阻挡其刑事程序进行自我完善的趋势。钱穆先生曾提及:"一项制度之创建,必先有创建该项制度之意识与精神。一项制度之推行,亦同样需要推行该项制度之意识与精神。"②因此,只要针对刑事诉讼的持续发展能够维系正确的意识和精神,且不夹杂任何私心,我们当下所遇到的挫折,终究只是"求取真经"的必经磨难而已。实际上,如果能够把那些带有技术性色彩的微观创制置于更加宏大的视野之下,或许就可以勘破发展的门径。不过,这里应当首先明确的是,本章所称的"刑事诉讼制度持续发展"究竟包含了哪些必备因子。唯有如此,才能"顺藤摸瓜",探寻到符合中国本土资源的程序运转规律。在美国学者弗朗西斯·福山看来,政治制度的发展完善体现于国家建构、法治以及负责制政府这三者之间的互相平衡。③ 借用此分析框架,或可为中国刑事诉讼的持续发展创设出若干要素指标,即合理的诉讼格局、优质的立法文本和较高素养的参与主体。这三大因子对于刑事诉讼最终的发展目标实现均不可或缺,且存在必要的次序关联。当其内在演进趋向于遵循更加科学务实的逻辑规律,刑事诉讼的进化路径便可清晰呈现。

二、诉讼格局:从"浪漫"到"务实"

刑事诉讼的格局代表了一种泛化意义上的框架,反映了诉讼主体之间的基本法律关系,并且为程序内部的博弈提供了运行空间。在本书中,诉讼模式或者诉讼构造的概念均可代入其中,即"由一定的诉讼目的所决定的,并由主要诉讼程序和证据规则中的诉讼基本方式所体现的控诉、辩护、裁判三方的法律地位和相互关系"④。诉讼格局的确立与稳定,取决于一系列内外部环境条件的成熟与否,包括国家意识形态、社会传统文化、诉讼价值导向、政治体制设

---

① 参见[美]克雷格·布拉德利:《刑事诉讼革命的失败》,郑旭译,北京大学出版社2009年版,第16页。
② 钱穆:《国史大纲》(第2册),商务印书馆2010年版,第415页。
③ 参见[美]弗朗西斯·福山:《政治秩序的起源:从前人类时代到法国大革命》,毛俊杰译,广西师范大学出版社2014年版,第16页。
④ 李心鉴:《刑事诉讼构造论》,中国政法大学出版社1997年版,第7页。

计、法治规范模型等诸多方面的因素。① 打造符合发展规律的刑事诉讼,合理的诉讼格局是重中之重。毫不隐晦地说,这项指标的科学设计,构成了立法文本与司法人员等要素发挥作用的时空基础。诉讼格局合理与否取决于其与中国本土资源的契合程度。而中国刑事诉讼的模式建构,恰好正经历一个由"浪漫规划"的乌托邦憧憬转向"务实探索"的自觉性渐进的过程。

(一)告别"对抗制"

从 20 世纪 90 年代初期开始,无论是立法机关,还是司法机关,抑或法学界,都对英美对抗制模式产生了深深的偏爱,不但将其视作司法程序发展的世界潮流,还将移植、借鉴对抗制作为中国刑事诉讼革新的努力目标。这种尝试在 1996 年《刑事诉讼法》的首轮修订前后达到了高潮,并在相当程度上转化为司法规范的现实景象。当然,对于"对抗制"的艳羡,在心理动机上源自中国过往职权主义甚至超职权主义诉讼模式的种种弊端。② 这其实也是一种逆反态度的呈现。"英美司法对当事人控制事实认定模式的普遍依存与实现法律程序之使命的独特方法有关。"③ 而在这样的司法体系中,裁判活动始终处于中心地位。换言之,控辩审之间形成了稳健的三角平衡关系,从而促成了通过控辩对抗解决刑事纠纷的主基调。在由此形成的司法场域中,控辩双方在武器平等的原则下,展开证据、事实等层面的激烈交锋,表现出富于攻击性的特质。而作为裁决者的法官成为司法权威的象征,其以消极姿态指挥、引导诉讼进程。从事实查明的角度来看,这样的格局特征虽未见得比原来的诉讼形态占据优势,却能给予辩护方更充分的尊重与保护,以遏制公权力的恣意妄为,并彰显诉讼参与人的主体价值。故而,其中所蕴含的一系列技术设计也就受到了各方的极力推崇。④ 但众所周

---

① 参见梁欣:《当代中国刑事诉讼模式的变迁》,载《政法论坛》2012 年第 4 期。
② 参见李奋飞:《刑事诉讼中的法官庭外调查权研究》,载《国家检察官学院学报》2004 年第 1 期。
③ [美]米尔健·R.达马斯卡:《漂移的证据法》,李学军等译,中国政法大学出版社 2003 年版,第 104 页。
④ 参见苏力:《关于对抗制的几点法理学和法律社会学思考》,载《法学研究》1995 年第 4 期。

知,这种以对抗制为目标的移植效果,却被认为失败了。①

直至今日,在中国刑事法庭上,人们也鲜见当初所设想的控辩双方的唇枪舌剑,公权力对于诉讼进程的全面主导亦未有明显削弱。为了强化庭审的对抗性,诉讼法学界曾试图推动解决法官预断的问题,并提出了"起诉状一本""证据开示""诉因制度"的"三位一体"方案。② 然而,在司法实践中,这种努力才迈出一小步,便浅尝辄止。随着2012年《刑事诉讼法》再修订全面恢复了卷宗移送制度,中国的公诉审查程序怕已与"起诉状一本主义"失之交臂。1996年的《刑事诉讼法》修订虽然以折中思路推出"复印件主义"的证据移送形式,③以期未来能够顺利过渡至"三位一体"的形态,却从未得到司法实务的积极回应。甚至,其在不少地方还被束之高阁。更鲜明的范例来自批准逮捕权归属的争论不休,司法审查机制的存在与对抗制的运行机理具有天然联系,故而将羁押决定事项移交法院曾为不少诉讼法学者所推崇。④ 然而,此构想始终都为立法机关、司法实践所排斥。甚至,就连作为潜在受益者的法院也采取了退避三舍的消极态度。因此,不得不说,过去我们对英美对抗制的追逐基本上处于理想层面。因而,在真实的司法环境中,"碰壁"的窘迫自是难以避免,所谓控辩式的审判方式基本上流于形式,也就在情理之中了。⑤

可以说,2012年的《刑事诉讼法》再修订以及后续的新一轮司法体制机制改革,某种程度上改变了刻意模仿英美对抗制的固有思路,重新回到更加务实的轨道之内。当然,这并不否定对抗制努力的积极意义,其所包含的正当程序理念,特别是人权保障价值,仍将是中国刑事诉讼的发展方向。从"尊重与保障人权""不得强迫自证

---

① 参见尹继良:《论中国对抗制移植失败的原因》,载《辽宁公安司法管理干部学院学报》2002年第4期。

② 参见陈卫东、郝银钟:《我国公诉方式的结构性缺陷及其矫正》,载《法学研究》2000年第4期。

③ 李奋飞:《从"复印件主义"走向"起诉状一本主义"——对我国刑事公诉方式改革的一种思考》,载《国家检察官学院学报》2003年第2期。

④ 参见陈卫东、李奋飞:《论侦查权的司法控制》,载《政法论坛》2000年第6期;郝银钟:《批捕权的法理与法理化的批捕权——再谈批捕权的优化配置及检察体制改革兼答刘国媛同志》,载《法学》2000年第1期。

⑤ 参见熊秋红:《刑事辩护的规范体系及其运行环境》,载《政法论坛》2012年第5期。

其罪"等基本原则被导入立法文本的事实来看,这一点应该是毋庸置疑。而需要注意的是,尽管基于人性所产生的各种价值应为各国所尊崇,但并不代表其实现方式也必然是同一的。只能说,对抗制背后所蕴含的某些精神和意识,是很难在中国社会的历史与现实之中找到共鸣的。"法律之不能与风俗相违,非数千年来实地试验,确有成绩,不容以空言理想凭空臆断者哉。"①由此,把对抗制作为中国刑事审判方式改革的目标,也就难以抵御来自历史传统的惯性了。

不容忽视的是,刑事诉讼法学研究在方法论上的及时转向,也契合了诉讼格局的自觉反省。近年来,实证研究方法在刑事司法领域的大规模运用,客观上引导了法律界对于刑事诉讼法实施现状的重视与分析。特别是试点实验方法的局部尝试,尽管在技术掌握层面尚显稚嫩,但却积极推动了诉讼制度的务实完善。比如,2012年《刑事诉讼法》所呈现的刑事和解、附条件不起诉等创新程序,都有相应的实证探索作为论据。② 与之形成鲜明对比的则是,1996年《刑事诉讼法》修订以及随后一段时期内的司法体制机制改革,往往在理论基础上体现为比较法学研究的成果形式。在一定程度上,比较法学将方法论的"王座"让位于实证研究,也标志着仿照西方模式构建中国诉讼格局的风气趋向退潮。换句话说,我们必须告别"对抗制"的浪漫理想,找寻符合中国实际的诉讼格局。

(二)"以审判为中心"的价值辨识

党的十八届四中全会决议提出推进"以审判为中心"的诉讼制度改革。该命题一经提出,就引发了理论界和实务界广泛而热烈的关注与讨论。甚至,还有学者试图将"以审判为中心"同"审判中心主义"画上等号。③ 但是,如果我们从正反两个方面审慎地剖析这一命题,就不难发现两个概念之间其实存在显著差异。具体而言,这

---

① 陈宝琛:《陈阁学新刑律无夫奸罪说》,载劳乃宣:《桐乡劳先生(乃宣)遗稿》第2册,第869页。转引自梁治平:《礼教与法律:法律移植时代的文化冲突》,广西师范大学出版社2015年版,第96~97页。
② 参见何挺等编译:《外国刑事司法实证研究》,北京大学出版社2014年版,"序言"。
③ 参见王琳:《从"侦查中心主义"到"审判中心主义"》,载《中国青年报》2014年11月7日。

取决于三个方面的"未变"。

首先,诉讼主体之间的基本关系未变。在同一个文本中,公、检、法三机关之间的配合制约关系再次得到重申,司法行政机关的加入甚至还在一定程度上增强了其重要性。这意味着,长期饱受争议的"流水作业"式的纵向构造并未被否定。因此,"以审判为中心"必然建立在原有的纵向构造之中。换句话说,中国现行的刑事诉讼构造仍然突出了公、检、法三机关之间的递进流转关系,并未将控、辩、审之间的三角格局延伸至整个程序环节。但是,"审判中心主义"的初始内涵,则将锋芒重点指向了"诉讼阶段论"影响下形成的司法权配置模型,意图塑造出一切强制侦查行为源自法官令状的基本格局。显然,"配合制约"关系的存在否定了"以审判为中心"的域外移植可能,而将其牢牢固定于本土化的特质之中。实际上,"以审判为中心"只是要求处于前置环节的侦查、起诉活动,必须将顺利通过审判程序的考验视作最终目标,并未改变审前环节的主导力量分配。控、辩、审之间的三角平衡关系,仅仅存在于最后的审判阶段,本质上被内化于诉讼阶段论的格局体系之中。

其次,立法文本的权威属性未变。由于"以审判为中心"的概念主要适用于刑事诉讼活动,就不能不重视其法律权威的授权来源。该命题的提出时间为2014年,而2012年修订的《刑事诉讼法》于2013年正式实施。考虑二者之间的时序关联,不难发现"以审判为中心"是先前立法精神的某种维系和延伸。"以审判为中心"的诉讼制度改革,不仅同2012年《刑事诉讼法》的实施并行不悖,并且能够营造出一种激活其效果的积极氛围。可以说,二者之间存在互相依存、互为表里的关系。"以审判为中心"的实现必然以《刑事诉讼法》的条款落实为前提条件,而不能超越其所依赖的诉讼构造;同样,《刑事诉讼法》精神的"落地生根",也有赖于中国化诉讼模式的进一步夯实,这得益于"以审判为中心"的顺利实现。2012年《刑事诉讼法》的某些条款目前之所以被束之高阁或者扭曲异化,很大程度上都源自"侦查中心主义"的干扰,需要通过"以审判为中心"的格局重塑加以扭转。而中国刑事诉讼模式的真正定型,不可游离于《刑事诉讼法》规定的职权运作形态之外。否则,就是对法治精神的逾越和践踏,也终会危及刑事诉讼模式的正当性。

最后,以案卷笔录为媒介的程序推进方式未变。案卷笔录在中国的刑事诉讼尤其是审判活动中具有难以估量的巨大影响力,法庭审判基本成了对案卷笔录的审查和确认程序,司法裁判者在某种程度上甚至有被异化为附庸的危险。因此,学术界才会有"案卷笔录中心主义"的概括。[①] 至少从目前的情形来看,"以审判为中心"的提出尚无法动摇案卷笔录主导刑事诉讼的能力。即使庭审实质化的诉求被反复提及,司法改革亦难突破刑事诉讼法业已设定的基本框架。要切断侦查与审判之间的物质联系,只能立足于尽可能限制案卷笔录所造成的先入为主的偏见,而通过案卷笔录的流转推进诉讼进程,与"诉讼阶段论"影响下形成的诉讼格局,其实是存在天然关联的。因此,案卷笔录的继续存在及其作用发挥,也佐证了刑事诉讼格局的实然化倾向。

如果对"以审判为中心"在改革文本中所处的位置加以解构,就能多少发现其中的玄机。就其指向对象而言,或是针对冤假错案发生的应对之策。而中国的冤假错案在评价标准上,几乎从来都是涉及案件基本事实的翻转,绝少因量刑失当抑或罪名认定有误引起。故而,"以审判为中心"并非诉讼制度改革的目标,而只是达成目标的手段,即"以审判为中心"背后所隐含的精神和意识,应当归于"以事实为中心"的主基调。具体来说,刑事诉讼活动是为了最大限度地查明案件事实真相,而与之配套的格局模式亦应服务于此项目标。无论是"流水作业"式的纵向形态,还是丰富案卷内容的行为导向,都与此精神和意识不谋而合。相反,"审判中心主义"更容易刺激刑事诉讼的竞技化倾向,以至于可能掩盖案件的事实真相,因而最终也只能为司法实践所扬弃。当然,这并不意味着中国的诉讼框架设计就会否定"审判中心主义"所支持的价值,如程序正义、人权保障等。但是,将发现事实真相作为刑事诉讼的首要目标在中国仍具有不可撼动的地位,最高司法机关对此亦不讳言。[②] 需要注意的

---

① 参见陈瑞华:《案卷笔录中心主义——对中国刑事审判方式的重新考察》,载《法学研究》2006年第4期。

② "绝不容许脱离案件的客观真相满足于所谓的法律真实,绝不容许不顾案件纠纷的是非曲直评价裁判的公正与否,绝不容许违背法律程序行使司法权力。"参见周强:《推进严格司法》,载《人民日报》2014年11月14日。

是,这样的动机和目的是无从指摘的。以往刑事司法之所以会产生诸多问题,更多是因为微观机制创设上的疏离与偏颇。"以审判为中心"命题的提出,从根本上宣示了中国刑事诉讼的精神和意识,也为明晰并巩固符合本土特色的程序框架提供了依据。可以说,"以审判为中心"的提出,是中国刑事诉讼在格局选择上转向务实态度的重要"风向标"。不过,"以审判为中心"的诉讼制度改革尽管关乎中国刑事诉讼的模式走向,并涉及内部要素的关系调整,却未必能引起"天翻地覆"的重新布局。①

(三)诉讼格局的"中国风"

对于中国刑事诉讼格局而言,"以审判为中心"的提出,其实并不意味着大规模的制度变革即将展开,而更似一种确认和重申,表明了维持某种存在理性的必要。"一个制度是合理的并非意味着它是必然的,它在今天'只能如此'也不意味着它在将来也会'一直如此'。"②而其中的关键在于,支持制度形成的意识和精神是否具备逻辑合理性,以及伴随社会的变迁能不能始终保持一定的道德优越感。域外学者针对诉讼模式问题,曾经根据不同的分类方法拟定出迥异的研究框架,这或许可以为中国刑事诉讼的模式选择提供某些借鉴。例如,帕克教授根据价值基础的差异,将诉讼模式区分为"犯罪控制"和"正当程序"两种形态。在描述前者时,帕克使用了"跨栏竞赛"的比喻,并称其为一条"流水作业的传送带"。③ 这很容易让人"对号入座",联想起《宪法》界定的公、检、法三机关"分工负责、互相配合、互相制约"的关系。以上述比喻来形容中国刑事诉讼的基本构造,似乎也并无不妥。如果从党的十八届四中全会决定所展现的态度来看,或可认定"犯罪控制"仍将是中国刑事诉讼的"主旋

---

① 参见李奋飞:《从"顺承模式"到"层控模式"——"以审判为中心"的诉讼制度改革评析》,载《中外法学》2016年第3期。

② 刘瑜:《重新带回国家》,载[美]弗朗西斯·福山:《政治秩序的起源:从前人类时代到法国大革命》,毛俊杰译,广西师范大学出版社2014年版,"导读"。

③ "在这一模式中,刑事诉讼程序被视为一种甄别程序,其中每一个连续阶段,如逮捕前的调查、逮捕、逮捕后的调查、审判准备、审判或进入有罪答辩、有罪判决、量刑,都包含一系列的程序化运作,其成功与否的首要指标便是使案件得出一个成功结论的倾向。"See Herbert Packer, *Two Models of the Criminal Process*, 113 University of Pennsylvania Law Review 1 (1964).

律"。又如,达马斯卡教授基于组织权力结构上的不同特征,将诉讼格局区分为"科层制"和"协作制"两种类型。而前者的内涵包括以下几点:(1)向心式的决策;(2)严格的权力等级;(3)对确定性规则的偏好;(4)官方文件和记录的重要性;(5)行为预期一致性。① 这似乎也能在中国长期以来的司法实践中获得共鸣。即便当前的四项基本改革或会部分削弱"科层"特质,②但囿于《宪法》设定的权力组织框架以及司法制度运转的惯性,也决然不会完全导向与之相对立的"协作制"模式。③ 其实,无论是"犯罪控制",还是"科层制",都不是品质上低于"正当程序"或者"协作制"的诉讼模式,亦有其内在合理性作为支撑。只要能够确保制度设计与其价值趋向及组织权力结构相契合,就不可贸然给某种诉讼模式贴上非妥当性的标签。

中国的诉讼模式认知以往之所以受到争议,其实并非因为其自身的合理性程度,而是因为应然与实然的不相统一。按照公、检、法三机关关系的建构初衷,作为"跨栏竞赛"的刑事司法,应随着诉讼阶段的逐步推进,对案件事实、证据的把控越加严苛。从立案侦查到审查起诉,再到各个审判层级,案件事实的证明标准应不断提高,作为事实认定手段的程序机制也将趋于复杂化和精密化。这就好比竞赛中的"跨栏"高度不断提升,运动员在加速跑的过程中需要克服的难题也越来越多,一旦跌倒就会影响比赛。作为最高"跨栏"的审判环节,仰赖庭审这个复杂且有效的事实甄别机制能够发挥实质功能。然而,过去的司法实践却出现了截然不同的情形。"跨栏"的竞技难度不升反降,导致"侦查中心主义"的形成。在高速奔跑的情状下,如果"跨栏"难度不升反降,运动员极易因失重而跌倒。如果这一基本常识得不到尊重,那么反映在司法实践中就是冤假错案的频发。所以,与其反复解读"以审判为中心"的内涵,不如从"以事实为中心"入手,这样才能将对诉讼格局正本清源的意图清晰呈现。

---

① See Mirjan Damaska, *Structures of Authority and Comparative Criminal Procedure*, 84 Yale Law Journal 481(1975).
② 所谓四项基本改革,指的是司法人员分类管理、司法办案责任制、司法职业保障以及人财物省级检法机关统一管理。
③ "协作制"的特征包括:(1)离心式的决策;(2)温和的权力等级;(3)对灵活性规则的偏好;(4)非正式的形式;(5)行为预期非一致性。See Mirjan Damaska, *Structures of Authority and Comparative Criminal Procedure*, 84 Yale Law Journal 481(1975).

我们不能武断认定,"科层制"就必定继承了官僚体系的落后与低效。实际上,缺失了这种繁复的组织架构,任何现代化的发展诉求都将成为奢望。重点在于如何发挥"科层"的长处,避免因其过分膨胀而遮蔽制度背后正当的意识和精神,而办案主体对于案卷笔录的高度依赖,某种程度上也迫使其陷入"物化"。这一构造背后的动因无可非议,也未必就会危及诉讼参与人的主体性价值。关键是确保该构造下的权力运作能够准确反映其意识和精神,"以审判为中心"的立论点也恰恰体现于此。

三、立法文本:从"技术"到"理念"

中国刑事诉讼持续发展的第二项指标,就是优质的立法文本。这其中囊括了《刑事诉讼法》的历次修改完善,也涵盖了立法解释、司法解释以及相应改革文件中所制定的程序规范。鉴于刑事诉讼涉及的参与主体较多,操作环节也较为繁复,规范文本的卷帙浩繁似乎不足为奇。然而,中国刑事诉讼法律规范却经历了一段由简到繁的发展历程,至今也未结束。这期间夹杂着争论与反复,也充斥着妥协与试探,尚未能以相对稳定的姿态呈现于世人面前。[①] 中国刑事诉讼的持续发展,必须有相对成熟的立法文本作为凭据,从而使程序运行进入法治轨道,而优质的立法文本则需要两个方面的要素支持,即"理念"与"技术"。

(一)"反精密的精密性"

概言之,中国刑事诉讼立法经历了从"粗疏"到"精密"的演进过程。从 1979 年的 164 个条款,到 1996 年的 225 个条款,再到 2012 年的 290 个条款,程序"法网"的编织可以说是越来越密,且对其继续加以细化的主观动机仍然保持强势劲头。2018 年修订后的《刑事诉讼法》条文总则增至 308 个条款。这种精密化趋势既体现在了分则的技术性条款上,也反映在总则的理念认知之中。例如,1979 年《刑事诉讼法》对侦查讯问程序的规定只有 5 个条款,主要涉及大致

[①] "由于影响或决定刑事诉讼制度发展的政治、社会与文化因素仍处于不断变化之中,中国刑事诉讼制度改革是一场正在进行但远未完成的现代化革命。"参见左卫民:《背景与方略:中国〈刑事诉讼法〉第三次修改前瞻——基于全面推进依法治国战略的思考》,载《现代法学》2015 年第 4 期。

的操作规范和特殊情形下的活动内容;而 1996 年《刑事诉讼法》有 6 个条款已经开始触碰讯问时长、律师聘请等问题,立场逐渐转向人权保障的基调;在 2012 年《刑事诉讼法》中,不但讯问地点、周期、被讯问人休息保障等细节要求得以申明,同步录音、录像机制更是带有鲜明的创新意味,锋芒指向了侦查实践中发生过的刑讯逼供现象。又如,收容审查制度在 1979 年的立法中被当作控制被追诉人人身的普遍性手段,而到了 2012 年,其已经成为久远的历史回眸,甚至已不为许多法律初学者所知晓。同时,针对存在精神障碍的暴力犯罪实施者,目前的立法更是建构了专门性的人身限制措施,并将其体现在特别程序中,远非过往所能相提并论。总之,类似技术操作条款的演变历程,像是持续开启的"斗法"模式。也就是说,立法活动不断限制、压缩司法人员恣意妄为的空间,使程序违法的成本和代价不断提高,盖然性则随之降低;而针对被追诉人所处情势的迥异,程序上的应对策略也表现出某种类型化特质。此外,原则理念层面的演化亦如此。处在 1979 年的历史背景中,很难设想无罪推定理念会获得立法认同。然而,现在来看,1996 年《刑事诉讼法》第 12 条①以及第 162 条第 3 项②貌似与该原则毫无瓜葛,却不经意成了认识深化的某种过渡。再到 2012 年,不得强迫自证其罪以及举证责任分配的明晰,也就顺理成章地夯实了无罪推定的隐性影响力。随着全面深化改革的高歌猛进,这一理念实质上已经占据了不可质疑的舆论高度。③

对于刑事程序的精密化趋向,自然应当给予充分的肯定评价。然而,司法现实中某些不尽如人意之处却并未因此绝迹,反倒有越加复杂、棘手的迹象。比如,指定居所监视居住的创设本是为了满足强制措施体系的层次化需求,并以比例原则为正当性基础。但是,在其实施后,不仅预期的准羁押功能无从实现,反而险些成了乱

---

① "未经人民法院依法判决,对任何人都不得确定有罪"。
② "证据不足,不能认定被告人有罪的,应当作出证据不足、指控的犯罪不能成立的无罪判决"。
③ 2014 年,中央司法体制改革领导小组办公室负责人在专门就四中全会决定相关内容进行解读时,已经公开提及"落实无罪推定原则"。参见邢世伟:《中央司改办:强化以审判为中心防止冤假错案》,载《新京报》2014 年 10 月 31 日。

象丛生的源头。① 此类现象在《刑事诉讼法》的完善进程中并不孤立,且屡屡成为人们诟病先前立法效果的依据,从而为新一轮的改革完善提供了佐证事实。对于此种现象,我们不妨称为"反精密的精密性"。② 在诉讼程序不断完善的动态进程中,新的制度设计总会暴露出各种各样的问题,而其外在表现却是妨害精密化目标的。从长远的角度来看,这恰恰刺激了诉讼程序持续精细化的心理动机。故而,大可不必由此否定业已完成的立法活动。例如,当羁押必要性审查制度的实施并未显著降低看守所内的羁押人数时,也不应轻易对其丧失信心,并草率做出废止打算,更不必着眼于"另起炉灶"。或许通过缓慢的磨合,并经其他程序举措的有效配合,这项机制依然可以焕发活力;抑或可以通过更加微观的资源调适,如操作部门的重新整合等,③革除其中的瑕疵。这样看来,"反精密的精密性"只代表了一种客观规律的波折反应,无需给予过度的忧虑与疑惑。但是,我们又不得不对此种现象做出应对,这在局部的时空场域中具有必需性。因为,正是通过不断的技术修正,诉讼程序的精密性才能趋于极致的最优化。如果对某些个案所呈现的"反精密的精密性"采取熟视无睹的态度,诉讼程序的发展进步自然也就无可指望了。那么,当下的立法文本中又存在何种特质而不经意间诱发了这

---

① 从有关部门的调研结果来看,指定居所监视居住的适用目前存在以下几个方面的严重问题:(1)适用地区分布极不平衡,呈现两极分化状况;(2)"无固定住处"被扩大理解,以"无固定住处"为由采取指定居所监视居住的比例较高;(3)适用指定居所监视居住后变更羁押措施的比例高;(4)个别地方故意突破、违法滥用行为使制度功能被异化。参见孙谦:《关于修改后刑事诉讼法执行情况的若干思考》,载《检察日报》2015年4月9日。

② 此称谓借用了康德所提出的"反社会的社会性"(asocial sociability)理论。这是康德所勾勒出的一种历史运行机制,正是这一机制推动人类走向自由制度所代表的更高层次的合理性。这个机制并不是理性,而恰恰是理性的对立面。它所造成的自私自利的对抗状态,使人类远离人人相互为敌的战争状态,携手进入公民社会,并由此推进艺术和科学,使这些社会之间保持着相互竞争。参见[美]弗朗西斯·福山:《历史的终结与最后的人》,陈高华译,广西师范大学出版社2014年版,第78~79页。

③ 《人民检察院刑事诉讼规则(试行)》(已失效)第617条将羁押必要性审查权赋予侦监、公诉、执检3个部门。经过两年多的实践,执检部门在开展羁押必要性审查方面的优势日益凸显。因此,2016年年初最高人民检察院印发的《人民检察院办理羁押必要性审查案件规定(试行)》第3条明确规定,羁押必要性审查案件由办案机关对应的同级人民检察院刑事执行检察部门统一办理,侦查监督、公诉、侦查、案件管理、检察技术等部门予以配合。

一现象呢?

(二)刑事程序的"非对称"现象

"如果有高于任何立法的现存法律,方能说有法治的存在。"[1]这里所指的"现存法律",实质上代表了能够引领具体规则实施的自然正义观念,是一种基本原则的体现。然而,当我们放眼审视《刑事诉讼法》文本,或许不难发现这样一种现象,即"理念"与"技术"之间总是呈现不平衡的状态。前者是以任务、原则的形式存在的;而后者则表现为操作意义上的程序规则。显然,无论是立法者,还是司法者,在中国当下的语境中都更为关切规则设计,对原则的彰显颇不以为意。我们可称其为刑事程序的"非对称"现象。从 1979 年到 2012 年,《刑事诉讼法》的基本原则始终维持在非常有限的范围内,甚至几乎可以忽略不计。与此形成鲜明对照的,却是《刑事诉讼法》第四章以后的条款设计发生了非常明显的变化。之所以说 2012 年《刑事诉讼法》修订对于基本原则的调整几乎可以忽略不计,是因为"尊重与保障人权"的明示本可激活已显沉寂的诉讼原则体系,却偏偏被置于基本任务的区域范围。其被标明于全文第 2 条,貌似占据了较为显赫的地位,实质上却内化在了整体的任务系统之中,很容易被"教育公民""惩罚犯罪""保障社会主义建设事业的顺利进行"等诉求所湮没。假使此内容能够以基本原则的形式单独立款,其价值应当远甚于今日。那样的话,人权保障就具有了引领具体程序规则的强烈意向,而不仅仅只是一种宣誓。就如同检察机关行使诉讼监督权往往会溯源于《刑事诉讼法》第 8 条一样,针对公权力的约束也可视其为解释"源泉"。不仅如此,一些具有普遍意义的程序理念也未能在《刑事诉讼法》的原则体系中得以体现,客观上造成了某些规则的模糊、矛盾。由于无罪推定原则没有以明示方式确立,而不得强迫自证其罪原则所处的体系位置又恰恰缺失提纲挈领的功能属性,侦查讯问中的如实供述条款才得以继续存在,且在司法实践中"风头"远盖过前者。此外,现有的某些原则规定亦值得商榷:要么技术性太强,实际属于操作规则,如聘请翻译、具备法定情

---

[1] [美]弗朗西斯·福山:《政治秩序的起源:从前人类时代到法国大革命》,毛俊杰译,广西师范大学出版社 2014 年版,第 224 页。

形不追究刑事责任等。基本原则的规范功能在于建构哲学意识,以鼓励法律适用者灵活适用相关技术性条款,从而挖掘其内在含义,做到正确适用。① 但是,从总体上看,基本原则在刑事诉讼立法文本中的处境相对尴尬,根本不足以发挥其应然功能。

立法文本中的缺陷往往会折射在司法活动中。由于未能协调好"原则"与"规则"之间的动态关系,程序运行存在诸多失范现象。为什么逮捕羁押率居高不下？有学者将其归咎于司法人员的某种思维定式,尤其是"构罪即捕"的心理倾向。② 但是,对于这种思维模式的定型过程,立法导向的缺漏同样难辞其咎。《刑事诉讼法》第3条仅仅阐述了羁押措施的权力配置,却并未言及在刑事诉讼中剥夺人身自由的自然法基础,更没有说明其实施限度。从这个角度来看,该条款在理念表达上是较为单薄的。办案人员在决定是否对被追诉人施加羁押措施时,往往容易忽略拘留、逮捕的功能导向,而屈从于功利主义的分析逻辑。或许,这也是"构罪即捕"衍生的重要原因。既然立法文本都未诠释基本原则的内涵价值,又如何能期许司法层面提起重视呢？反之,倘若《刑事诉讼法》第3条能详尽表述未决羁押的存在功能,③同时又能明确比例原则的确定性效力,就可对办案人员的执法意识产生影响。再者,立法环节如果能够真正将证据裁判原则置于"帝王条款"的应有位置,对于抑制司法裁判的恣意性亦可有所贡献。当然,原则对于规则的指引功能不仅有赖于司法理念的权威性,也涉及总则条款的适用弹性。不过,让立法文本首先垂范"'理念'规制'技术','技术'贯彻'理念'"的基本逻辑,则构成了一种必要条件。

"反精密的精密性"之所以存在,与上述"非对称"现象不无关联。如果代表价值导向的原则理念,同作为操作规范的程序设计之间,出现了这种发展上的不平衡,甚至是南辕北辙式的对抗性脉

---

① 参见邓矜婷:《新法律现实主义的最新发展与启示》,载《法学家》2014年第4期。
② 参见刘计划:《逮捕审查制度的中国模式及其改革》,载《法学研究》2012年第2期。
③ 从现有的研究以及实践来看,羁押的目的大致可以解释为以下几个方面:保证被追诉人在诉讼程序中能始终到场;保全证据存在与真实;确保刑罚能够顺利执行;确保社会安全。参见张丽卿:《刑事诉讼法理论与运用》,台北,五南图书出版公司2010年版,第239页。

络,那么,细致、繁复的文本体系有时反而会成为司法实践的混乱之源。因而我们可以看到,尽管《刑事诉讼法》的规范体系越加缜密,且在某些环节的制度设计上已然不逊于域外,却仍旧难掩种种弊病的发轫。"最危险的侵入是针对原则的。"①正确的理念会循序催生出自发的法律秩序,而再精密的操作规范怕也难以企及这种高度。这并不是说诉讼程序的精密化导向存在谬误,而是指其有必要与自然正义的正当宣示相互协调、配合。塑造优质的立法文本,不可深陷于实用主义的窠臼,应秉持价值观优先的基本思路。否则,即便办案人员被程序立法规制于"指定动作"之中,也会因方向不明而举步维艰。

(三) 诉讼原则的可适用性

在 2012 年《刑事诉讼法》出台后,由全国人大常委会法工委和最高层级司法机关主导制作的司法解释或规范性文件以相对密集的形式颁布实施。全国人大常委会法工委牵头最高人民法院、最高人民检察院、公安部、国家安全部、司法部(以下简称"两高三部")出台了《关于实施刑事诉讼法若干问题的规定》(40 条);最高人民法院于 2012 年 12 月 20 日颁布了《关于适用〈中华人民共和国刑事诉讼法〉的解释》(548 条)(已失效);最高人民检察院于 2012 年 11 月 22 日出台的《人民检察院刑事诉讼规则(试行)》更是多达 708 个条款;公安部于 2012 年 12 月 13 日发布的《公安机关办理刑事案件程序规定》也有 376 个条款。也就是说,公安司法人员目前在操作刑事程序之时,实际上已有 1600 多个解释条文可作凭据。而在司法实践中,却经常发生这样的现象:尽管针对《刑事诉讼法》的适用解释日臻严密,可办案人员还是会时常遭遇所谓的"法律空白",而寄希望于立法或者解释活动的进一步细化。诚然,从社会生活的变动性以及复杂性来看,这涉及"法治适应度"问题,本也无可厚非。② 正如美国学者本杰明·N. 卡多佐所言,"法律,就像一个旅行者,必须准备翌日的旅程"。然而,对于立法特别是相关司法解释活动的过度

---

① [美]弗朗西斯·福山:《政治秩序的起源:从前人类时代到法国大革命》,毛俊杰译,广西师范大学出版社 2014 年版,第 247 页。

② 参见周少华:《适应性:变动社会中的法律命题》,载《法制与社会发展》2010 年第 6 期。

依赖,会逐渐麻痹办案人员本应具备的逻辑分析能力,使其降低了灵活思辨的能力,而这一现象的产生,却又不能完全归责于办案人员,立法文本中"重规则、轻原则"的导向,亦应承担相应责任。

一方面,正如前文所述,要么是应有的基本原则未能体现,要么是已有的内容似是而非。总之,立法文本难以呈现技术性条款背后的意识和精神,也就无法保障办案人员能够贯彻预期的程序目标。比如,有些办案人员常常会纠结于这样的问题:可否因犯罪嫌疑人罪数形态上的变化,而对其同时适用多项强制措施?固然,前述司法解释或规范性文件中确实未言明此种情形下的应对方案。可是,如果立法文本能够通过基本原则阐明强制措施的功能取向,办案人员就会意识到未决羁押抑或羁押替代措施的人身属性与罪数形态的多少没有关联。具体而言,强制措施的适用与被追诉人的人身状态相关联,是以后者的个体数量为单位的,即便涉及罪名的多寡有所变动,亦无须增添同质性的人身限制手段。基于此,诉诸司法解释或规范性文件的进一步明确其实毫无必要。事实上,当立法文本的原则设计趋于合理时,程序"操盘者"针对司法解释或规范性文件的精神依赖就会相应弱化,自身的主观能动性亦可随之增强。

另一方面,中国刑事诉讼基本原则可适用性的缺失,也给法律解释平添了压力,甚至使最高公安司法机关往往难胜繁巨。众所周知,在民事领域的具体个案中,一旦实体法中的分则条款无法与法庭事实达成对应关系,裁判者便可直接运用诚实信用、公序良俗、公平等基本原则做出裁断,并将其反映于最终的生效文书中。[①] 即使在刑事案件中,占统领地位的"罪刑法定""罪刑责相适应"等实体原则也可在必要时直接左右罪状的有无抑或量刑的轻重。但相形之下,裁判者却鲜有通过刑事程序基本原则的解读而做出程序性裁判结论的先例。换言之,刑事程序立法中的原则安排目前仅具有宏观的宣誓功能,而在具体个案处理中尚处于休眠状态。这也就不难解释,为什么办案人员对案卷材料中的讯问笔录要反复比对核实,并通过综合审查判断确认口供内容的可采性;[②]而不是借助"不得强迫

---

① 参见魏振瀛主编:《民法》(第4版),北京大学出版社、高等教育出版社2010年版,第20页以下。

② 参见张军主编:《刑事证据规则的理解与适用》,法律出版社2010年版,第39页。

自证其罪"条款所隐含的任意自白原则,直接排除那些可疑的证据材料。某种程度上,非法证据排除规则的常规逻辑之所以无法在刑事诉讼体系中正常展开,也与刑事程序基本原则未被直接引据有所联系。在这种情形下,如果只是着眼于操作规则的精益求精,并不见得有益于非法证据排除在本土环境中的真正根植。更明显的范例,则体现在辩护权保障层面。2012年《刑事诉讼法》再修订,辩护权在内涵上的丰富与完善本是关键一环。然而,在法律实施以后,某些细节问题依然引发了司法实务界的巨大争议,如律师的调查取证权、会见犯罪嫌疑人的时间安排等。否则,"两高三部"也没有必要再发布《关于依法保障律师执业权利的规定》对律师辩护的具体空间做进一步强调。① 不过,这一规范文本在内容上多是针对《刑事诉讼法》规定的重申和细化,并未突破原有的程序框架,赋予辩护律师新的权能。倘若《刑事诉讼法》第14条第1款②能够直接适用于个案的法律解读,辩护律师享有调查取证权自然也就符合其职业权利的内在周延。这是目的解释的必然结果,而无须陷入任何博弈与论争之中。同样,有了该条款的"保驾护航",关于律师会见时间安排上的"文字游戏"也可画上"休止符"。③ 因而,赋予刑事程序原则以必要的可适用性,无疑是提升立法品质的重要渠道,也是戒除过度依赖司法解释或规范性文件的关键举措。毕竟,针对法律适用的解释不能陷入循环往复之中,否则不免会给立法文本的权威性制造"减法"。

四、参与主体:从"器物"到"心性"

刑事诉讼持续发展所需的第三项因子,强调了"人"的价值。因

---

① 2015年8月,全国律师工作会议由最高人民法院、最高人民检察院、公安部、司法部四部门联合召开,随后"两高三部"颁布了这份文件。参见孟建柱:《依法保障执业权利 切实规范执业行为 充分发挥律师队伍在全面依法治国中的重要作用》,载《中国司法》2015年第10期。

② "人民法院、人民检察院和公安机关应当保障犯罪嫌疑人、被告人和其他诉讼参与人依法享有的辩护权和其他诉讼权利。"

③ 根据《刑事诉讼法》的规定,辩护律师持律师执业证书、律师事务所证明和委托书或者法律援助公函要求会见在押的犯罪嫌疑人、被告人的,看守所应当及时安排会见,至迟不得超过48小时。这里的"48小时",过去就常被曲解为只需要在这一时间内作出安排,但具体的会见时间可以延后数日,这显然与第14条中的保障辩护权的原则相抵牾。

为,即便前两项指标都能得到满足,即诉讼格局已趋于合理,且立法文本也相对优质,然而缺少高素养的参与主体,程序法治的完备则依旧可望不可及。① 正如北宋名臣范仲淹曾经告诫宋神宗的那样,"道远者理当驯致,事大不可速成,人才不可急求,积弊不可顿革。倘欲事功急就,必为奸佞所乘"②。在司法领域,参与诉讼进程的个体情状,往往会影响程序诉求的正当化实现。一直以来,"关系案""人情案""金钱案"之所以并未绝迹,固然可归咎于制度设计的疏漏,却绝不能忽略个人素养的诱因。以往,我们更多地强调了程序设计的精密化,以办案人员为代表的参与主体则被看作纳入其间的"器物"。支持这一论点的内在逻辑认为,只要限制住办案人员在刑事诉讼活动中的自由裁量空间,违法失范行为自然也就能逐步得到控制。然而,这样的思路推衍却不自觉地否认了办案人员的能动作用,异化了主客观之间的辩证关系。殊不知,再严谨、审慎的制度设计也需要具体个人的贯彻执行,而后者与生俱来的创造力导致其总能够发现前者的薄弱环节,随之突破既定意图所规划的轨迹。甚至,可能使制度完全"变了个样"。③ 故而,诉讼主体必须具备符合法治发展所要求的"心性"条件,才能真正避免程序架构被导入歧途。④

(一) 程序工具论的指向性

这里涉及一对基本的关系解构,即程序与人之间的主体性比较。从根本上看,这抛出了程序工具主义的再认识问题。自20世纪80年代起,有关诉讼程序重要性的探讨在学术界蔚然成风,也为程序工具主义理论的引入与批判提供了契机。⑤ 总的来说,无论是绝对意义上的程序工具论,还是相对意义上的程序工具论,大都在与程

---

① "一种制度安排除了要关注客观方面的要素,还要注重主体——人的要素。作为社会正义的保障机制,司法制度更是如此。"参见王守安、陈文兴:《国(境)外检察官遴选制度可资借鉴》,载《检察日报》2015年11月17日。

② 参见钱穆:《国史大纲》(第2册),商务印书馆2010年版,第574页以下。

③ 参见李奋飞:《有一种力量:转型社会的法治细节》,上海三联书店2011年版,第261页。

④ 所谓"心",是司法良知;所谓"性",是人格独立。参见李轩:《新一轮司法改革与社会秩序转型》,载财新网,http://opinion.caixin.com/2015-10-23/100866122.html。

⑤ 参见陈卫东主编:《刑事诉讼基础理论十四讲》,中国法制出版社2011年版,第21页。

序本位主义的比较过程中为诉讼法学界所排斥。① 尽管程序工具主义论调也能从边沁或者德沃金的论著中获取支持性论据,②但鉴于中国"重实体、轻程序"的法制传统,以及由此造成的实践偏差,有这样的认知倾向也便不足为奇了。正是由于理论层面持续向程序本位主义观点靠拢的努力,刑事诉讼的受关注程度不断攀升。人们在关注实体公正的同时,也越来越重视程序正义的价值,促成了诉讼制度的日臻完善。而伴随一系列冤假错案的曝光,司法机关亦开始在实际行动中积极排除来自程序工具主义理念的负面干扰,并对程序本位主义予以公开宣扬和保证。③

不过需要注意的是,对程序工具论的否定应当结合其所处的特殊语境。具体而言,程序工具论与程序本位论之间的对立关系建筑于"实体正义—程序正义"的二元分析框架之中。也就是说,排斥程序工具主义本质上是为了避免司法机关沉湎于对案件事实真相的过度追求,从而不惜以侵犯公民个体权利为代价。但是,如果将诉

---

① 所谓程序工具主义理论,也称为结果本位主义程序理论,其核心思想是,法律程序不是作为自治的和独立的实体而存在的,它没有任何可以从其自身的品质上找到合理性和正当性的因素,它本身不是目的,而是用以实现某种外在目的的手段或工具,而且它也只有在对于实现上述目的有用或有效时才有存在的意义和价值。所谓"绝对工具主义理论",实际上就是一种把程序的工具性和手段性强调到极端所形成的程序价值理论。这一理论核心观点是,刑事审判程序只是用以实现某种特定外在目的的工具和手段,这种外在的目的就是刑事实体法的目标。"相对工具主义理论"认为,刑事诉讼法除了对实现刑法的目标和目的起作用,它还有一些本身独立的目标和目的。不过前者是基本的目标和目的,而后者不仅不受前者的影响,而且往往对前者起到限制性作用。这些限制性作用集中体现了相对工具主义理论追求的非工具性的价值目标:一为无辜者不受定罪的权利;二为被告人获得公正审判的权利。程序本位主义理论,又称程序至上主义,其基本的观点是,程序法具有独立于实体法的效用,刑法的目标和目的不仅不是刑事诉讼法所要服从的目标和目的,反而同一于刑事诉讼法的目标和目的之中。参见陈瑞华:《刑事审判原理论》,北京大学出版社1997年版,第30~35页。

② 边沁主张"程序法的唯一正当的目的,则为最大限度地实现实体法"。这代表了一种绝对工具主义理论的观点。参见[英]边沁:《道德与立法原理导论》,时殷弘译,商务印书馆2000年版,第360页。而德沃金则认为,绝对工具主义理论过分夸大了程序的工具性,将刑法抑制犯罪这一目的的实现视为程序的最高价值,以至于产生了所谓的"为抑制犯罪不惜任何代价,哪怕是故意对无辜者定罪"的极端结论。为克服绝对工具主义理论的缺陷,应对刑事审判程序施加一些特定的非工具主义目标的限制,从而表达了程序的相对工具主义观点。参见甄贞主编:《刑事诉讼法学研究综述》,法律出版社2002年版,第5页。

③ 参见周强:《必须推进以审判为中心的诉讼制度》,载《人民日报》2014年11月14日。

讼程序的"参照物"由案件事实真相更换为参与诉讼的主体尤其是办案人员,那么,工具主义理论的非妥当性逻辑或许就难以成立了。与个人的"心性"相比,诉讼程序其实仅仅代表了一种"器物"。倘若诉讼程序在这样的认识体系中占据了主导地位,反倒更容易衍生不公正结果。我们不要奢望通过程序规则的严谨设计一劳永逸地绑住办案人员的"手脚"。在活生生的个人面前,程序规则只是"工具"而已。"工具"设计得再精致,也难免为人所滥用,以至于背离其设立初衷。从这个维度审视,程序工具主义的论断就产生了一定指向性。在"主体—程序"的表述框架中,后者的工具价值自然要希冀于精密化设计而达成极致;但前者的"心性"成熟才是确保诉讼活动正当的"胜负手"。有了这样的理论预设,针对司法个体的良知及人格塑造,亦无可辩驳地具备了建设性。

(二)欲望、理性与激情

四项基本改革背后所蕴含的意识和精神是什么?也许,这对于司法个体的人性塑造是最好的回答。柏拉图认为,人的"灵魂"由三个部分组成:欲望、理性与激情。打造诉讼活动的"正义城邦",即要求这三个部分都得到满足,并且在理性的引导下保持均衡。[1] 对于司法体制机制的革新而言,其最终归宿也应在于三者间的关系达到最佳平衡,从而使司法个体实现其所期望的自我价值,完成寻求承认的斗争。其中,欲望构成了理性与激情的基础;而理性支配欲望和激情运转于正确轨迹;激情则增强了欲望及理性的伦理程度。

合理欲望的满足,是激发人类工作伦理的前提条件。一直以来,中国的司法个体在此方面都不得不面临某种尴尬局面。待遇保障的不甚理想,压抑了其作为道德主体的自尊感,而"为五斗米折腰"亦在所难免。所谓"关系案""金钱案""人情案"的屡禁不止,以及司法人才流失的愈演愈烈,均可从中找到蛛丝马迹。在寻求承认的过程中,针对欲望的追逐囊括了两方面的因素,即优越意识和平等意识。司法活动具有超出一般公务行为的职业特点及风险,作为诉讼实际操作者的个人理应在物质保障层面享有一定优越性。这也是确保其能抵御外来诱惑,从而公正行使职权的"防火墙"。同

---

[1] 参见[古希腊]柏拉图:《理想国》,王扬译,华夏出版社2012年版,第440页。

样,在职业身份、政治地位等领域,如果司法人员时刻要遭受"丢饭碗""丢职务"的风险威胁,自然也会瞻前顾后,难以保证职权行使的自主独立。因而,在任何有权者面前能保持一种平等意识,就显得尤为重要。当前的司法人员职业保障体系建设,应以塑造上述两种意识为切入点,在物质、身份、政治地位等方面满足基本的个人欲望。但需要注意的是,这项改革的推进也担负着适度控制司法人员欲望的任务,以避免其过度泛滥而侵蚀理性与激情。司法人员当然可以保有欲望,却不可突破自身职业伦理划定的适度界限。中国传统鼓励做"中人",即不以求富求贵为人生追求,而以生活标准达到适宜即可。执迷于富贵,便有了"争"的欲望,即容易衍生祸端。[①] 司法的属性带有消极被动意味,更与求富求贵的人生态度格格不入。一旦司法人员陷入欲望的旋涡,就不免会将手中的权力作为追求物欲的筹码,危及全社会的安定与和谐。国家所供给的资源应达到保障司法人员的"中人"水准,确保其满足被控制于合理区间的优越意识和平等意识。

理性代表了司法权的本质属性。在现代社会,法律的日趋精密已经成为不可逆转的大势。而这也意味着针对司法人员的技术素养要求必定不断攀升,无论是法官,还是检察官,明断是非的能力都是其安身立命的根本要素。司法"灵魂"的塑造当然囊括了对法律条文的熟知,关于诉讼原则的理解更不容忽视。前文提及的程序原则可适用性问题,除了立法文本的自我完善,司法人员的悟性亦构成不可或缺的组成因子。这就意味着目前的检、法机关都需要对内部的人员组合重新加以排列,根据个人的理性素养状况安排合适的岗位。一方面,员额制改革调整了司法人员的选任及存续模式,以职业能力作为评价职责范畴的基本标尺。[②] 在所有改革事项中,员额制不仅居于基础地位,也必然因牵涉利益广泛而引人注目。另一方面,办案责任制的构建冲击了原有的行政审批形式,以资源的最优配置为核心诉求,协助司法个体制造理性的诉讼产品。在程序运转中,司法人员的理性判断能否一以贯之,有赖于上述改革成果的

---

① 参见钱穆:《晚学盲言》,生活·读书·新知三联书店 2014 年版,第 917 页。
② 参见谢鹏程:《员额制有利于实现司法专业化职业化精英化》,载《检察日报》2015年 12 月 7 日。

效能发挥。最大限度激活参与主体的理性潜力,既是员额制和办案责任制改革的立足点,也是克服"论资排辈""变相审批"等异化趋向的有力武器。拥有了理性,就意味着司法人员处置个案的全过程都将服从于司法良知的引导,其也会积极主动地维护司法公正。

激情在司法人员的"灵魂"要素中,往往最易受到忽略。这是因为我们过分笃信人的经济属性,以利益最大化掩盖工作伦理的存在。其实,激情是个人寻求承认的关键。一旦个人对自己所从事的职业行为形成了虔诚,随之便会产生高度的责任感,也就是工作激情。当然,激情的催生及维系亦需要相应的稳定机制予以接纳,最紧要的是确保司法人格的独立性。为此,无论是人员分类管理,还是人财物省级统管,都希冀于打破各种内外干预,使司法人员能够依法独立地做出理性裁断。[1] 毕竟,在寄人篱下的生存环境中,是无法指望司法人员勇敢坚持真理维护法治权威的。当下缠诉、闹访现象愈演愈烈,使司法人员担负了过多本不应由其担负的责任。其不仅要考虑"以法律为准绳",还要更多地考虑"以法律为准绳"的后果。[2] 在很大程度上,正是职业独立性的丧失,导致了办案人员工作激情的消退。或许,有效的解决方案在于,充分赋予司法机关及个体独立决断的权限。[3]

由此可见,当前司法改革的成败,决定了办案人员能否实现从"器物"到"心性"的转型。这是生死攸关的转变,涉及刑事诉讼的完善进化能否满足最后一项指标。而体制机制改革不仅仅关乎刑事司法的前途命运,更牵涉全面依法治国目标的达成。从这个维度审视,对于欲望、理性以及激情这三要素之间均衡关系的探求,实际上是立足于一个更为宏大的命题之中。也就是说,司法个体人性的塑造成型,不单单会促成刑事诉讼制度的持续发展,也将引发良法之治的系列效应。因此,在刑事诉讼的持续发展因子中,此项无疑最为复杂,也必定是最难实现的,只能在更为系统性的革新活动中潜移默化地渐进推动。

---

[1] 参见李林、熊秋红:《积极稳妥有序推进司法体制改革试点》,载《求是》2014年第16期。

[2] 参见李奋飞:《正义的底线》,清华出版社2014年版,第104页。

[3] 参见熊秋红:《刑事司法职权的合理配置》,载《当代法学》2009年第1期。

五、结语

行文至此,有关刑事诉讼持续演进的三项必备因子均已分别得到阐述。那么,这三者之间究竟应是一种怎样的关系?发展"密码"的取得,又是否需要在排列组合上呈现一定的次序性呢?"现代性是一个连贯一致的强有力整体。中断的存在,丝毫不会影响生活在现代化进程中的人会有极端相似的体验。"①尽管目前我们对于诉讼程序的主观建构从未间歇,亦不能改变秩序自发形成的变迁路径。即便决策者做出缜密的宏观统筹,诉讼框架、立法文本以及参与主体的先后"达标"必定不会以个人的意志为转移。

然而,这一自发演进的过程是可以得到观察和解读的,即便某些特殊变量导致了暂时性的意外中断。② 就三大因子的相互关系论,合理的诉讼框架为程序的正常运行供给了适宜的大格局,而该目标的达成也相对容易。在宪法体系未发生根本性变动的前提下,针对诉讼模式的选择与其说是间架性改造,倒不如说是基于本土资源的重新确认。故而,关于诉讼模式的论争也必然会随着实践领域的磨合完毕而偃旗息鼓。

总的来说,诉讼框架的形成只要经历了"否定之否定"的认识进化过程,便会以水到渠成的形式投射于司法场域中,并充分体现自然发展的特质。相形之下,立法文本的优质则更多仰赖人为设计。在诉讼框架与司法参与主体之间,刑事程序立法的日臻精密构成了"结合部"地带,起到了关键的衔接作用。而立法文本的日益完善,则是在与司法运转的互动过程中实现的。"反精密的精密性"现象正是在这样的反复波折中衍生出来的,当"理念"与"技术"在文本中趋于平衡之时,其自然就会得到消解。彼时,刑事诉讼的法律条款以及相关解释所构成的规范体系,势必趋向于精细化。当然,在时间维度上,立法文本的定型难免会晚于诉讼格局的固化。然

---

① [美]弗朗西斯·福山:《历史的终结与最后的人》,陈高华译,广西师范大学出版社2014年版,第147页。

② "历史不仅必须能够解释广泛的、渐进的演进趋势,而且还能解释中断的意外事件。"参见[美]弗朗西斯·福山:《历史的终结与最后的人》,陈高华译,广西师范大学出版社2014年版,第151页。

而,立法文本也需要通过熟知其意识与精神的个体予以操作,但具备司法良知及独立人格的主体培养,却有个漫长的过程。

这里,人为的建构需要同自发秩序相互刺激,而后者的规律性无疑将占据主动。此外,随着个体内部潜藏的欲望、理性与激情之间均衡比例的不断变化,立法文本也需做出相应调整进行适应。否则,就可能无法将最初的意图贯彻于司法实践之中。当这种均衡值达至最佳状态,立法文本的优质化进程也将宣告终结。当然,立法文本的不断进步,哪怕是细枝末节的改善,都会对司法"心性"的塑造有所裨益。因此,刑事诉讼持续发展的后两项指标,或许会在相互之间的不断影响中近乎于同步"撞线"。

第四章 论刑事庭审实质化的制约要素

一、问题的提出

作为中国刑事司法由来已久的问题,法庭审判流于形式的问题一直饱受诟病。早在1996年《刑事诉讼法》修订时,立法者就开启了刑事审判方式改革之旅,并试图通过移植借鉴英美等国对抗制的合理因子,特别是改革"全案卷宗移送主义"的公诉方式,让法官开庭前只能审阅"主要证据的复印件",防止其对案件"未审先决",进而解决法庭审判"走过场"的问题。但是,这场庭审方式改革,至少就其效果而言,基本被认为是失败了。单就"复印件主义"的公诉方式而言,[①]其几乎从未得到司法实务部门的积极回应,而且检察机关在法院开庭审理结束后移送全部案卷材料的做法,不久即确立在了最高人民法院、最高人民检察院、公安部、国家安全部、司法部、全国人民代表大会常务委员会法制工作委员会《关于实施刑事诉讼法若干问题的规定》之中。

为了解决法官庭前预断的问题,不少研究者曾呼

[①] 参见李奋飞:《从"复印件主义"走向"起诉状一本主义"——对我国刑事公诉方式改革的一种思考》,载《国家检察官学院学报》2003年第2期。

呼确立"起诉状一本主义"的公诉方式。① 然而,随着2012年《刑事诉讼法》修订又全面恢复卷宗移送制度,②我国的公诉审查程序已与"起诉状一本主义"失之交臂。这似乎可以佐证,以权力为主导的诉讼模式不大可能轻易排除来自案卷的影响。③ 不过,为完善刑事审判程序,破解证人出庭难问题,该法明确提出了证人应当出庭作证的要求,列举了证人出庭作证的具体情形,并从证人出庭保护、证人作证费用补助、证人拒不出庭作证的制裁措施等诸多方面,构建了具有中国特色的证人制度。尤其是为了防止侦查人员刑讯逼供,促进庭审集中、高效运行,该法还在吸收"两高三部"《关于办理刑事案件排除非法证据若干问题的规定》相关内容的基础上,增设了庭前会议程序和非法证据排除规则。可以说,从1996年刑事审判方式的改革,到2010年刑事证据规则的颁行,再到2012年《刑事诉讼法》的修订,中国刑事庭审面貌确实发生了某些变化,特别是证人、鉴定人出庭作证的情况有所增加,但是庭审流于形式的问题仍然未能得到有效解决。有学者甚至认为,"案卷笔录对法庭审理的影响不仅没有削弱,反而得到了某种形式的加强"④。

2014年,党的十八届四中全会通过的《中共中央关于全面推进依法治国若干重大问题的决定》(以下简称《决定》)明确提出,要推进以审判为中心的诉讼制度改革,重点要求公安司法机关"全面贯彻证据裁判规则,严格依法收集、固定、保存、审查、运用证据,完善证人、鉴定人出庭制度,保证庭审在查明事实、认定证据、保护诉权、公正裁判中发挥决定性作用"。为贯彻中央改革部署,最高人民法院除会同有关部门出台了《关于推进以审判为中心的刑事诉讼制度改革的意见》等文件外,还专门制定试行了有关庭前会议、非法证据

---

① 参见陈卫东、郝银钟:《我国公诉方式的结构性缺陷及其矫正》,载《法学研究》2000年第4期;李奋飞:《从"复印件主义"走向"起诉状一本主义"——对我国刑事公诉方式改革的一种思考》,载《国家检察官学院学报》2003年第2期。
② 有关案卷移送制度演变过程的详细分析,参见陈瑞华:《案卷移送制度的演变与反思》,载《政法论坛》2012年第5期。
③ 参见李奋飞:《从"顺承模式"到"层控模式"——"以审判为中心"的诉讼制度改革评析》,载《中外法学》2016年第3期。
④ 陈瑞华:《新间接审理主义——"庭审中心主义改革"的主要障碍》,载《中外法学》2016年第4期。

排除、法庭调查的"三项规程",并将其作为深入推进以审判为中心的刑事诉讼制度改革的关键抓手和重要举措。①

这意味着,以审判为中心的刑事诉讼制度改革最终被落脚在刑事庭审实质化改革上,其目的是提升法庭审判发现疑点、厘清事实、查明真相的能力。在此背景下,部分试点法院在中央政法委和最高审判机关的强力推动下,积极开展了"庭审实质化改革试点"工作。从学者对试点改革进行的实证研究来看,试点法院做了一些改革尝试,也取得了一定积极效果,特别是在那些按照"示范庭"进行审理的案件中,庭前会议召开更为普遍化,证人出庭率有了显著提升,律师庭审参与度提升,庭审激烈程度有所提高,非法证据排除申请增多,等等。② 但是,即使撇开"霍桑效应"不谈,③这些改革实验,既不能代表试点地方刑事审判的全部面貌,也未能真正触动那种庭外阅卷和庭上审卷的庭审结构,庭审在查明案件事实等方面的决定性作用显然并未发挥出来。特别是,在绝大多数非试点法院,裁判者对案件事实的认定,总体上还是来自"庭外"的工作,庭审流于形式的问题仍旧存在。因此,要让庭审在查明案件事实等方面发挥决定性作用,庭审实质化依旧属于需要继续努力推进的改革。

面对中国刑事庭审始终无法走出"虚化"的困境,笔者不指望能在本章中提出多少理论上的对策方案,而是试图更为全面地揭示刑事庭审实质化的制约要素。通过对近 30 名法律从业者的深度访谈,④笔者发现目前制约刑事庭审实质化的制度和程序要素至少有以下 5 个方面:其一,司法决策的卷宗依赖,仍然是导致刑事庭审流于形式的"根源";其二,庭前会议的功能异化,即本应在庭审环节解决的事项被前移到了庭前会议阶段,导致法庭审理被虚置乃至被替代;其三,当庭讯问的程序不当,对举证、质证环节造成了"喧宾夺主"的影响;其四,控辩对抗的效果不彰,特别是被告人难以获得有

---

① 参见戴长林:《庭前会议、非法证据排除、法庭调查等三项规程的基本思路》,载《证据科学》2018 年第 5 期。

② 参见左卫民:《地方法院庭审实质化改革实证研究》,载《中国社会科学》2018 年第 6 期。

③ 参见李奋飞:《司法改革的实验方法——以试点方案的类型化设计为研究对象》,载《法学》2017 年第 8 期。

④ 其中,刑事法官 8 名,公诉人 9 名,辩护律师 12 名。

效的辩护,使控辩双方在法庭上的"你来我往"效果非常有限;其五,审理期限的压力,客观上也使法官难以进行从容不迫的实质化审理。不仅如此,一些体制问题实际也构成了庭审实质化的关键制约因素。较为全面地揭示庭审实质化的制约因素,或可为未来的司法改革提供符合本土资源的建设性思路。

二、司法决策的卷宗依赖

在以"流水作业"为特征的刑事诉讼构造中,法院作为审判机关在传统上主要扮演着对检察机关的指控是否成立进行裁判,并最终确定被告人是否需要,以及应当承担何种刑事责任的角色。但是,随着中国刑事证据立法的发展,特别是非法证据排除规则逐步在法律上得以确立,法院在庭审中所要裁判的已不仅仅是检察机关的指控是否成立的问题,还有控辩双方尤其是辩护方所提出的侦查行为的合法性和证据的证据能力问题。有学者将此类问题的裁判称为"程序性裁判",并将这种"以攻为守"的对付公诉方的辩护方式称为"程序性辩护"。[①] 有学者已指出,在刑事诉讼理论中,包括"程序性辩护"在内的所有辩护形态都具有行使诉权的性质,并可以对法院的裁判活动产生程度不同的影响。[②] 为了避免法院的司法决策出现偏差,乃至酿成冤假错案,法院也需要借助庭审这一特殊的程序装置,通过接触证据的最原始形式来认定案件事实,以最大限度地还原案件事实真相。在刑事诉讼的整体系统中,审判之所以应居于中心环节,就是基于其所内嵌的庭审"装置"具有多方参与性,且有"举证""质证""辩论"手段,因而被认为是发现真相和查明事实的最佳"场域",并具有侦查、起诉等诉讼环节无可比拟的优势。《决定》之所以要强调"以审判为中心",就是希望处于后续环节的法庭审理可以发挥针对侦查、起诉环节的最终把关功能。[③] 故而,也可以说"以审判为中心"的核心,就在于以事实查明为中心。对此,即便

---

① 参见陈瑞华:《程序性辩护之初步研究》,载《现代法学》2005 年第 2 期。
② 参见陈瑞华:《辩护权制约裁判权的三种模式》,载《政法论坛》2014 年第 5 期。
③ 参见李奋飞:《打造中国特色的刑事诉讼模式》,载《人民法院报》2016 年 10 月 11 日。

是最高级别的审判机关负责人也并不讳言。①

不过,由于中国刑事庭审在过去有沦为可有可无的"形式"的风险,其有时既未能在查明案件事实上发挥应有的作用,也无法有效地保障被告人及其辩护人的合法权利。甚至,其有时更多地呈现了"教化"被告人,促使其认罪服法,悔过自新,主动承担责任的色彩。有学者曾将此种庭审模式概括为"教化型庭审"。② 不过,"教化型庭审"虽有其特殊的价值,但由于对案件事实的认定难以发挥实质性的作用,其基本上丧失了发现和纠正侦查错误的能力,难守防范冤假错案的底线。

作为以审判为中心的刑事诉讼制度改革的重要抓手,刑事庭审实质化改革以发挥庭审在查明案件事实等方面的决定性作用为目标,方向无疑是正确的,也是与中国刑事诉讼模式相契合的。如果以价值诉求作为标准,诉讼模式可以分为"犯罪控制"和"正当程序"两种形态。③ 而在中国的法治场域内,对于打击犯罪的追求显然也具有优位属性。故而,"以审判为中心"的提出,并不是以英美法系的对抗制为蓝本的。

因此,即使是为了实现打击犯罪的司法目标,也要尽量还原案件事实的真相,特别是对于那些控辩双方在事实、证据方面存在较大争议的案件,法庭必须真正贯彻直接言词原则,确保控辩双方能够以"你来我往"的辩论形式充分参与到争议事项解决中来。可以说,直接言词原则的贯彻程度,也是衡量庭审是否实现实质化的一项重要指标。但是,在 2012 年《刑事诉讼法》再修订后,庭前全案卷宗移送方式得以恢复,法官可以在全面审阅案卷材料之后开始法庭审理,对于证人证言、被害人陈述、被告人供述等言词证据,检察官

---

① "绝不容许脱离案件的客观真相满足于所谓的法律真实,绝不容许不顾案件纠纷的是非曲直评价裁判的公正与否,绝不容许违背法律程序行使司法权力。"参见周强:《必须推进建立以审判为中心的诉讼制度》,载《人民日报》2014 年 11 月 14 日。

② 参见李昌盛:《刑事庭审的中国模式:教化型庭审》,载《法律科学(西北政法大学学报)》2011 年第 1 期。

③ See Herbert Packer, *Two Models of the Criminal Process*, 113 University of Pennsylvania Law Review 1 (1964).

普遍采取宣读的方式进行法庭调查,[1]法官对案卷材料的真实性也给予最大限度的信任和接纳,表现在判决书中普遍援引案卷笔录作为裁判的根据。[2] 这被认为是庭审长期以来流于形式的症结所在。正如有学者所指出的,"以阅代审""依卷定案"足以令裁判者将注意力转移到庭外,其又何必再高效精准地组织法庭呢?[3] 可以说,只要裁判者可以在开庭前接触案卷笔录,就将对庭审实质化造成负面影响。[4] 更何况,这些案卷笔录还可以直接作为法庭调查的对象,即使是在试点法院按照"示范庭"进行审理的案件中,也概莫能外。以被害人陈述、证人证言等言词证据为例。无论被告方是否对其提出异议,无论被害人、证人是否出庭,法庭都会允许检察官对其予以选择性的或者摘要式的宣读,被告方虽然可以对其发表所谓的质证意见,但是在被害人、证人普遍不出庭作证的情况下,法庭就只能靠被认为有助于事实认定的准确性的证据相互印证的证明方法,[5]来辨别和判断证人的诚实性、证人感知和记忆的准确性等内容。

在那些为数不多的证人、被害人被允许出庭,并作了不同于庭前陈述的情况下,其当庭的陈述也未必能得到法庭的采纳。只有其能够对当庭所作的不同陈述给出合理的解释,并且当庭的陈述能够得到相关证据的印证,法庭才可以采信庭前证言。而且,在不少法官的经验性认识里,"离案件发生越近,人证的感知、记忆越准确,而随

---

[1] 以备受社会关注的"快播涉黄案"的庭审为例。在该案中,共有 15 名证人提供了证言,这些证人却无一例外缺席了庭审。而这其中,不乏直接关乎被告人刑事责任认定的重要内容,最终均以公诉人宣读笔录节选的形式完成。

[2] 参见陈瑞华:《案卷笔录中心主义——对中国刑事审判方式的重新考察》,载《法学研究》2006 年第 4 期。

[3] "以阅代审",即法官默读案卷取代当庭听审成为实质上的审理过程,法官心证在阅卷过程中得以成型。"依卷定案",即案卷本身成为定案依据,案卷信息成为法官心证的基础,不仅直接塑造法官心证,还被最终判决文书直接引用。参见兰荣杰:《刑事判决是如何形成的?——基于三个基层法院的实证研究》,北京大学出版社 2013 年版,第 95 页。

[4] 有的法院在庭审实质化改革的探索中,采取了程序法官阅卷的做法,即合议庭组成后,由主审法官在庭前指定一名法官担任本案的程序法官,再由程序法官在庭前阅卷,并组织召开庭前会议;而合议庭其他成员包括主审法官在庭前都不阅卷。参见万毅、赵亮:《论以审判为中心的诉讼制度改革——以 C 市法院"庭审实质化改革"为样本》,载《江苏行政学院学报》2015 年第 6 期。

[5] 有关该问题的研究,参见龙宗智:《印证与自由心证——我国刑事诉讼证明模式》,载《法学研究》2004 年第 2 期。

着时间的延伸,许多在侦查中能够陈述的重要情节很可能会在法庭上被遗忘;人证在案发之初,尚未受到外界因素影响,而在开庭前,则不排除受到被害人、被告人及其亲友影响的可能性,也可能因担心报复等原因而对公开的法庭上如实作证的后果顾虑重重"[1]。因此,不少法官更愿意相信人证在侦查中的陈述为真,因而不愿意轻易接纳其当庭所作的陈述。有学者已指出,在刑事庭审实质化改革试点过程中,这种证明习惯并没有明显变化,体现了对印证方法的依赖极大地阻碍了庭审实质化的有效展开。因此,要切实推动庭审实质化改革,需要在证明上进行"去印证化"的处理。[2] 证据相互印证规则强调根据两个以上具有独信息源的证据加以认定,注重证据信息的相互验证,避免仅凭孤证定案,从而有利于防止伪证、避免事实误判的发生。然而,证据相互印证规则的适用也会带来一些负面的效果,[3]尤其是在证据虚假的情况下,相互印证的证据越多,事实认定错误的可能性就越大。

客观地说,"案卷笔录中心主义"审判模式确实在中国具有很强的惯性,这从立法文本的反复中也可以得到最好的诠释。对此,我们不妨放眼大陆法系,意大利1988年刑事诉讼改革创设了"双重卷宗"制度。所谓"双重卷宗",指的是预先侦查法官发布审判令后,初始的侦查卷宗便一分为二:一份是庭审卷宗,交由庭审法官查阅,可以在庭审中宣读,并可成为最终判决的依据;另一份为公诉人卷宗,仅为控辩双方所有,庭审法官不得接触,以避免在庭审前全面了解案件材料。[4] 而作为职权主义模式代表的德国也未从根本上废除案卷笔录的存在价值,而只是将其排除出庭审进程。[5] 具体而言,案卷的传递效应在进入庭审前戛然而止。法官对于案情的评估固然可以参考案卷信息,但是却不能将之作为裁判依据,并体现于最终

---

[1] 参见马静华:《庭审实质化:一种证据调查方式的逻辑转变——以成都地区改革试点为样本的经验总结》,载《中国刑事法杂志》2017年第5期。
[2] 参见周洪波:《刑事庭审实质化视野中的印证证明》,载《当代法学》2018年第4期。
[3] 参见陈瑞华:《论证据相互印证规则》,载《法商研究》2012年第1期。
[4] 参见施鹏鹏:《意大利"双重卷宗"制度及其检讨》,载《清华法学》2019年第4期。
[5] 参见[美]弗洛伊德·菲尼、[德]约阿希姆·赫尔曼、岳礼玲:《一个案例两种制度——美德刑事司法比较》,郭志缓译(英文部分),中国法制出版社2006年版,第235页。

的诉讼文书中。其间,保障其彻底绝缘于案卷笔录影响的因子之中,带有自觉性的个人素养也占据了重要位阶。①

中国在推进庭审实质化改革的过程中,要想做到这一点,自然还需要时间的洗涤,以作为提升法官能力的代价。如果以制度主义为立足点,先将案卷排除于庭审环节却是可行的。鉴于证据原件被完整地吸纳于卷宗内,控辩双方都应以复印件形式保留证据副本,并用于法庭上的举证质证。其中,部分不需要直接出现于庭审的笔录可在庭前会议中先予以排除,而经历了最终的质证环节,证据才能作为裁判依据。如此一来,庭审活动便摆脱了针对案卷的依赖,而以控辩之间的对抗作为真正的主线。不仅如此,案卷材料也可免于在检、法之间反复易手,检、法之间的分置关系将得到进一步的升华。当法官逐步戒除了对案卷笔录材料的依赖,"一步到庭"的情形才会逐步增多起来,而立法层面创设"起诉状一本主义"的时机才能越发成熟。

三、庭前会议的功能异化

庭审实质化改革对庭前的充分准备提出了较高要求,而2012年的《刑事诉讼法》增设的庭前会议程序则大体上可以满足此项要求。在庭审实质化改革试点中,有个最为明显的特征就是庭前会议的高比例召开。② 根据庭前会议的程序安排,在检察机关提起公诉后,审判人员可以在开庭审理前,召集公诉人、当事人和辩护人、诉讼代理人,对回避、出庭证人名单、非法证据排除等与审判相关的问题,了解情况,听取意见。这意味着,该程序已为控辩双方构建了庭前相互沟通、表达意见和对抗合作的平台,③以便法官能够梳理出控辩双方的争议焦点,从而确定庭审的调查重点,并最大限度消除那些可能影响庭审集中持续进行的程序争议,从而提高庭审质量和效率。

随后,最高人民法院在2012年12月20日公布的《关于适用

---

① 参见陈卫东、刘计划、程雷:《德国刑事司法制度的现在与未来——中国人民大学诉讼制度与司法改革研究中心赴欧洲考察报告之二》,载《人民检察》2004年第11期。
② 参见安琪:《刑事庭前会议的再定位——基于A市"庭审实质化"试点的实证研究》,载《四川师范大学学报(社会科学版)》2018年第3期。
③ 参见莫湘益:《庭前会议:从法理到实证的考察》,载《法学研究》2014年第3期。

《中华人民共和国刑事诉讼法》的解释》第 184 条第 2 款（现第 229 条）中进一步明确了庭前会议程序的内容，即审判人员还可以在庭前会议中询问控辩双方对证据材料的意见，有异议的证据，应当在庭审时重点调查；无异议的，庭审时可以简化举证、质证。随着庭审实质化改革的推进，最高人民法院又在《庭前会议规程》中专门规定了庭前会议中可以处理的事项，即可以依法处理可能导致庭审中断的程序性事项，组织控辩双方展示证据，归纳控辩双方争议焦点，开展附带民事调解，但不得处理定罪量刑等实体性问题。① 其实，《关于推进以审判为中心的刑事诉讼制度改革的意见》也已对庭前会议的功能定位给出了比较清晰的描绘。② 总的来说，庭前会议大体上要完成以下 4 个方面的任务：

第一，整理争点。在短时期内，指望全案卷宗移送方式转变为起诉状一本是不大现实的。既然卷宗材料可以向法官展示大致的案情全貌，也就为争点的梳理创造了更为便利的条件。当然，辩护人在庭前会议充分表达己方意见，也是争点形成的必要条件。根据《庭前会议规程》的规定，人民法院可以在庭前会议中归纳控辩双方的争议焦点。对控辩双方没有争议或者达成一致意见的事项，可以在庭审中简化审理。基于争议点的判断，法官可以组织控辩双方协商确定庭审的举证顺序、方式等事项，明确法庭调查的方式和重点。协商不成的事项，由人民法院确定。此外，法庭辩论亦可依据争点分布而递进式展开，即可把法律适用难题逐一解决。当庭前会议为审判活动的进行做出缜密而周延的设计后，诉讼各方的逻辑思路就会更加清晰地呈现。同时，当庭裁决的盖然性也会大幅提升。

第二，交换证据。根据《庭前会议规程》的规定，人民检察院应当在召开庭前会议前，将全部证据材料移送人民法院。被告人及其辩护人也应当将其收集的有关被告人不在犯罪现场、未达到刑事责

---

① 从该规定来看，庭前会议要解决的事项还包括附带民事调解，这似与庭前会议的立法定位有所冲突。毕竟，先行调解民事诉讼将很可能使法官产生庭前预断。一旦被告人接受调解，就会对审判人员造成被告人很有可能存在犯罪行为的暗示。参见汪海燕：《论刑事庭审实质化》，载《中国社会科学》2015 年第 2 期。

② "完善庭前会议程序，对适用普通程序审理的案件，健全庭前证据展示制度，听取出庭证人名单、非法证据排除等方面的意见。"

任年龄、属于依法不负刑事责任的精神病人等证明被告人无罪或者依法不负刑事责任的全部证据材料提交人民法院。人民法院收到控辩双方移送或者提交的证据材料后,应当通知对方查阅、摘抄、复制。该规定是防止控辩双方进行证据突袭的重要手段。当控辩双方以及法官对于案件的证据状况都了然于胸时,他们对于庭审进度的预期无疑会更加精准。控辩之间的盲目争辩将被有序对质所取代,对于证据真实性以及关联性的质疑就不必临时性提出,从而使对方乃至裁判者措手不及。

第三,安排证人。口头原则的实现需要以证人出庭为保障,庭前会议应当提前对证人出庭做好安排。控辩双方要明示本方有哪些证人出庭,而不能出庭者的缺席原因需经过法官的审查。对于确有出庭必要者,法官应当提出明确要求。尤其是对于鉴定人、侦查人员等较为特殊的主体,这种事先的协商是不可或缺的,并将直接影响其出庭与否。

第四,非法证据排除。这是需要突破当前立法的一项建议。目前的《刑事诉讼法》只是将庭前会议规定为可以提及非法证据排除申请的载体,却并未赋予其启动证据合法性审查的资质。[①] 不可否认的是,非法证据排除毕竟是一项程序性裁判机制,完全可以置于庭审活动之外。如果能在庭前会议将非法证据予以排除,其便自动丧失了参与质证的诉讼能力,不仅效果更为直接,而且有益于庭审的高效运作。既然侦查、审查起诉等非庭审阶段可以排除非法证据,庭前会议又有何不可呢?况且此时的控、辩、审三方俱在,证据合法性审查程序足以完整而有序地进行。

此外,根据《庭前会议规程》的规定,在庭前会议中,审判人员还可以就是否对案件管辖有异议,是否申请有关人员回避,是否申请不公开审理,是否申请提供新的证据材料,是否申请重新鉴定或者勘验,是否申请调取在侦查、审查起诉期间公安机关、人民检察院收集但未随案移送的证明被告人无罪或者罪轻的证据材料,是否申请向证人或有关单位、个人收集、调取证据材料等,向控辩双方了解情

[①] 参见郑思科、黄婧:《庭前会议如何排除非法证据》,载《检察日报》2013年7月17日。

况,听取意见。对于这些导致庭审中断的程序性事项,人民法院应当在开庭审理前告知控辩双方处理决定,并说明理由。如没有新的理由,控辩双方在庭审中再次提出有关申请或者异议的,法庭应当依法予以驳回。

不过,这里需要说明的是,《庭前会议规程》之所以明确禁止庭前会议处理定罪量刑等实体性问题,主要是因为庭前会议作为中间程序,其存在是为正式庭审做准备的,既非独立的程序,也非庭审的一个环节。如在此程序中对案件事实、证据等与定罪量刑有关的实体问题进行讨论,不仅庭前"预断"无法避免,还可能导致正式的庭审被虚置乃至被替代的结果。毕竟,庭前会议是由承办法官或者其他合议庭组成人员来主持的,而且,根据案件情况,合议庭其他成员也可能会参加庭前会议。这既与庭前会议程序的功能定位相背离,也与刑事庭审实质化改革的预期目标相冲突。因此,对于控辩双方的事实争议,虽然可以聚焦到证据问题上来,但是庭前会议只能涉及证据的合法性问题,检察机关也可以通过出示有关证据材料等方式,有针对性地对证据收集的合法性予以说明。人民法院可以核实情况,听取意见。检察机关可以决定撤回有关证据,撤回的证据,没有新的理由,不得在庭审中出示。被告人及其辩护人也可以撤回排除非法证据的申请,撤回申请后,没有新的线索或者材料,不得再次对有关证据提出排除申请。

控辩双方在庭前会议中对证据收集是否合法未达成一致意见,公诉人提供的相关证据材料不能明确排除非法取证情形,人民法院对证据收集的合法性有疑问的,不能在庭前会议中展开调查,而只能在庭审中进行调查。此外,在庭前会议中,对于证据的证明力和关联性问题,只需控辩双方表明态度(有无异议)即可,而不能进行举证、质证与辩论。不过,根据《庭前会议规程》的规定,对于被告人在庭前会议前不认罪,在庭前会议中又认罪的案件,人民法院可以核实被告人认罪的自愿性和真实性。人民法院在听取控辩双方对案件事实、证据的意见后,对于明显事实不清、证据不足的案件,还可以建议检察机关撤回起诉。这意味着,庭前会议在一定意义上已经超越了立法最初设定的"了解情况、听取意见"的功能,而越来越具有"小庭审"的色彩。

四、当庭讯问的程序不当

一般认为,由于历史传统及价值观念的不同,大陆法系下的职权主义审判模式与英美法系下的对抗制审判模式存在诸多差异。其中,有一项重要的但却未能引起中国诉讼法学界足够关注的差异,就是法庭上有关被告人接受讯问的次序和方式。在大陆法系,法官不仅负有查明真相的权力和职责,而且由法官讯问被告人还是法庭调查的第一步。对此,被告人有作出声明、回答问题或者保持沉默的权利。

而在英美法系,由于法庭审判实行对抗制,被告人作为一方当事人,并不是审判中第一个被讯问的对象,反而常是最后一个被讯问的对象,甚至从未接受讯问或诘问,但与大陆法系相同,对抗制法庭中的被告人也有陈述或沉默的权利。例如,在美国,审判开始一般是由检察官和被告律师各自作开庭声明,开庭声明作完以后,检察官要逐个传询检方的证人,逐一出示实物证据,以证明起诉事实。但是,检察官不得讯问被告,被告仅在旁"观看"检察官提出证据。在检方传询完所有的证人,并在质询中出示了所有的证据以后,就转到被告一方传询自己的证人,出示自己的证据。此时,被告必须决定是否要为自己辩护或陈述意见。如果被告拒绝出庭为自己作证,任何人(包括法官、检察官)均无权对被告提出任何的讯问,检察官也不可以就此发表评论,直说或暗示被告拒绝为自己作证就表明其有罪。不仅如此,被告还有权要求法庭向陪审团解释他有保持沉默的权利。[①]

中国有着长期的大陆法传统,审判程序在经历《刑事诉讼法》三次修订后,仍然具有明显的"职权主义"或"超职权主义"色彩。不仅法官在庭审过程中仍然具有较强的主导作用,而且现行法依然将公诉人讯问被告人作为法庭调查的开始。[②] 目前的当庭讯问包含了两

---

① 参见李奋飞:《"将讯问被告人作为法庭调查的开始"有所不妥》,载《法制日报》2006年10月26日。
② 根据《普通程序法庭调查规程》第7条第2款的规定,在审判长主持下,公诉人可以就起诉书指控的犯罪事实讯问被告人,为防止庭审过分迟延,就证据问题向被告人的讯问可在举证、质证环节进行。

个方面的导向：一是明确被告人认罪与否，从而决定法庭程序的繁简程度；二是通过被告人认罪还原案情全貌，并以此作为其他证据形式予以印证的直接性内容。可以说，当庭讯问在审判程序中的时序和方式，也反映了处理时下中国刑事诉讼的基本证明方式。[①] 然而，这样的程序安排不仅对控辩之间的平等性构成了威胁，在法庭审理过程中，这样的安排也容易使当庭讯问占据庭审过多时间，从而对举证、质证环节造成"喧宾夺主"的影响。在时下有些颇具代表性的刑事庭审范例中，公诉人对于被告人的讯问有时显得过于繁琐，而如果公诉人的提问不能令其满意，法官也有可能会直接跳出中立者、裁判者的条框，自行展开讯问。

法官过度关注实体问题，总是以轻视诉讼指挥权的有效行使为代价的。结果不仅破坏了庭审的有序性，更夯实了其内心确信中对于被告人的偏见，且形成了与随后的举证、质证对象多有重合的局面。在笔者访谈了解到的部分案件中，讯问被告人的时长甚至都多过法庭辩论，有的已然接近于整个举证、质证环节。庭审实质化改革所要求的重心，应当是法庭调查中的举证、质证环节，如果过分着力于当庭讯问，极容易危及不得强迫自证其罪原则的实现。[②] 因此，调整当庭讯问的程序安排和方式，或可作为未来提高实质化庭审效率的点睛之笔。

一方面，在将"讯问"一律改为"询问"的同时，将当庭询问的两项内容做适当剥离。类似于认罪答辩的部分具有程序属性，可由法官在法庭权利告知的环节进行询问，并置于宣读公诉书之后、法庭调查之前。这样处理可以方便法官在被告人否认罪行的前提下，及时调整庭审的繁简程度。而针对案情的询问，则可置于法庭调查的最后阶段，并由辩护人在审判长的主持下首先发问，然后再由公诉人进行发问。换言之，在证人证言、物证、书证等其他证据类型完成举证、质证后，控辩双方才可对被告人进行发问。这样可以避免法庭形成先入为主的事实框架，打破印证模式对心证的固有束缚；而经过先前的法庭调查活动，被告人对于案件的前景将会有更清晰的

[①] 参见龙宗智：《印证与自由心证——我国刑事诉讼证明模式》，载《法学研究》2004年第2期。

[②] 参见孙长永：《刑事庭审方式改革出现的问题评析》，载《中国法学》2002年第3期。

认知,认罪与否的可靠性亦可增强。当然,在审前阶段形成的被告人供述辩解笔录不应再作为证据提交,直接言词原则强调陈述的即时性。既然被告人已然在法庭上进行陈述,相关笔录就只能在其供词反复的情况下加以出示,作为衡量其诚信度的手段。

另一方面,当庭询问的主导者应当是控辩双方而不是法官,只有在确有必要的情况下,法官才能向被告人提问。对于法官而言,其更多的精力应当放诸诉讼指挥层面,尽可能准确把握控辩双方发问的尺度,既要避免强迫自证其罪的情形出现,又要减少重复性诘问。通过这样的调节手段,询问被告人在法庭进程中的比重就会适度降低,其对举证、质证的蚕食亦可得到遏制。当然,这样的调整也涉及立法层面的变更,可考虑先进行局部试点,再逐步推广的方法论,以稳妥的节奏完成庭审内部资源的重新排列组合。

五、控辩对抗的效果不彰

在对抗制的诉讼模式中,控、辩、审三方之间在法庭审判中,形成了较为稳健的三角平衡关系。特别是在"平等武装"等正当程序理念的保障下,控辩双方针对案件的事实、证据等展开激烈交锋,表现出了"唇枪舌剑""硝烟弥漫"的特质,而作为裁决者的法官则成为司法权威的象征,以消极姿态指挥并引导诉讼进程。[1]

应该说,从1996年《刑事诉讼法》修订至今,二十多年的光阴里,中国刑事庭审中控辩双方的互动积极性已然得到了显著提升。在有些案件的庭审中,公诉人不再"照本宣科",而是能够主动出击且"见招拆招"式地回应辩护方的质疑。相应的辩护人也开始摒弃"配合性表演"中常常呈现的保守基调,[2]并试图将对方导入自己的论证逻辑。而通过控辩双方的积极对抗,打破沉闷的庭审氛围,早在1996年《刑事诉讼法》修订之际就成为一种立法预期,[3]直至近几年才开始在一些刑事庭审中显现出来。

---

[1] 参见李奋飞:《我国刑事诉讼制度持续发展因子探析》,载《法商研究》2016年第5期。
[2] 参见李奋飞:《论"表演性辩护"——中国律师法庭辩护功能的异化及其矫正》,载《政法论坛》2015年第2期。
[3] 参见胡铭:《对抗式诉讼与刑事庭审实质化》,载《法学》2016年第8期。

然而,从我们的调研情况来看,法官在谈到刑事庭审中控辩对抗的效果时,却不全是肯定之词,更多时候还持否定的态度。有法官甚至认为,"控辩之间的交锋有时未免有些杂乱无章,让人很难理出头绪"。从笔者的观察来看,有些案件的庭审确实存在这样的情况,整个庭审似乎就是在控辩双方的争执不休中完成的。如果以域外成例作为参照对象的话,有些案件的庭审活动呈现的诸多表现,与英美国家在形成对抗制以前的经验类型——"争吵式审判"颇有些相似。所谓的"争吵式审判",指的是18世纪前在英格兰非常普遍的一种司法运作形式,我们可以称其为对抗制的前身,亦可视其为对抗制的改造对象。这种庭审样态的特点就在于控辩双方进行无序的"争吵",而缺乏相对的规制。①

当然,控辩对抗的效果不彰,与刑事庭审流于形式的问题仍然没有得到很好解决有着非常密切的关系。通常,刑事庭审的实质化程度越高,控辩双方的对抗脉络就越清晰,对抗效果通常也更好。② 如果庭审时证人、鉴定人等人证通常都不出庭作证,各种案卷笔录乃至情况说明成为法庭调查的主要对象,甚至整个庭审过程枯燥乏味,指望控辩双方的对抗出现好的效果,显然是不合理的。

更何况,在中国特有的纵向诉讼格局下,辩护权的活动空间本就受到诸多限制,其诉讼地位亦处于比较被动的形势之下。这也就可以解释,为何在绝大多数案件中,辩护律师的介入抑或被告人的辩解,都无法构成指控成立的影响因素。如果没有控辩"两造"的平等对抗与互相制衡,特别是如果辩护方过于弱势,就无法对法庭施加积极有效的影响,既难以实现"四个在法庭"③,也无法保障法庭在认

---

① 托马斯·史密斯爵士曾在《论英格兰国家》一书中杜撰某场地方巡回法庭的重罪审判,形象地展示了"争吵式审判"的全貌。被害人兼起诉人宣誓作证,声称"你在某地抢劫我,还打我,抢走了我的马匹和钱袋;当时你穿着某件外套,还有某人是你的同伙"。另一位控方证人,即"所有逮捕嫌犯的见证者以及能够提供线索或特征的人",也宣誓作证。被告进行陈述,但不宣誓,回应这些指控的证言:"贼徒当然会否认,然后他们互相争吵一番……"参见[美]兰博约:《对抗式刑事审判的起源》,王志强译,复旦大学出版社2010年版,第12页以下。

② 参见李奋飞:《论控辩关系的三种样态》,载《中外法学》2018年第3期。

③ 即诉讼证据质证在法庭、案件事实查明在法庭、诉辩意见发表在法庭、裁判理由形成在法庭。

定案件事实、证据等问题上的公正性。因此,控辩对抗的效果不彰,也构成了庭审实质化的重要制约因素。① 换句话说,刑事庭审实质化改革实际也依赖于律师辩护的普及和有效辩护理念的贯彻。甚至,能否让辩护方拥有足够的力量与控方展开对抗,可被看作刑事庭审实质化改革的关键一环。

虽然,随着刑事诉讼体系的演进发展,中国的刑事辩护制度已然发生了翻天覆地的重大变化,诸如律师辩护权利的扩大和发挥作用空间的扩展,有效辩护的观念逐渐得到了法律人的广泛认可,等等;但是,由于很多被告人没有能力聘请律师,②而刑事法律援助即使在2012年《刑事诉讼法》修订之后仍然存在已有学者指出的,诸如适用范围过窄、经费极为紧张、经费配置不合理等严重问题,③很多被告人还无法获得律师的辩护,更不要说有效辩护了。而作为"速裁程序""认罪认罚从宽制度"的两项试点改革催生的一项新型、特殊的法律援助制度,值班律师制度则主要是为了解决认罪认罚从宽案件中被追诉人获得律师帮助的问题。

不过,在以审判为中心的刑事诉讼制度改革的大背景下,最高人民法院与司法部联合发布了《关于开展刑事案件律师辩护全覆盖试点工作的办法》(以下简称《全覆盖试点办法》),并在全国8个省市试点铺开"律师刑事辩护全覆盖"工作。根据《全覆盖试点办法》第2条的规定,除应当指定辩护的情形以外,其他适用普通程序审理的一审案件、二审案件、按照审判监督程序审理的案件,被告人没有委托辩护人的,人民法院应当通知法律援助机构指派律师为其提供辩护。对于按照适用"简易程序"和"速裁程序"审理的案件,被告人没

---

① 参见孙皓:《司法文牍主义与开庭日——关于刑事办案模式的实验性研究》,载《环球法律评论》2018年第2期。
② 参见左卫民、张潋瀚:《刑事辩护率:差异化及其经济因素分析——以四川省2015—2016年一审判决书为样本》,载《法学研究》2019年第3期。
③ 2012年《刑事诉讼法》对刑事法律援助范围的扩大主要体现在:酌定援助范围的扩大上,主要表现为去掉了"公诉人出庭"的要求。也就是说,只要犯罪嫌疑人、被告人因经济困难或者其他原因没有委托辩护人,就可以申请法律援助。而在法定援助范围的扩大上,则表现为在之前三类的基础上又增加了两类:一类是犯罪嫌疑人、被告人为尚未完全丧失辨认或控制自己行为能力的精神病人;另一类是犯罪嫌疑人、被告人可能被判处无期徒刑的。参见陈永生:《刑事法律援助的中国问题与域外经验》,载《比较法研究》2014年第1期。

有辩护人的,人民法院也应当通知法律援助机构派驻的值班律师为其提供法律帮助。而且,在法律援助机构指派的律师或者被告人委托的律师为被告人提供辩护前,被告人及其近亲属还可以提出法律帮助请求,人民法院则应当通知法律援助机构派驻的值班律师为其提供法律帮助。这意味着,如果将来"律师刑事辩护全覆盖"的试点得以在全国范围内推开,中国至少可以在制度层面上解决让被告人在法庭中能够获得律师辩护的问题。

不过,要从"有律师辩护"到"有效的律师辩护",确保被告人能够和辩护律师一起与公诉人展开理性的对抗,并对法庭施加积极有效的影响,还有很长的路要走。在庭审实质化改革的背景下,首先,需要通过刑事辩护制度的改革和完善,①在充分保障辩护律师申请证人出庭、调取新证据等权利的基础上,促使辩护律师在将维护被告人利益作为辩护目标的同时,能够积极采取一切有利于实现该目标的辩护手段和辩护方法,为被告人提供一种勤勉、尽责、尽职的辩护服务。其次,要继续提升犯罪嫌疑人、被告人的诉讼主体地位,在确保未决羁押成为例外的同时,应确立其阅卷权的主体地位,而不是如现在这样只能通过辩护律师向自己"核实有关证据"的方式来被动地行使一定的阅卷权。再次,代表国家出庭支持公诉的公诉人,也应在法庭上"放下身段",并作为一方诉讼主体与辩护方展开平等对决。真正的庭审实质化,必然建立于控辩双方诉讼地位平等的基础上。倘若无法改变公诉方居高临下的态势,庭审就不可能导入政策趋向所预设的逻辑。最后,还可以让法官发挥一定能动作用,尤其是通过释明权的行使,对辩护方尽到适当的关照义务,来弥补控辩双方之间失衡的力量,进而强化刑事庭审的功能。②

当然,为了防止庭审实质化改革陷入"司法竞技主义"的陷阱,法庭也不能任由控辩双方进行恣意的对抗和无序的"争吵"。尔

---

① 有学者认为,要贯彻有效辩护的理念,除了建立带有惩罚性和救济性的无效辩护制度,还需要完善辩护律师从业资格、委托代理协议、收费制度,确立刑事辩护最低服务质量标准,加强法律援助监管以及完善律师职业伦理规范的角度,等等。参见陈瑞华:《有效辩护问题的再思考》,载《当代法学》2017年第6期。

② 参见亢晶晶:《民事释明权理论在刑事诉讼中的导入——以"审判中心主义"为视角》,载《甘肃政法学院学报》2017年第4期。

虞我诈和权谋算计,既能左右胜负,也足以掩盖客观事实,误导裁判方向,故而应为中国刑事庭审实质化改革所排斥。

六、审判期限的巨大压力

在被问及刑事庭审实质化的制约要素时,有多位法官都向笔者明确提到审判期限问题,有的法官甚至希望未来立法能够废除审判期限制度。当然,关于刑事审判期限,"保留论"和"取消论"之争,并非从现在才开始。只是,刑事庭审实质化改革对法官提出了诸多新的要求,也给其带来了新的挑战,尤其是需要投入包括庭审时间在内的更多的司法资源。这是因为,法官按照实质化要求进行审理的话,开庭前既要阅卷,又可能需要召集庭前会议,在证人、鉴定人出庭的情况下,庭审持续时间也必然会相应延长,有的案件还会涉及非法证据排除等问题,而目前立法规定的数个月的审判期限,让法官们普遍感觉到有些捉襟见肘。有法官颇有情绪地说:不要说进行你们期待的直接和言词式的实质审理了,就是现在我们已是力不从心、疲于应付了。因此,如何对待审判期限制度,确实是无法回避的重要问题。

从世界范围来看,大多数国家大都没有在立法中规定刑事审判期限制度,而是确立了集中审理原则。例如,根据《德国刑事诉讼法》第 229 条的规定:法庭审理允许最长中止 3 周,不问中止前法庭审理多长时间,也不问因何理由中止。如果此前法庭审理已经至少进行 10 日,法庭审理允许每次中止最长 1 个月,不问在此段审理前是否有进行审理或中止情况,如果此中止之后又经 10 日审理,又需中止,则依旧可依照该款可最长中止 1 个月。如果法庭审理已经至少进行了 10 日,而被告人或被召集作判决者因病不能到场时,前两种情况所称期限在受阻碍期间内停止计算,但最长为 6 个星期。此中止期限最早在停止计算届满 10 日结束。停止计算的开始与结束由法院以不得异议的裁定确定。如果法庭审理未至迟在以上各种情况规定的期限届满后的次日继续进行,则应重新开始。如果期限届满后的次日是星期日、公共节假日或星期六,则可以在下一个工作日继续法庭审理。《法国刑事诉讼法典》第 307 条规定:"审理不得中断,并且应当进行到重罪法庭作出判决结案。在法官、民事当事人以及被告人所必要的休息时间内,审理得暂行中止。"表面上看,集中审理原则是为了追求效率,但实际上其却是以公正作为优位诉求的。①有学者指出,在此审理原则的保障下,"可促使法官在对其审理诉讼客体之内容记忆尚极清新时,即行判决,一方面可及早结案,另一方面亦可以免因中断后,续行审理时,因为法官对于诉讼客体已是记忆模糊,而未能作成公平合理之判决"②。

与大多数国家不同,我国《刑事诉讼法》并未确立集中审理原则,但为了遏制审判拖延,避免被告人被长时间羁押,③为审判活动设置了明确的期限以及可以延长期限的幅度和次数。虽然刑事诉讼并未规定超审限的法律后果,但是,在我国法院内部却有诸如"审结案件数""审限内结案率""超期审案数"等关乎时间或效率的考核指标。在有的学者看来,"正因为有这种绩效考核和司法责任方面的顾忌,各级法院几乎都对法官遵守办案期限提出了近乎苛刻的要求,而刑事法官也把严格遵守办案期限作为审判活动中的头等要务。在遵守法定办案期限的强大压力下,刑事法官不可能摆脱对公诉方案卷材料的依赖,更不可能另起炉灶,对案件事实进行一次完全独立的探究活动"④。虽然刑事诉讼进程的时间,关联控、辩、审等多方利益,但被追诉者在刑事诉讼中的弱势性和易受侵害性,决定了时间因素对辩方有重大的制度意义⑤。

当然,即使对那些以实质化庭审的形式加以推进的案件,法院也不应对诉讼经济原则置之不理,⑥去无限制地消耗司法资源。因

---

① 参见万毅、刘沛谞:《刑事审限制度之检讨》,载《法商研究》2005年第1期。
② 转引自陈卫东、刘计划:《论集中审理原则与合议庭功能的强化——兼评〈关于人民法院合议庭工作的若干规定〉》,载《中国法学》2003年第1期。
③ 由于《刑事诉讼法》没有确立独立的羁押制度,加上实践中羁押又比较普遍,因此,案件审理的期限往往也就是被告人的羁押期限。
④ 陈瑞华:《新间接审理主义——"庭审中心主义改革"的主要障碍》,载《中外法学》2016年第4期。
⑤ 参见郭晶:《刑事诉讼时间应如何获得审查和规制?》,载《清华法学》2018年第3期。
⑥ 所谓诉讼经济原则,强调"在既定的诉讼成本条件下,实现诉讼收益最大化;或者在诉讼收益保持不变的条件下,力求耗费最少的诉讼成本。以较小的诉讼成本实现较大的诉讼收益,或者说为实现特定的诉讼目的,应当选择成本最低的方法和手段"。参见刘晓东:《刑事审判程序的经济分析》,中国检察出版社2014年版,第87页。

此，为了避免庭审持续时间拖沓冗长，法庭可以通过庭前会议程序消除容易造成庭审繁冗的各种因素，特别是需要通过该程序整理出诉讼争点。毕竟，只有在明确诉讼争点的前提下，刑事普通程序的法庭审理才能更高效、更具有针对性。① 但是，从笔者访谈了解到的情况来看，给法官办案带来较大期限压力的，既非法庭审理程序的时间耗费，也不是按照普通程序审理的案件，而是或者说主要是那些案情较为复杂、控辩双方诉讼争议较大且被告人人数众多的案件。这些案件，不仅阅卷、庭审的时间相对较长，而且有可能还需要延期审理乃至多次开庭。尤其是，由于司法决策的形成过度向心，特别是对那些疑难、复杂、重大的案件，法庭在开庭审理结束后，无法做到当庭宣判，而需要向庭长、副院长、院长请示汇报，或者需要提交审委会讨论决定，有的案件还需要向上级法院等有关部门请示汇报。这些庭审之后的请示汇报活动，使不少案件的结案周期不得不受制于各种因素的影响，进而导致审限被大大延长甚至被超期。

特别是，随着员额制改革的逐步推行，法官的员额被控制在"中央政法专项编制"的39%以内，不少之前担任了大量审判工作的助理审判员、审判员被分流出去，而承担着繁重司法行政管理工作的院长、副院长、庭长、副庭长又进入了法官员额，不可能像普通法官那样全身心投入审判工作之中。这必然导致那些进入员额的普通法官需要承担高于过去一倍甚至数倍的审判工作量，"案多人少""办案法官不堪重负"的问题进一步加剧。② 这一切都会使法官尽力追求在单位时间内审结更多的案件量，并对可能导致审判拖沓的实质化庭审产生本能的排斥，而如果缺乏法官的积极配合，再好的庭审实质化改革方案，怕是也难以得到有效的实施。因此，要想让法官在进行实质化审理时无后顾之忧，不必基于提高"审判效率""审限内结案率"的考虑，对辩护方的各种诉讼请求进行无理的乃至非法的限制，未来除了应将更多无争议或争议不大的刑事案件纳入认

---

① 成都市中级人民法院在探索开展刑事庭审实质化改革试点过程中，采取对无争议证据"打包"出示，对重大争议证据逐一举证质证，让法庭调查和辩论重点围绕"争点"展开的做法。参见晨迪：《刑事庭审实质化改革"成都经验"将全国推广》，载《成都日报》2016年11月4日。

② 参见陈瑞华：《法官员额制改革的理论反思》，载《法学家》2018年第3期。

罪认罚从宽程序并实现快速处理以外,还可以考虑将集中审理原则确立下来,并尽可能采取当庭宣判的方式。① 此外,还可以根据被告人是否认罪,或者是否被羁押,设置不同的审判期限。甚至还可以考虑对诸如可能判处无期徒刑以上刑罚的较为重大的案件,设置更长的审判期限,或者不再设置审判期限。

七、结语

通过回顾 1996 年以来中国刑事司法的发展历程,我们不难发现,围绕审判方式的司法改革几乎从未停歇过。特别是自党的十八届四中全会提出推进以审判为中心的刑事诉讼制度改革以后,刑事诉讼模式的中国化转型正式拉开帷幕。这种预期中的新的模式格局,强调将审判机制设定为事实真相查明的终极方法,以替代过往的侦查中心逻辑所触发的秩序失衡。目前,庭审实质化改革已被最高审判机关当作贯彻"以审判为中心"的重要抓手。这意味着,在"以审判为中心"的改革逻辑中,庭审实质化改革将承担起关键节点的定位角色。因此,庭审实质化改革在时下的"胜负手"或可以归结为,究竟何谓庭审实质化以及如何加以落实的法命题。② 最高审判机关在庭审实质化改革的探索过程中,积极试行了"三项规程",诸如庭前会议、非法证据排除、法庭调查等关键环节、关键事项也被进一步明确和细化,一些地方法院也启动了试点工作。应该说,无论是在"三项规程"中,还是在一些庭审实质化试点法院,直接言词原则都得到了一定程度的贯彻。在当初我们对于法庭审理的预期展望中,不少内容已经逐步成为现实。比如,证人出庭作证的情况有所增加,控辩双方的对抗有所增强,庭审实质化的特征轮廓得以初步塑造。

就整体而言,法庭审理流于形式的问题并没有从根本上得以解决,中国刑事审判的基本面目更是未能发生明显的改观。究其原

---

① 作为集中审理原则的内在要求,当庭宣判被认为具有诸多核心价值:提高法官认定事实的准确性,使法官基于庭审信息的新鲜记忆作出判断;隔断庭外因素的影响;促进直接言词审理,减少法官对案卷的依赖。参见兰荣杰:《制度设计与制度实践之间——刑事当庭宣判制度实证研究》,载《中国刑事法杂志》2008 年第 3 期。

② 参见龙宗智:《庭审实质化的路径和方法》,载《法学研究》2015 年第 5 期。

因,除了有前文所揭示的五个方面的制约因素,还在于迄今为止几乎所有的司法改革举措,都是围绕着审判制度尤其是庭审方式本身来进行的,并未真正触及和动摇法庭审理的司法体制,尤其是公、检、法三机关之间"分工负责、互相配合、互相制约"的关系,"侦查中心主义"诉讼模式还是亟待革除的对象,刑事证据制度运行机制也有待完善,①法院难以依法独立行使审判权的问题依旧非常突出,等等。

特别是,法院作为司法正义的最后一道防线,如果连最低限度的独立性都无法得到保障,那么,无论是改变法庭审理的顺序、方式、对象,还是贯彻直接、言词、集中审理原则,抑或推行司法责任制、建立员额制,其意义都是极为有限的,很多时候只是让法庭审理"看起来很美"而已。正因如此,不少法律人士都指出,刑事庭审实质化的关键制约要素可能就是司法审判的行政化。毕竟,证人出庭也好,非法证据排除也罢,说到底都不过只是一种表象形式而已。例如,有的案件虽有证人出庭,但由于法官对印证方法的过度依赖,证人的庭上证言很多时候根本得不到法庭的重视和采纳;又如,有的案件中虽有非法证据排除,但是非法证据排除后却对案件的实体处理并没有带来任何影响。因此,在推进以审判为中心的刑事诉讼制度改革的过程中,我们不仅要"低头拉车",也要"抬头看路"。简单地说,只应把刑事庭审实质化改革当作"以审判为中心"的手段,而不能错将其当作改革目标,或者至少要防止其在事实上演变为改革目标,否则,既无法真正贯彻以"审判为中心",也不足以实现刑事庭审实质化。

因此,如果不对现行政法体制所存在的弊端进行系统性清理,庭审实质化改革是难以有更大的空间的,怕也不会取得多少实际成效。在那些被认为重大敏感的案件中,即使是目前那些更多带有表象形式的改革举措,也将因为缺乏司法体制的有力保障,而受到法官本能的排斥和规避。因此,相对于推进庭审实质化改革而言,对刑事司法进行"去行政化"改造,并认真对待现行的政法体制可能是更为迫切的课题。

---

① 参见褚福民:《如何完善刑事证据制度的运行机制?——"以审判为中心"的诉讼制度改革为视角的分析》,载《苏州大学学报(哲学社会科学版)》2016年第2期。

第五章 以审查起诉为重心：认罪认罚从宽案件的程序格局

一、问题的提出

表面上看，由于"未经人民法院依法判决，任何人不得被确定有罪"的原则指向，审判活动理应成为决定被追诉人命运的终极阶段。但在事实上，侦查反倒成为决定被追诉人命运的关键节点，并形成了"侦查中心主义"的刑事诉讼格局。在这种诉讼构造的影响下，无论是后续的审查起诉阶段还是法庭审判阶段，都失去了最基本的发现及纠正侦查错误的能力。正因如此，笔者在之前的研究中曾将这种"以侦查为中心"的诉讼构造归纳为"顺承模式"。①

党的十八届四中全会明确提出"推进以审判为中心的诉讼制度改革"。此项改革非常明确地要求公安司法机关，"全面贯彻证据裁判规则，严格依法收集、固定、保存、审查、运用证据，完善证人、鉴定人出庭制度，保证庭审在查明事实、认定证据、保护诉权、公正裁判中发挥决定性作用"。很显然，这一改

---

① "顺承"从字义上带有服从、接受的含义，代表程序推进从侦查经起诉再到审判环节，始终处于接力传承的状态。这就如同一叶扁舟顺流而下，作为源头的侦查一旦成型，就将左右后续程序的走向。处于下游的起诉、审判通常只能承接侦查结论，很难作出颠覆性改变。参见李奋飞：《打造中国特色的刑事诉讼模式》，载《人民法院报》2016年10月11日。

革的目的,并非塑造法院抑或法官至高无上的诉讼地位,而是着眼于批判性地继承原有的诉讼模式,进一步使刑事诉讼的中心从侦查转向审判,以便案件可随诉讼程序的递次推进,接受愈加严格的审核,最终"确保侦查、起诉的案件事实证据经得起法律的检验"。

从改革目的和举措来看,"以审判为中心"的诉讼制度改革,既不是要将所有案件都推向审判程序,①也不是要对进入审判程序的案件均予以实质化审理。实质化庭审手段,因所需司法成本颇高,只能有限适用于那些为数不多的、控辩双方存在争议或罪行严重的案件。而对于实践中大量存在的、控辩双方已然没有争议的案件,经由实质化庭审既无必要,也不可能。就理论研究而言,"以审判为中心"指涉的是具有相当宏观性与全局性的刑事诉讼构造问题,是我国刑事诉讼的重大理论问题和纲领性的改革方向,但绝非观察、描述或定义刑事司法改革和实践的唯一标准。在"以审判为中心"的诉讼制度改革深入推进,相关理念和制度愈加成熟时,以更加精细化的视角深入正在发生的司法实践当中,也就愈显必要。

刑事司法要在明确事实的基础上解决纠纷,刑事诉讼制度则要将有限的司法资源合理配置到刑事司法的各环节中,寻找明确事实、解决纠纷的最佳方案。在这个意义上,所有的刑事司法改革都是在约束条件下寻找最优化方案的尝试,"以审判为中心"的诉讼制度改革如此,认罪认罚从宽制度改革也不例外。由于司法资源在不同诉讼环节的投入有别,刑事案件得到实质性解决的节点不同,案件处理也呈现出不同的程序重心。通常来说,诉讼程序越有能力明确事实、解决争端,司法资源的投入也就越多,审判阶段相应地也就成为刑事案件的程序重心。然而,可投入的司法资源事实上是有限的,明确事实、解决争端越往前移,司法资源投入与使用的效率就越高,程序重心落在审判阶段并不总是最佳选择。对于认罪认罚案件的办理而言,程序重心就应前移到审查起诉阶段。

虽然认罪认罚从宽制度贯穿于刑事诉讼全过程,适用于侦查、起诉、审判各个阶段;但认罪认罚从宽的"制度秘钥"掌握在检察机关

---

① 相关比较法研究表明,在实行所谓"审判中心主义"的英美等国,绝大部分刑事案件都是通过辩诉交易等方式高效处理的,并没有进入正式的庭审程序。

手中,特别是在听取被追诉人或值班律师的意见后,其有决定是否从宽、如何从宽之权力,且其量刑建议又一般应当被法院采纳。因此,无论是从立法的规定来看,还是从改革以来的运行情况来看,认罪认罚案件的程序重心实际就在审查起诉环节,而以往刑事审判中长期存在甚至饱受诟病的庭审"确认化"现象,则构成了改革决策者在认罪认罚案件的庭审中努力追求的目标。

这意味着随着"以审判为中心"、认罪认罚从宽制度等司法改革的深入推进,中国的刑事诉讼将日益呈现两个"互斥共存"的程序重心,即"以庭审为重心"和"以审查起诉为重心"。需要说明的是,如此"二元重心"并不是对刑事案件所作的"一刀切"区分,而是对刑事诉讼实践样态的一种理论化描述。"以庭审为重心"不意味着对审查起诉的忽视,"以审查起诉为重心"也不意味着对庭审价值的否认。如果根据司法资源的投入和刑事案件实质性解决节点的不同,将所有案件的处理方案绘制成一段光谱,"二元重心"就处于光谱的两端——刑事案件的资源投入和实质性解决既不可能早于审查起诉阶段,也不可能迟于审判阶段。其中,不认罪案件是"以庭审为重心"一端的典型,而适用简易程序、速裁程序的认罪认罚案件,则是"以审查起诉为重心"一端的典型,那些罪行严重的案件则位于光谱的中间,无论是否认罪认罚,审查起诉与庭审两个程序重心缺一不可。

从"以侦查为中心"的现状,到"以审判为中心"的提出,再到"二元重心"理论的呈现,体现了对司法改革进路的一种理性解读过程,而并非简单构筑于理论设想上的臆断。在推进"以审判为中心"架构的背景下,本章之所以主张认罪认罚案件"以审查起诉为重心",并非要否定或者动摇"以审判为中心"的纲领性地位,而是试图在2018年《刑事诉讼法》已经确立了认罪认罚从宽制度框架的背景下,以"两高三部"出台的《关于适用认罪认罚从宽制度的指导意见》(以下简称《指导意见》)为分析对象,进而大致勾勒认罪认罚从宽改革所触发的新型诉讼模式。在接下来的讨论中,本章将系统解读"以审查起诉为重心"的基本内涵,并论证其正当性根据,继而对其内在的局限性进行分析。在此基础上,本章还将对其规制路径提出理论方案。研究认罪认罚从宽制度改革对刑事诉讼模式产生的结构性影响,既有助于揭示中国刑事诉讼的发展规律,也将有益于为司法改革的持续推进寻找新的着力点。特别是唯有继续提升和优化检察权的内在品质,才能适应"以审查起诉为重心"的基本要求。

二、"以审查起诉为重心"的内涵解读

随着认罪认罚从宽制度改革的深入推进,特别是2018年《刑事诉讼法》的贯彻实施,一种有别于不认罪案件的、新的程序模式越来越清晰地呈现出来。如果说不认罪案件的程序重心在法庭审判,那么认罪认罚案件的程序重心则在审查起诉环节。尤其是在《指导意见》出台之后,这一新的程序模式基本上已经定型。因此,通过对2018年《刑事诉讼法》和《指导意见》的相关规定进行分析,我们大体上可以对这种认罪认罚案件的程序模式内涵进行解读。之所以说认罪认罚案件的办理应"以审查起诉为重心",既是因为认罪认罚从宽制度的推进需要以审查起诉环节作为重要依托,也是因为认罪认罚案件的核心要旨在于控辩双方有效的量刑协商,更是因为认罪认罚案件量刑建议的效力已在规范文本上被设定为"一般应当被法院采纳"。

(一)认罪认罚从宽制度的实施以审查起诉环节为依托

2018年《刑事诉讼法》的修改在总结、吸收"速裁程序"和"认罪认罚从宽制度"试点经验的基础上,[①]确立了刑事案件认罪认罚可依法从宽处理的原则,并完善了相关程序规定。为贯彻落实修改后的《刑事诉讼法》,并确保认罪认罚从宽制度得以正确、有效实施,"两高三部"根据法律和有关规定,结合司法工作的实际制定了《指导意见》。而根据《指导意见》的规定,认罪认罚从宽制度的适用,既没有适用罪名和可能判处刑罚的限定(所有刑事案件都可以适用),也没有任何程序阶段的限制,即被追诉人在侦查、审查起诉和审判阶段都可以选择认罪认罚程序。

然而,犯罪嫌疑人在侦查阶段虽然可以自愿认罪,也可以表态接

---

① 2014年,全国人大常委会授权最高人民法院、最高人民检察院在全国18个城市进行为期两年的"速裁程序"试点工作。2016年,在"速裁程序"试点工作结束之后,全国人大常委会再次授权最高人民法院、最高人民检察院在同样的18个城市进行为期两年的"认罪认罚从宽制度"的试点工作。

受处罚,公安机关却不得对其作出具体的从宽承诺。只是在对案件移送审查起诉时,起诉意见书中方可写明犯罪嫌疑人自愿认罪认罚的情况。对于案件符合速裁程序适用条件的,则可在起诉意见书中建议人民检察院适用速裁程序办理,并简要说明理由。因此,侦查阶段大体上只被视为认罪认罚从宽制度的预备程序。①

如果说侦查阶段可以被看作认罪认罚从宽制度的预备程序,那么审查起诉阶段则大体上可以被认定为认罪认罚从宽制度的实施程序。这是因为认罪认罚从宽制度实施的诸多关键环节,诸如听取犯罪嫌疑人、辩护人或者值班律师的意见,在辩护人或者值班律师在场的情况下签署认罪认罚具结书,就主刑、附加刑、是否适用缓刑提出量刑建议等,都是在审查起诉阶段完成的。而且在审查逮捕期间或者重大案件听取意见的过程中,人民检察院还可以向公安机关提出开展认罪认罚工作的意见或建议;对于人民检察院的意见,公安机关应当认真听取,并积极开展相关工作。

(二)认罪认罚从宽制度的要旨在于有效的控辩协商

一般认为,有效的控辩协商应成为认罪认罚从宽制度的核心要素。不过,我们所谓的控辩协商——又被称为量刑协商——则是指在被追诉人自愿认罪的前提下,控辩双方可以就量刑的种类和幅度问题进行沟通,以促使检察机关可以承诺对被追诉人给予一定"量刑减让"。不过,除一些地方的改革试点规则中曾出现"控辩协商""量刑协商"之类的表述以外,无论是2016年"两高三部"印发的《关于认罪认罚从宽制度改革试点方案》还是2018年《刑事诉讼法》,都没有使用"控辩协商"的表述,但前述两个规范性文件却都涵盖了"控辩协商"的意思。

2018年《刑事诉讼法》第173~174条通过对犯罪嫌疑人认罪认罚、检察机关告知权利及相关法律规定并听取意见、犯罪嫌疑人在辩护人或值班律师在场的情况下签署认罪认罚具结书等关键节点的规范,明确了"中国式控辩协商"的基本范式。虽然从形式上看,认罪认罚具结书只是犯罪嫌疑人的单方声明,但是究其实质却

---

① 参见马静华、李科:《新刑事诉讼法背景下认罪认罚从宽的程序模式》,载《四川大学学报(哲学社会科学版)》2019年第2期。

是控辩双方沟通协商后就量刑和程序适用达成的"合意"。[1] 正是因为法律明确要求检察机关在认罪认罚案件中，听取辩护方的意见和签署具结书，加上认罪认罚案件的辩护重心已不在法庭上，辩护律师自然会尽力在审查起诉环节通过与检察官的沟通、协商、对话等方式，促使检察机关通过不起诉及时终结诉讼，或向审判机关提出更为轻缓的量刑建议，以有效维护被追诉人的利益。[2] 这就有可能让检察机关在采纳辩护意见的基础上，形成最后的量刑建议。显然，此类情形已经包含了量刑协商的因子。

值得一提的是，《指导意见》第33条明确要求，人民检察院在提出量刑建议前，应当充分听取犯罪嫌疑人、辩护人或者值班律师的意见，且尽量协商一致。该规定无疑为控辩双方的量刑协商提供了一定的程序保障。虽然按照相关的规定，被追诉人在侦查、起诉、审判三个阶段都可以选择"认罪认罚"，但是从实践的情况来看，认罪认罚更多是在审前程序特别是在审查起诉阶段中完成的。不过，无论认罪认罚在哪个阶段进行，量刑协商都是在控辩双方之间完成的。

(三) 认罪认罚从宽制度中的量刑建议一般应当被采纳

虽然从《刑事诉讼法》的相关规定来看，人民法院审理被告人自愿认罪认罚的案件，既可能适用"速裁程序"进行审理，也可能适用"简易程序"审理，甚至还可能适用"普通程序"进行审理；但是无论适用何种程序，认罪认罚案件的庭审样态都具有了较为明显的"确认性"。特别是对那些适用"速裁程序"或者"简易程序"进行审理的认罪认罚案件中，连法庭调查、法庭辩论也可不再进行，或者被全面简化以至基本省略。这意味着对于认罪认罚案件而言，法院已不太可能对定罪问题进行实质化审理。

而对于量刑问题，人民法院则要对认罪认罚具结书和量刑建议书进行审查。根据2018年《刑事诉讼法》第201条和《指导意见》的

---

[1] 参见杨立新：《认罪认罚从宽制度理解与适用》，载《国家检察官学院学报》2019年第1期。

[2] 参见李奋飞：《论"交涉性辩护"——以认罪认罚从宽作为切入镜像》，载《法学论坛》2019年第4期。

规定,对于认罪认罚案件,除法定的特殊情形外,人民法院"一般应当采纳"人民检察院指控的罪名和量刑建议。即便人民法院在审理后认为,检察机关的量刑建议明显不当,也不能直接予以拒绝,而只能根据《刑事诉讼法》的规定,要求检察机关调整量刑建议,只有在检察机关不调整量刑建议,或者调整后仍然明显不当时,人民法院才可以依法判决。此外,《指导意见》还规定,对于不采纳人民检察院量刑建议的,人民法院应当说明理由和依据。从上述制度安排可以看出,立法者实际是在通过以上各种方式来尽量压缩量刑建议不被采纳的可能,赋予检察机关在认罪认罚案件中提出的量刑建议特别效力。

究其原因,主要是量刑建议并不是检察机关单方面制作的,而是充分吸纳了辩护方的意见之后提出的,甚至可等同于控辩双方达成的合意或协议。如果法院能够对该协议给予最大限度的接受,不仅可以确保庭审简洁流畅,从而减少对司法资源的耗费,还可以确保诉讼控辩双方的意愿和利益得到充分尊重,从而也有效保障了被告人的诉讼主体地位。从认罪认罚从宽制度试点实施1年后的情况看,检察机关对认罪认罚案件提出的从宽量刑建议,采纳率为92.1%。[①] 尤其是那些适用"速裁程序"进行审理的案件中,检察机关所提出的适用缓刑、管制等从宽处罚的建议,法院几乎均予以采纳,适用非监禁刑的案件已占1/3以上。[②]

三、"以审查起诉为重心"的正当根据

作为我国《刑事诉讼法》已然确立的一项基本制度,认罪认罚从宽无疑具有优化司法资源配置等诸多价值。正如《指导意见》指出的,"适用认罪认罚从宽制度,对准确及时惩罚犯罪、强化人权司法保障、推动刑事案件繁简分流、节约司法资源、化解社会矛盾、推动国家治理体系和治理能力现代化,具有重要意义"。不过,认罪认罚案件的"以审查起诉为重心",除了因为其可使司法资源得到更为合

[①] 参见谢文英:《刑事案件认罪认罚从宽制度试点一年:法院对检察机关量刑建议采纳率为92.1%》,载《检察日报》2017年12月24日。

[②] 参见陈瑞华:《"认罪认罚从宽"改革的理论反思——基于刑事速裁程序运行经验的考察》,载《当代法学》2016年第4期。

理的配置外,也是基于审查起诉处在承前启后的中间环节的考虑,更因为检察机关作为法律监督机关承担着客观义务尤其是诉讼关照义务。

(一)司法资源的合理配置

"以审判为中心的诉讼制度改革"和"认罪认罚从宽制度改革"是党的十八届四中全会提出的两项互为补充的重大改革举措。以审判为中心的诉讼制度改革,实质上是强调审判阶段——尤其是第一审程序中——法庭审判在整个刑事诉讼程序内的中心地位,强调把事实认定和证据采信限定在审判阶段。① 这意味着对于以审判为中心的诉讼制度改革而言,庭审实质化改革无疑居于非常关键的地位。

但作为一种诉讼成本极高的审判方式,实质化庭审的适用应以诉讼争议的存在为前提。而对于被追诉人已经认罪认罚的案件,控辩双方无论是对犯罪事实还是对罪名、量刑,抑或对程序适用,通常均不存在什么争议事项。因此,无论是适用"速裁程序"、简易程序,还是适用普通程序,庭审都将或多或少具有"确认性"特质,以实现对数量庞大却无争议或争议不大的案件得以快速处理的目标,从而将有限的司法资源配置到那些被追诉人不认罪认罚导致的控辩双方争议较大的案件中来。可见,认罪认罚从宽制度与"以审判为中心"两者高度共融,并对司法资源的合理配置发挥着重要的调节作用。

作为刑事审前程序中当仁不让的主导者,②检察机关无疑可以依托审查起诉这一程序装置,对认罪认罚从宽制度的实施发挥"金钥匙"作用。无论犯罪嫌疑人在侦查阶段是否已经认罪认罚,案件移送审查起诉后,检察机关都需要以起诉意见书为核心,通过对书面材料的阅读、整理,辅之以告知、讯问、听取意见等方式,对犯罪的事实、情节是否清楚,证据是否确实充分,犯罪性质和罪名是否准确等案件相关情况进行审查,以判断起诉意见是否准确,并作出相应

---

① 参见樊崇义、张中:《论以审判为中心的诉讼制度改革》,载《中州学刊》2015年第1期。

② 参见李奋飞:《论检察机关的审前主导权》,载《法学评论》2018年第6期。

的决定。对于犯罪嫌疑人认罪认罚的,检察机关应当就其涉嫌的犯罪事实,罪名及适用的法律规定,从轻、减轻或者免除处罚等从宽处罚的建议,认罪认罚后案件审理适用的程序等事项,听取犯罪嫌疑人、辩护人或者值班律师的意见,记录在案并附卷。

《指导意见》还明确规定,人民检察院未采纳辩护人、值班律师意见的,应当说明理由。通常而言,在那些犯罪事实、证据、情节均较为简单的案件中,控辩双方可以通过这种意见的表达与听取机制,快速高效地对认罪认罚达成量刑合意。虽然在那些相对较为复杂的认罪认罚案件中,这种量刑合意的达成并不总是一帆风顺的,有时可能也需要控辩双方反复多次地协商和沟通,才能在相互妥协的基础上达成量刑合意;但是相对于不认罪认罚案件中所需要的"实质化庭审"对司法资源的耗费而言,认罪认罚案件中以书面审查和行政化运作为特征的"以审查起诉为重心"显然是不能等量齐观的。

(二)承前启后的角色扮演

中国刑事诉讼中的三个重要诉讼阶段——侦查、审查起诉和审判,是由公安机关、检察机关和审判机关分别掌控的。这三个阶段各有其独立的任务和目的,可以说是完全独立、互不隶属的。但是,三个阶段又是相互牵连、环环相扣的,并由此形成了一个"流水作业"的诉讼构造。作为连接侦查与审判的重要纽带,审查起诉对侦查和审判有着承前启后的作用。在认罪认罚案件中,检察机关承前启后的角色更适应并满足了这一制度实施的客观需要,成为认罪认罚案件正当性的重要保障。

作为认罪认罚从宽制度的核心要素,控辩协商应当且仅当发生于检察机关与被追诉方之间,通过双方利益兼得的"公力合作",[①]明确案件事实,并在此基础上达成解决刑事纠纷的合意。对案件事实的明确,是刑事纠纷解决的事实基础。其不仅来自双方的认可,更来自于侦查结果对案件事实的复述。控辩双方对刑事纠纷解决的合意固然重要,审判机关的确认才是将合意变为审判结论的唯一途

---

① 参见陈瑞华:《刑事诉讼的公力合作模式——量刑协商制度在中国的兴起》,载《法学论坛》2019年第4期。

径。因此,认罪认罚从宽制度的实施需要检察机关在控辩合意的基础上有条件地接受侦查机关的侦查结果,并经由审判机关的审查确认,成为具有定分止争效能的司法结论。检察机关在其中承前启后的作用可见一斑。

认罪认罚案件中的"承前",是指对侦查阶段认罪认罚的案件,检察机关应当重点审查以下内容:犯罪嫌疑人是否自愿认罪认罚,有无因受到暴力、威胁、引诱而违背意愿认罪认罚;犯罪嫌疑人认罪认罚时的认知能力和精神状态是否正常;犯罪嫌疑人是否理解认罪认罚的性质及其可能导致的法律后果;侦查机关是否告知犯罪嫌疑人享有的诉讼权利、如实供述自己罪行可以从宽处理和认罪认罚的法律规定,并听取意见;起诉意见书中是否写明犯罪嫌疑人认罪认罚情况;犯罪嫌疑人是否真诚悔罪,是否向被害人赔礼道歉。经审查,犯罪嫌疑人违背意愿认罪认罚的,检察机关可以重新开展认罪认罚工作。此外,对于存在刑讯逼供等非法取证行为的,依照法律规定处理。如果检察机关经审查决定提起公诉,法院审判程序就将启动。而且按照控审分离原则的基本要求,法院审理和裁判的对象还应限于起诉书明确记载的对象和范围。① 这就是所谓的"启后"。对于认罪认罚的案件,人民检察院向人民法院提起公诉的,应当在起诉书中写明被告人认罪认罚的情况,提出量刑建议,并移送认罪认罚具结书等材料。对于人民检察院提出的量刑建议,人民法院应当依法进行审查。对于事实清楚,证据确实、充分,指控的罪名准确,量刑建议适当的,人民法院应当采纳。

(三)检察官的诉讼关照义务

各国的检察制度虽然存在很大差别,但都没有将检察官设计成以实现"胜诉目标"为己任的当事人,而是力求让其在承担追诉职责的同时,还能承担客观义务。这种客观义务要求检察官超越控方立场,坚持客观公正。② 作为宪法和法律规定的法律监督机关,检察机关无疑更加强调检察官的客观义务。特别在 2019 年《检察官法》修

---

① 参见陈卫东、李奋飞:《论刑事诉讼中的控审不分问题》,载《中国法学》2004 年第 2 期。
② 参见龙宗智:《中国法语境中的检察官客观义务》,载《法学研究》2009 年第 4 期。

订之后，①检察官的客观义务已不仅仅是一种理念或者道德义务，更应当属于一项法律义务。

作为检察官客观义务的重要内容，诉讼关照义务是指检察官有义务在其职责范围内，对辩护方行使诉讼权利给予必要的关照和协助。具体到认罪认罚案件的办理中，检察官的诉讼关照义务应体现在以下几个主要方面：一是告知、释明义务，即检察官应当告知犯罪嫌疑人、被告人享有的诉讼权利和认罪认罚的法律规定，告知应当采取书面形式，必要时应当充分释明。二是提供必要便利的义务。根据《指导意见》的规定，检察官应当为犯罪嫌疑人、被告人约见值班律师提供便利。犯罪嫌疑人、被告人及其近亲属提出法律帮助请求的，检察官应当通知值班律师为其提供法律帮助，并应当提前为值班律师了解案件有关情况提供必要的便利。三是开示证据的义务，即检察官应将自己掌握的全部证据，无论是定罪证据，还是量刑证据（既包括那些加重犯罪嫌疑人、被告人罪责的量刑证据，也包括那些减轻犯罪嫌疑人、被告人罪责的量刑证据），都要向辩护方开示，即允许其查阅、摘抄和复制。《指导意见》还明确规定，人民检察院可以针对案件具体情况，探索证据开示制度，保障犯罪嫌疑人的知情权和认罪认罚的真实性及自愿性。四是协助或代替辩方调取所需证据。在我国的刑事辩护实践中，辩护律师的调查取证难问题至今也未很好地得以解决。为此，在辩护人因为取证不能而向检察官提出申请的情况下，检察官应当协助其调取辩护方所需证据。对于那些值班律师参与的认罪认罚案件，检察官应当代替辩方调取那些有利于犯罪嫌疑人、被告人的证据。

四、"以审查起诉为重心"的若干隐忧

在认罪认罚案件的办理中，刑事诉讼程序的重心既不是侦查环节，也不是审判环节，而是审查起诉环节。特别是作为认罪认罚从宽制度的关键节点，量刑协商是在控辩双方之间完成的，而检察机

---

① 《检察官法》第5条规定："检察官履行职责，应当以事实为根据，以法律为准绳，秉持客观公正的立场。检察官办理刑事案件，应当严格坚持罪刑法定原则，尊重和保障人权，既要追诉犯罪，也要保障无罪的人不受刑事追究。"

关的量刑建议对于法院的量刑方案虽不具有确定的约束力,但却具有与不认罪认罚案件不同的影响力。但是,"以审查起诉为重心"的程序模式目前也存在一些隐忧,尤其是集公诉与批捕于一身的检察机关容易迁就侦查环节认罪的自愿性问题,可能导致那些非自愿的认罪无法得到有效甄别,而由于控辩双方量刑协商能力的不对等、量刑协商空间不大,量刑协商机制难以被激活,无法发挥实质作用。

(一)非自愿的认罪得不到有效甄别

"以审查起诉为重心"或将产生的第一个隐忧,是非自愿的认罪得不到有效甄别。认罪认罚从宽制度中的"认罪",并不是被追诉人简单的承认,而应当是其在了解犯罪性质以及认罪后果之后,自愿如实供述自己的罪行,进而对指控的犯罪事实没有异议。认罪的自愿性是认罪认罚从宽的灵魂与基石,直接关乎该制度运作的正当性与有效性的实现。[1] 而根据中国刑事司法的基本经验,绝大多数犯罪嫌疑人都向侦查人员作出了有罪供述。根据有关学者的研究,犯罪嫌疑人认罪的比例至少在95%以上。[2] 而随着认罪认罚从宽制度的推行,由于强调区别不同诉讼阶段的认罪对从宽幅度的影响,犯罪嫌疑人在侦查阶段认罪的比例或将变得更高。

但是在侦查阶段,认罪的自愿性至少存在两个方面的现实障碍:一是侦查讯问权得不到有效的制约。中国刑事侦查环节的诉讼构造具有明显的"线性特征",特别是侦查讯问程序中只有讯问者与被讯问者,使侦查讯问权的运行缺乏其他力量的约束。二是犯罪嫌疑人的权利保障体系尚不够完善。一些为现代法治国家和国际人权公约所普遍规定的诸多涉及犯罪嫌疑人的权利类型,以及与犯罪嫌疑人权利有关的诉讼原则,尚未在我国的《刑事诉讼法》中得到明确规定。即使是有些《刑事诉讼法》已经明确规定的、与犯罪嫌疑人权利保护有关的条款,甚至也难以得到很好的执行。[3] 特别是在刑事侦查程序中,羁押成了"原则",而非羁押则成了"例外",而且羁押通常还会一直持续到法院的判决生效后,不太区别其所犯罪行的严重

---

[1] 参见杨帆:《认罪自愿性的边界与保障》,载《法学杂志》2019年第10期。
[2] 陈瑞华:《刑事诉讼的中国模式》,法律出版社2010年版,第54页。
[3] 参见李奋飞:《中国确立沉默权了吗》,载《检察日报》2014年5月14日。

程度以及可能判处刑罚的严厉性。很显然,只要犯罪嫌疑人身处未决羁押状态,其认罪的自愿性就存在"天然的鸿沟"。

因此,对于侦查阶段认罪认罚的案件,人民检察院应当进行认真审查,尤其要重点审查犯罪嫌疑人有无受到暴力、威胁、引诱,认罪认罚时的认知能力和精神状态是否正常,是否理解认罪认罚的性质和可能导致的法律后果,是否已被告知享有的诉讼权利和如实供述自己罪行可以从宽处理和认罪认罚的法律规定等,以防止犯罪嫌疑人违背意愿认罪认罚。但是,对于办案机关移交的犯罪嫌疑人已然在侦查阶段认罪认罚的案件,集公诉与批捕于一身的检察机关,更在意刑事追诉的成功与否,能够承担起客观义务,并对犯罪嫌疑人侦查阶段认罪的自愿性进行认真的审查较为困难。尤其是在已对犯罪嫌疑人批准逮捕的情况下,由于与案件的结局实际存在一定的利害关系,[①]检察机关更容易迁就侦查环节认罪的自愿性问题,以致对犯罪嫌疑人在侦查环节的认罪普遍给予了接纳,导致一些非自愿的认罪无法得到有效甄别。甚至在认罪认罚的适用率要达至70%左右的指标压力下,一些检察官还有可能对犯罪嫌疑人施加某些不当影响,乃至采取威胁、引诱、欺骗等非法方法,从而使其在非自愿的情况下选择了认罪认罚,导致对一些根本达不到定罪标准,甚至缺乏事实基础的案件也适用了认罪认罚。这样一来,就可能在检察环节中诱发刑事错案。

(二)量刑协商机制难以发挥作用

"以审查起诉为重心"或将产生的第二个隐忧是,量刑协商机制难以被激活,无法发挥实质作用。认罪认罚从宽制度中的"认罚",是指被追诉人真诚悔罪,愿意接受处罚。具体到审查起诉阶段,"认罚"表现为接受人民检察院拟作出的起诉或不起诉决定,认可人民检察院的量刑建议,并签署认罪认罚具结书。这意味着犯罪嫌疑人在审查起诉环节自愿认罪的,检察官应在听取犯罪嫌疑人、辩护人或值班律师意见的前提下,与犯罪嫌疑人、辩护人或值班律师就量刑问题进行协商,并给予犯罪嫌疑人一定程度的量刑减让。但是,从认罪认罚从宽制度的运行情况来看,量刑协商机制目前尚

---

① 参见陈瑞华:《论侦查中心主义》,载《政法论坛》2017年第2期。

难以发挥作用,至少有以下两个方面的重要原因:

一是在量刑协商的能力上,控辩双方的差距太过悬殊。在量刑协商程序中,作为主导者的检察机关承担着"法律监督"的重要使命,①除了拥有批准或者决定逮捕权、公诉权、诉讼监督权等职权以外,还拥有小部分职务犯罪侦查权,即对司法工作人员利用职权实施的非法拘禁罪、非法搜查罪、刑讯逼供罪、暴力取证罪等14个罪名可以进行立案侦查。②而犯罪嫌疑人、被告人作为被追诉的对象,通常既欠缺法律知识,又丧失了人身自由,也没有机会了解检察官所掌握的证据信息,更不要说认罪认罚案件所需要的沟通、协商技巧了。因此,如果量刑协商是由代表国家的检察官与犯罪嫌疑人、被告人来进行,犯罪嫌疑人、被告人对检察机关的量刑建议往往只能被动地接受。所以在认罪认罚案件中,犯罪嫌疑人、被告人迫切需要通过辩护律师来与检察机关进行协商、沟通。但是,大多数犯罪嫌疑人、被告人却只能由值班律师提供法律帮助,而值班律师虽然在法律上可以为犯罪嫌疑人、被告人提供法律咨询、程序选择建议、申请变更强制措施以及提出案件处理意见等法律帮助,但是由于其不具有辩护人的诉讼地位,自然也就无法行使作为辩护人应当享有的诉讼权利,而且从值班律师制度运行的情况来看,其往往在既没有会见犯罪嫌疑人,也未查阅、摘抄、复制案卷材料,更未调查取证的情况下,就见证了认罪认罚具结书的签署。控辩双方关系的严重失衡,使量刑协商难以有效展开。面对处于强势地位的控诉方,辩护方不太可能有讨价还价的余地。特别是在值班律师提供法律帮助的大多数案件中,由于值班律师对案件事实和证据缺乏基本了解,因而也就不太可能与检察官就量刑问题进行协商。这样犯罪嫌疑人、被告人认罪认罚后得不到真正从宽的情况也就不可避免。

二是在量刑协商幅度上,目前的法律限制严重影响了量刑协商的激励作用。2018年修改的《刑事诉讼法》将认罪认罚从宽作为一

---

① 国家监察体制改革虽对检察机关的法律监督权带来了很大挑战,但并未改变检察机关作为法律监督机关的宪法定位。参见李奋飞:《职务犯罪调查中的检察引导问题研究》,载《比较法研究》2019年第1期。

② 参见李奋飞:《检察机关的"新"自侦权研究》,载《中国刑事法杂志》2019年第1期。

项基本原则确立之后,"认罪认罚"通常被解读为一项独立的法定量刑情节。[①] 但是《指导意见》第 9 条对"认罪认罚"的定性问题进行了明确。根据该条规定,在量刑时不能将认罪认罚与自首、坦白进行重复评价,即"认罪认罚"并非独立的量刑情节。当然,该条还要求"对犯罪嫌疑人、被告人具有自首、坦白情节,同时认罪认罚的,应当在法定刑幅度内给予相对更大的从宽幅度"。这意味着"认罪认罚"虽不能与自首、坦白进行重复评价,但量刑时仍然应当在从宽幅度上得到体现,从而与单纯的自首、坦白有所区别。此外,在从宽幅度的把握上,《指导意见》还明确规定,应当区分不同因素,综合考量从宽的限度和幅度。[②] 不过,从认罪认罚从宽制度试点推行以来的情况来看,对于在侦查阶段认罪认罚的犯罪嫌疑人,检察官一般最多只会给予 30% 左右的量刑减让,而对于在审查起诉阶段和审判阶段认罪认罚的,最高则分别是 20% 和 10%。由于大多数适用认罪认罚从宽程序的案件都是一些轻微刑事案件,基准刑通常是 3 年以下有期徒刑,这种对量刑协商幅度的限制使犯罪嫌疑人、被告人所获得的量刑优惠实际上微乎其微。由于量刑协商的空间不大,控辩双方协商动力不足,严重影响了量刑协商的激励作用。[③]

(三)法庭审判的两种倾向

"以审查起诉为重心"或将产生的第三个隐忧是,认罪认罚案件的法庭审判存在两种倾向:一是庭审完全流于形式的问题;二是情绪性地排斥量刑建议的问题。

关于庭审形同虚设、流于形式的问题。这是我国刑事审判长期存在和饱受诟病的突出问题。但是,以"速裁程序"为代表的认罪认

[①] 从法律性质来看,认罪认罚属于法定量刑情节,认罪认罚具有独立的量刑减让价值,与刑法中现有的自首、坦白等从宽情节之间并不矛盾,即自首、坦白的犯罪嫌疑人、被告人认罪认罚的,应当同时适用两项从宽处理制度。参见樊崇义:《关于认罪认罚中量刑建议的几个问题》,载《检察日报》2019 年 7 月 15 日。

[②] 《指导意见》第 9 条第 1 款规定,办理认罪认罚案件,应当区别认罪认罚的不同诉讼阶段、对查明案件事实的价值和意义、是否确有悔罪表现,以及罪行严重程度等,综合考量确定从宽的限度和幅度。在刑罚评价上,主动认罪优于被动认罪,早认罪优于晚认罪,彻底认罪优于不彻底认罪,稳定认罪优于不稳定认罪。

[③] 参见陈瑞华:《刑事诉讼的公力合作模式——量刑协商制度在中国的兴起》,载《法学论坛》2019 年第 4 期。

罚案件的庭审样态,所表现的"形式化"乃至"确认式",却是改革决策者极力追求的实然目标。这种庭审样态的正当性建立在被告人已然认罪认罚的基础上,不仅有助于优化司法资源配置,还体现了对控辩双方意思自治的充分尊重。毕竟这种庭审样态的审理对象,已经不是侦查人员所认定的有罪结论,而是控辩双方在审查起诉阶段通过协商、沟通,就罪名、罪数、量刑等方面达成的,带有某种"公法契约"性质的认罪认罚具结书。对于认罪认罚具结书,人民法院给予普遍的接纳,不仅不会受到指摘,反而会受到充分认可。但这并不是说,此种庭审样态就可以完全成为一种可有可无的审查活动。特别是对于被告人认罪认罚的自愿性和认罪认罚具结书的真实性、合法性问题,人民法院要予以高度重视,并进行全面、细致的审查。根据《指导意见》的规定,庭审中对认罪认罚的自愿性、具结书内容的真实性和合法性进行审查核实,应重点核实以下内容:被告人是否自愿认罪认罚,有无因受到暴力、威胁、引诱而违背意愿认罪认罚;被告人认罪认罚时的认知能力和精神状态是否正常;被告人是否理解认罪认罚的性质和可能导致的法律后果;人民检察院、公安机关是否履行告知义务并听取意见;值班律师或者辩护人是否与人民检察院进行沟通,提供了有效法律帮助或者辩护,并在场见证认罪认罚具结书的签署。而从目前以"速裁程序"为代表的庭审样态运转的情况来看,由于审查标准不明确(有的法官以被告人对认罪认罚具结书无异议作为自愿性的标准),审查程序过于简单(通常以阅卷为主、讯问被告人和听取律师意见为辅),审查时间比较短暂("速裁程序"的审理长则十几分钟、短则三五分钟),导致这种庭审样态极易流于形式,从而难以发挥审判环节保障被告人认罪认罚的自愿性应当展现的作用,甚至使认罪认罚的被告人面临事实上被从重处罚甚至被错误定罪的风险。

关于情绪性地排斥量刑建议的问题。根据《刑事诉讼法》第201条的规定,人民检察院指控的罪名和量刑建议,对人民法院具有法定的约束力,"一般应当"被采纳。"一般应当采纳"既不能被理解为"一律采纳",也不能被理解为"可以采纳也可以不采纳",而应被理解为"通常应当采纳"。也就是说,只要量刑建议不是明显不当,没有明显违反罪刑相适应原则,人民法院就应当予以采纳。只有这样,才能体现裁判者对控辩双方量刑协商结果的高度尊重,也才能真正落实认罪认罚从宽制度。但是,认罪认罚从宽制度试点推行以来,虽然量刑建议的采纳率整体较高,但确实也存在量刑建议受到部分法官的心理抵触和不愿配合的问题。其理由是,检察机关的量刑建议特别是"确定型"量刑建议,侵犯了人民法院独立行使审判权。不少法官因担心量刑权会由法院让渡给检察机关,而情绪性地排斥检察机关的量刑建议。如果人民法院在审理后动辄认为检察机关的量刑建议"明显不当"并不予采纳,则不仅会导致"以审查起诉为中心"的努力失去意义,也会影响诉讼程序的顺利进行,还不利于实现司法资源的优化配置。毕竟在检察机关的量刑建议得不到法院采纳的情况下,不少地方的检察院都会倾向于提出抗诉,而无论被告人是否提出上诉。

五、"以审查起诉为重心"的合理规制

作为刑事司法制度的一次深层次变革,认罪认罚从宽制度改革的推行,无疑会对中国刑事诉讼模式产生结构性影响。甚至可以说,"协商型诉讼"或者"协商性的公力合作模式"已成定局,[1]这种新的程序模式呈现出典型的"以审查起诉为重心"的构造特征。鉴于"以审查起诉为重心"存在诸多隐忧,需要对其予以合理规制。检察官可以在认罪认罚案件的办理中发挥主导作用,但是必须切实履行客观义务尤其是诉讼关照义务,力求成为真正的司法官,努力提高量刑建议的精准化水平。此外,还需要通过对值班律师制度的系统改造等方式,着力提升被追诉人的诉讼主体地位,特别是其在审前程序中的主体地位。

(一)检察官诉讼关照义务的实现

虽然在犯罪嫌疑人、被告人不认罪认罚的案件中,检察官理论上也承担着一定的诉讼关照义务;但是由于犯罪嫌疑人、被告人不认罪,控辩双方通常会存在激烈的对抗和敌意,也缺乏最基本的信任和尊重。毕竟在定罪问题上,对于控辩双方而言,都是"要么全有或

---

[1] 参见樊崇义:《刑事诉讼模式的转型——评〈关于适用认罪认罚从宽制度的指导意见〉》,载《中国法律评论》2019年第6期。

要么全无"的。在检察官认定犯罪嫌疑人、被告人构成犯罪,并选择向法院提起公诉的情况下,必然会基于趋利避害的职业本能,而积极、努力地对犯罪嫌疑人、被告人展开追诉。此时,即使要求检察官保持客观立场,履行诉讼关照义务,恐怕也是难以实现的。

不过在认罪认罚的案件中,由于犯罪嫌疑人、被告人自愿认罪,辩护律师通常也放弃了无罪辩护,不再对检察机关指控的罪名提出异议,更不会就侦查程序的合法性向检察机关提出挑战,因此,控辩双方的关系趋向和谐,至少已不再如不认罪认罚案件中体现的那样针锋相对。在审查起诉环节,控辩关系更多体现为相互之间的信息交涉。[①]其目的已不是"全有或者全无",而是量刑减让的"多或少"。此时要求检察官保持客观中立性,履行必要的诉讼关照义务,并在与辩方进行充分协商的基础上,提出公允而不是加重的量刑建议。这不仅是可行的,也是必须的。特别是在"以审查起诉为重心"的程序框架下更是如此。

然而,仅呼吁检察官在认罪认罚案件的办理中履行诉讼关照义务是远远不够的。如果没有可操作的判断标准,尤其是在检察官没有尽到诉讼关照义务时,又不承担相应的法律后果,那么诉讼关照义务就容易演变成道德义务,遵守和不遵守都没有什么区别。由此可见,要想让检察官履行好诉讼关照义务,应从"理念"走向"制度",即通过该制度设计,让诉讼关照义务具体落实到法律规则中,并为该规则设定相应的制裁性后果。在认罪认罚从宽案件中,大多数犯罪嫌疑人、被告人文化水平不高,法律素养较低,又因为处于羁押状态,无法了解控方掌握的证据材料,且得不到律师的有效辩护,值班律师甚至还面临"边缘化""见证人化"的问题,更不可能去收集和提出有利于犯罪嫌疑人、被告人的量刑情节。因此,要确保犯罪嫌疑人、被告人对指控的犯罪所作的认罪认罚建立在自愿、理智、明知的基础上,必须让检察官承担更大的责任和义务。尤其是,在犯罪嫌疑人、被告人对指控犯罪的性质,以及认罪认罚和程序简化的法律后果等问题不太清楚、不太理解的情况下,检察官应向其作详细的解释、说明。此外,检察官还要向犯罪嫌疑人、

---

① 参见李奋飞:《论控辩关系的三种样态》,载《中外法学》2018年第3期。

被告人充分解释、说明量刑建议的依据。只有在法律上让检察官承担释明义务,才能在审查起诉环节有效地防范认罪认罚案件面临的非自愿认罪乃至虚假认罪等潜在风险,才能使其无愧于认罪认罚从宽案件所需要的"司法官"角色。

(二)被追诉人诉讼主体地位的保障

要有效规制"以审查起诉为重心"的程序模式,仅让检察官承担诉讼关照义务是不够的,还需要着力提升被追诉人的诉讼主体地位,特别是其在审前程序中的主体地位。为此,首先,要扩大认罪认罚案件中取保候审的适用范围,使未决羁押成为认罪认罚案件的例外,以让犯罪嫌疑人、被告人可以在非羁押状态下认罪认罚,切实保障认罪认罚的自愿性和明智性,而不是仅如现行法所规定的将认罪认罚作为对其是否适用非羁押措施的理由。

其次,未来立法修改应当明确认罪认罚案件的犯罪嫌疑人、被告人在审查起诉环节的阅卷权。根据《刑事诉讼法》第 39 条第 4 款的规定,自案件移送审查起诉之日起,辩护律师有权在会见在押的犯罪嫌疑人、被告人时,向嫌疑人、被告人"核实有关证据",一定程度上认可了犯罪嫌疑人、被告人的阅卷权。但对于核实证据的范围,如其是否可以向犯罪嫌疑人、被告人出示同案犯供述、证人证言等人证,尚存在不同的认识。有理论观点认为,这里的"有关证据",应包括与指控的犯罪的定罪量刑有关的各种证据。而不少司法实务人员则主张,辩护律师不应向犯罪嫌疑人、被告人告知人证信息。[①] 笔者认为,即使对核实证据的范围不存在上述争议,仅靠辩护律师向犯罪嫌疑人、被告人核实证据的方式来保障犯罪嫌疑人、被告人的阅卷权,也是远远不够的。且不说很多犯罪嫌疑人、被告人得不到辩护律师的帮助,即使犯罪嫌疑人、被告人聘请了辩护律师,也只能被动地等待辩护律师向自己核实证据,至于辩护律师是否向自己核实,通过什么方式核实,核实哪些证据,则只能更多依赖辩护律师的判断和决定。因此,未来立法需要明确规定犯罪嫌疑人、被告人独立的"阅卷权",使其可以在认罪认罚案件中,通过辩护律师、值班律师或者办案机关获得查阅、摘抄、复制案卷材料的机会。

---

① 参见龙宗智:《辩护律师有权向当事人核实人证》,载《法学》2015 年第 5 期。

最后,要保障认罪认罚案件中的犯罪嫌疑人、被告人能够获得值班律师有效辩护。作为中国刑事辩护制度的重大突破,2018年的《刑事诉讼法》将值班律师制度作为基本制度确立下来,无论是对于促进刑事法律援助在案件范围上的全覆盖,还是对于保障犯罪嫌疑人、被告人认罪认罚的自愿性和程序选择的自主性,都具有一定的积极意义。但由于目前值班律师尚不具备辩护人的身份,其还只能为被追诉人提供法律咨询、程序选择建议、申请变更强制措施、对案件处理提出意见等相对有限的法律帮助,尚难承担为犯罪嫌疑人、被告人提供有效法律帮助的使命。特别是在会见、阅卷及量刑协商等诉讼权利得不到保障的情况下,值班律师显然无法就定罪、罪名和量刑等问题与检察官展开有效协商。因此,在值班律师参与的认罪认罚案件中,量刑协商基本上是在检察官与犯罪嫌疑人、被告人之间完成的。为此,不少学者都建议赋予值班律师辩护人的地位,[1]并确保其能够享有在"值班"岗位上可以完成的诉讼权利,比如会见权、阅卷权、核实证据权等,应明确要求值班律师不得在没有会见、阅卷的情况下就在具结书上签字,并允许其在后续的诉讼活动环节中以辩护律师的身份参与进来。[2] 可见,要避免认罪认罚案件中值班律师的参与流于形式,司法行政实际负有责无旁贷的"家长"义务。[3]

(三)量刑建议精准性的提升

如前文所述,在认罪认罚案件中,检察机关应当依据《刑事诉讼法》的规定,就主刑、附加刑、是否适用缓刑等向人民法院提出量刑意见。对于检察机关提出的量刑建议,人民法院"一般应当采纳"。这意味着认罪认罚案件中检察机关的量刑建议权,已被赋予了与不认罪认罚案件不同的含义。不过,对于检察机关应提出何种类型(是幅度刑还是确定刑)的量刑建议,《刑事诉讼法》本身却无明确的

---

[1] 有学者建议,将值班律师改名为值班辩护人,这样未来刑事诉讼中就会有三种辩护人:委托辩护人、指定辩护人、值班辩护人。参见高一飞:《名称之辩:将值班律师改名为值班辩护人的立法建议》,载《四川大学学报(哲学社会科学版)》2019年第4期。

[2] 参见韩旭:《2018年刑诉法中认罪认罚从宽制度》,载《法治研究》2019年第1期。

[3] 参见李奋飞:《中国律师业的"格局"之辩——以辩护领域的定性研究为基点》,载《政法论坛》2017年第4期。

规定。但是,《指导意见》明确要求,人民检察院办理认罪认罚案件,一般应当提出确定刑量刑建议。对新类型、不常见犯罪案件,量刑情节复杂的重罪案件等,也可以提出幅度刑量刑建议。而且提出量刑建议的,应当说明理由和依据。

当然,即使检察机关提出幅度刑的量刑建议,也要努力提高量刑建议的精准化水平。这不仅影响量刑建议的采纳率问题,也影响控辩双方量刑协商合意的达成问题,还影响认罪认罚从宽制度总体功能的发挥。[①] 甚至在最高检察机关的大检察官看来,认罪认罚从宽的制度设计本身就暗含了量刑建议精准化的方向,越是具体明确的量刑建议,就越有利于控辩合意的达成,越有利于制度的适用并增强其稳定性,符合制度的价值目标。[②] 笔者认为,要有效激活控辩双方的量刑协商,处于主导地位乃至强势地位的检察官必须充分听取犯罪嫌疑人、辩护人或者值班律师的意见,尽量协商出相对精准而不是幅度很大的量刑建议。只有这样,才能体现量刑协商的价值,也才能真正保证"认罚"的自愿性和明智性,并有助于避免认罪认罚以后再发生犯罪嫌疑人、被告人反悔的现象。

要有效提升检察机关量刑建议的精准化水平,除了通过制定统一的量刑指引规范、构建基于大数据的量刑建议系统等方式以外,还应要求检察官提升职业素养,履行诉讼关照义务,强化量刑信息的收集,特别是诸如犯罪嫌疑人、被告人主观恶性和社会危害性较小、没有前科劣迹、具有悔过表现、家中有需要其赡养的老人或者抚养的孩子、被害人存在过错并已获得赔偿等酌定量刑信息。总之,检察机关掌握的量刑信息越是全面、准确,所提出的量刑建议就越是客观、公允。当然,在检察官需要行使自由裁量权的情况下,也应避免倾向于作不利于犯罪嫌疑人、被告人的解释,避免提出偏重的量刑建议。

此外,检察机关在办理认罪认罚案件中,应妥善处理好认罪认罚从宽制度与刑事和解制度的关系,如果说认罪认罚从宽可以看作一种"协商性的公力合作"的话,那么刑事和解则是一种"和解性的私

---

① 参见杨宇冠、王洋:《认罪认罚案件量刑建议问题研究》,载《浙江工商大学学报》2019年第6期。

② 参见陈国庆:《量刑建议的若干问题》,载《中国刑事法杂志》2019年第5期。

力合作"。当然,两种合作模式并非截然对立,而是存在互动关系的。在全面推进认罪认罚从宽制度的大背景下,检察机关也应积极介入刑事和解,虽然认罪认罚从宽制度的适用并不以被害人谅解为前提,但是在提出量刑建议时,不能忽视被害人权益的保障。① 检察官应考量被害人受害后的生理和心理创伤,犯罪行为给被害人带来的负面影响,被害人对犯罪嫌疑人、被告人的态度等量刑情节,积极促成犯罪嫌疑人、被告人与被害人达成和解,如果犯罪嫌疑人、被告人能够通过赔偿损失、赔礼道歉等方式获得被害人谅解,检察机关应将犯罪嫌疑人、被告人赔偿损失、赔礼道歉以及获得被害人谅解的情况作为提出量刑建议的重要考虑因素。毕竟《指导意见》已明确提出,对因民间矛盾引发的犯罪,犯罪嫌疑人、被告人自愿认罪、真诚悔罪并取得谅解、达成和解、尚未严重影响人民群众安全感的,要积极适用认罪认罚从宽制度。当然,对于犯罪嫌疑人、被告人认罪认罚,同时又与被害人达成刑事和解的情况,不能进行重复评价,但是,应当在法定刑幅度内,给予其比只认罪认罚、没有与被害人达成刑事和解时相对更大的从宽幅度。

六、结语

随着认罪认罚从宽制度的广泛适用,②刑事案件正被明显区分为两类案件,③并因此对中国刑事诉讼结构产生了深远的影响,即在认罪认罚案件的办理中,一种"以审查起诉为重心"的程序模式越来越清晰地呈现出来。不过,由于"以审查起诉为重心"的提出与"以审判为中心"的诉讼制度改革乍看起来似乎存在冲突,从而难免会引发人们的异议和争论。为了对"以审查起诉为重心"的正当性进行更为充分的论证,这里还有必要对可能遭受的质疑进行简要的澄清。尤其是"以审查起诉为重心"的提出是否会冲击"以审判为中

---

① 参见孙谦主编:《认罪认罚从宽制度实务指南》,中国检察出版社2019年版,第170页。
② 在2019年8月底全国检察机关刑事检察工作会议上,最高检察机关提出,认罪认罚从宽制度适用率要提高至70%左右。
③ 参见熊秋红:《"两种刑事诉讼程序"中的有效辩护》,载《法律适用》2018年第3期。

心"的纲领性地位。

答案显然是否定的。因为"以审判为中心"的实质是对侦查、起诉、审判职能之间关系的反思与重构,意在建立科学合理的刑事诉讼构造。[①] 随着"以审判为中心"的格局演变,"层控模式"或将成为中国刑事诉讼的未来趋势。在此模式体系中,审判环节将毫无争议地占据诉讼中心地位,而作为诉讼中心环节的审判环节,无疑又仰赖庭审这一复杂且有效的事实甄别机制发挥实质功能。可以说,对于"以审判为中心"的诉讼制度改革而言,庭审实质化改革无疑居于非常关键的地位。

当然,"以审判为中心"既不意味着所有案件都要以审判方式解决,[②]也不意味着起诉到法院的案件都要通过实质化的庭审来解决。毕竟刑事司法不能仅仅关注公正,也必须关注效率,并协调好公正和效率之间的关系。对于那些认罪认罚的案件,检察机关已在审查起诉环节就犯罪嫌疑人涉嫌的犯罪事实、罪名及适用的法律规定,从轻、减轻或者免除处罚等从宽处罚的建议,以及认罪认罚后案件审理适用的程序等,听取了犯罪嫌疑人、辩护人或者值班律师的意见,而经过控辩双方的互动协商,犯罪嫌疑人已自愿认罪,并同意量刑建议和程序适用,且已在辩护人或者值班律师在场的情况下签署了认罪认罚具结书。根据犯罪嫌疑人认罪认罚的情况,检察机关也已制作并在提起公诉时向人民法院提出了量刑建议。对于检察机关的量刑建议,人民法院一般应当予以采纳。可见认罪认罚案件的办理已呈现出明显的"以审查起诉为重心"程序框架。

毕竟对检察院提起公诉的认罪认罚案件,无论是对事实认定,还是对证据采信,抑或法律适用,控辩双方通常已经没有争议。人民法院只需在保障"底线公正"的基础上,就可以通过"速裁程序""简易程序"等"非正式"或者"形式化"的庭审进行快速处理。只是对那些被告人不认罪认罚的案件,人民法院才需要严格遵守正当法律程序,尤其需要进行"正式的"或者"实质化"的庭审,以确保被告人

---

① 参见陈卫东:《以审判为中心:当代中国刑事司法改革的基点》,载《法学家》2016年第4期。

② 参见王守安:《以审判为中心的诉讼制度改革带来深刻影响》,载《检察日报》2014年11月10日。

能够获得充分的程序保障。可以说,不认罪认罚案件的程序模式才是"以庭审为重心"。认罪认罚案件的"以审查起诉为重心"和不认罪认罚案件的"以庭审为重心"两者不仅不矛盾,还是互为补充、互为前提的。而且只有认罪认罚从宽制度在"以审查起诉为重心"的程序模式下得以有效地实施之后,"以审判为中心"的格局演变才能真正落地生根。

第六章 论"确认式庭审"
——以认罪认罚从宽制度的入法为契机

一、问题的提出

2018年10月26日,全国人民代表大会常务委员会通过了关于修改《刑事诉讼法》的决定。这是中国《刑事诉讼法》继1996年、2012年以来经历的第三次修改。"法律的演进并不仅仅是以内在特性和环境为条件的无意识生长,而是为了解决社会存在的问题所做的有意识努力的结果。"[1]此次修改在全面深化国家监察体制改革的背景下,积极回应了刑事司法领域出现的一些新问题,特别是总结吸收了"速裁程序"试点和"认罪认罚从宽制度"试点积累而成的现实经验,明晰了刑事案件认罪认罚可以依法从宽处理的原则并完善了相关程序细节,同时肯定了值班律师制度,特别是在《刑事诉讼法》第三编第二章中专门增加一节来对"速裁程序"作了较为精致的规划设计。至此,中国刑事审判程序的"三足鼎立"("普通程序""简易程序""速裁程序")格局已然一览无余。

与普通程序、简易程序的庭审模型均迥然不同,"速裁程序"凸显了审理形式的简约性(一般不进

---

[1] [英]保罗·维诺格拉多夫:《历史法学导论》,徐震宇译,中国政法大学出版社2012年版,第150页。

行法庭调查、法庭辩论)、裁判生成的即时性(应当当庭宣判)以及程序周期的精炼性(受理后10日以内审结,最多可以延长至15日)等表象特征。显见不争的是,这种"以效率为价值导向"的制度设计,使"速裁程序"的庭审功能已经不再是抑或说主要不是,通过控辩双方的举证、质证和辩论,实现对案件事实的准确认定,并在此基础上正确适用法律,或者说基本上是通过审查认罪认罚的自愿性和认罪认罚具结书内容的真实性、合法性来当庭完成司法裁判活动。不遑多论,以"速裁程序"为代表的认罪认罚案件的庭审样态已经具有了较为明显的"确认性"。这种"确认式庭审"的形塑机理,既在于前置条件的"实体化"(不仅被告人要认罪认罚并同意适用"速裁程序",而且案件还必须满足事实清楚,证据、确实充分的开庭要求),也在于审查对象的"特定化"(认罪认罚的自愿性和认罪认罚具结书内容的真实性、合法性),更在于裁判结论的"耦合化"(一般应当采纳人民检察院指控的罪名和量刑建议)趋势。

从"速裁程序"试点实施以来的情况来看,这种"确认式庭审"的持续时间通常都在10分钟以下。如此短暂快速的庭审过程,确实容易让人产生这样的认识——"确认式庭审"只是一种可有可无的"形式"或"仪式",以至于有的试点法院甚至主张将"开庭审理"改为"书面审理"。应该说,"确认式庭审"处理的案件,控辩双方通常并不存在任何诉讼争议,如法庭在审查后认为认罪认罚是自愿的,加之认罪认罚具结书的内容也是真实、合法的,当庭进行这种略带有"形式化"特质的"确认"行为亦无可厚非。虽然作为中国刑事审判制度长期存在的问题,庭审流程的"形式化"现象已经饱受诟病;但是"确认式庭审"所呈现的"形式化",却是改革决策者追求的实然目标。其实,"形式化"庭审之所以饱受诟病,不仅是因为其与程序正义的要求不符,也不仅是因为其发现和纠正错案的能力不高,更是因为其超出了自身的适用范围,其根本就不应该用在控辩双方存在争议的诉讼事项上,尤其是被告人不认罪认罚的案件中。而以"速裁程序"为代表的"确认式庭审"由于建立在被告人已然认罪认罚的基础上,其正当性不仅体现在提高诉讼效率上,也体现在对司法资源配置的优化上,还体现在对控辩双方意思自治的尊重上。此外,"确认式庭审"所"确认"的对象,已经不是很多人通常所忧虑和指摘的侦查结论,而是控辩双方在审查起诉阶段通过协商、沟通,就罪名、罪数、量刑等方面达成的,带有某种"公法契约"性质的认罪认罚具结书。

但是,由于目前检察官对自身在认罪认罚案件中应当扮演的司法官角色尚未有更加清晰的认知,值班律师制度功能虚化,难以为被追诉人提供实质意义上的法律帮助。由此,值班律师不仅成了消极的"见证人",甚至还有沦为"检察官的合作者"的风险,破坏被追诉人对值班律师的信任,[1]从而难以有效保障被追诉人认罪认罚的自愿性和认罪认罚具结书内容的真实性、合法性。如果短暂而快速的"确认式庭审"又被完全异化为可有可无的"形式化"庭审,以至于无法对认罪认罚的自愿性和认罪认罚具结书内容的真实性、合法性进行有效的司法审查,那么不仅可能出现自愿认罪认罚的被告人实际上并未得到应有的从宽处理的问题,也有可能出现量刑结果畸轻畸重的情况,甚至还将会导致无辜者被错误定罪的风险增加。因此,未来的司法改革或许需要以"认罪认罚从宽制度"的入法为契机,理性反思"效率优先"的价值导向,[2]适度调整对庭审程序"尽量从简"的改革思路,[3]并立足于审、控、辩三个维度,对"确认式庭审"进行继续优化,以保障认罪认罚案件的处理满足"底线公正"的要求,力求实现"效率优先、公正为本"的价值目标。

二、"确认式庭审"的特质归纳

"一种秩序,无论复杂与简单,大体上依一定的规律运作,其生死存亡,发展变化均有轨迹可寻。"[4]作为以审判为中心的诉讼制度改革的重要内容,庭审实质化的基本目标就是要"保证庭审在查明

---

[1] 参见杨波:《论认罪认罚案件中值班律师制度的功能定位》,载《浙江工商大学学报》2018年第3期。

[2] 与"普通程序"以公正价值为导向、"简易程序"以兼顾公正与效率价值为导向不同,"速裁程序"被认为应当以效率作为其价值导向。参见汪建成:《以效率为价值导向的刑事速裁程序论纲》,载《政法论坛》2016年第1期。

[3] 其实,中国的法庭审判程序本来就已经非常简易,简化的空间并不是很大,假如继续沿着简化法庭审理程序的改革思路走下去,那么未来必然走向完全书面化的"法庭审理"程序。参见陈瑞华:《"认罪认罚从宽"改革的理论反思——基于刑事速裁程序运行经验的考察》,载《当代法学》2016年第4期。

[4] 於兴中:《法治东西》,法律出版社2015年版,第36页。

事实、认定证据、保护诉权、公正裁判中发挥决定性作用"。但是,为"保证司法资源主要集中于有争议案件的审理"①,臻于实质化的庭审机制无疑不应适用于那些控辩双方已不存在诉讼争议的个案中。在被告人已经认罪认罚因而适用以"速裁程序"为代表的"确认式庭审"进行审理的案件中,控辩双方无论是对犯罪事实,还是对罪名、量刑,抑或对程序适用,通常均已没有什么争议事项。所以其庭审样态呈现明显的"形式化确认"的特质,如同"速裁程序"的庭审已经表现出来的那般,包括审理形式的简约性、裁判生成的即时性以及程序周期的精炼性三个方面。

(一)审理形式的简约性

概而言之,按照普通程序审理的案件,庭审大致包括开庭、法庭调查、法庭辩论、被告人最后陈述、评议和宣判6个阶段。不过,作为中国刑事司法实践中长期存在的问题,庭审的"虚化"尤其是法庭调查、法庭辩论的"走过场"现象一直都受到外界批评。换言之,法官对证据的认定和对案件事实的认定,主要不是通过法庭上的举证和质证来完成的,而是借由庭审之前或之后对案卷的审查活动来完成的。② 甚至还有学者认为,中国刑事审判中始终存在一种"以案卷笔录为中心"的审判方式。法官在开庭前就可以接触、查阅控方单方面制作的案卷笔录和证据材料,从而可能对其"心证"的形成产生不当影响(这种影响基本上又是不利于被告人的),而且法官还会有意无意地迁就公诉方通过宣读案卷笔录来主导和控制法庭调查过程,以至于法庭审判长期以来被诉讼法学界认为是对案卷笔录的审查和确认程序。③ 这也是中国刑事诉讼之所以在纵向层面具有"侦查中心主义"构造特征的重要原因。④ 要从"以侦查为中心"导向"以审判为中心",无疑需要努力消弭"案卷笔录中心主义"的消极影

---

① 参见龙宗智:《庭审实质化的路径和方法》,载《法学研究》2015年第5期。
② 参见何家弘:《刑事庭审虚化的实证研究》,载《法学家》2011年第6期。
③ 参见陈瑞华:《案卷笔录中心主义——对中国刑事审判方式的重新考察》,载《法学研究》2006年第4期。
④ 不过,案卷笔录在中国当前的刑事诉讼实践中又具有不可或缺性。在缺少案卷笔录的情况下,公、检、法目前均难以履行职责,更不要说放弃案卷笔录了。参见李奋飞:《从"顺承模式"到"层控模式"——"以审判为中心"的诉讼制度改革评析》,载《中外法学》2016年第3期。

响,其消除与否甚至被认为是改革能否取得成功的关键变量。

但是根据《刑事诉讼法》的规定,如果适用"简易程序"审理被告人认罪认罚案件,不仅法庭调查、法庭辩论可以"虚化",而且根据《刑事诉讼法》第219条的规定,还可以"不受本章第一节关于送达期限、讯问被告人、询问证人、鉴定人、出示证据、法庭辩论程序规定的限制"。这意味着在简易程序中,法庭调查和法庭辩论亦可能遭到全面简化甚至基本省略。而适用"速裁程序"审理案件,则"一般不再进行法庭调查、法庭辩论"。可以说,对于那些按照"简易程序"或者"速裁程序"审理的案例,"形式化"乃至"确认式"几乎是难以遏止的。不过,这样的庭审样态非但没有受到质疑,反而是包括立法机关在内的众多方面所孜孜追求的。毕竟在被告人已经认罪认罚(甚至也已经"认赔")因而适用"速裁程序"或者"简易程序"审理的情况下,法庭再围绕检察机关指控的事实和指控罪名进行法庭调查和法庭辩论,不仅丧失了实际的意义,也注定得不到控辩双方的积极响应。由于不再开展法庭调查、法庭辩论活动,也就不存在所谓的证明责任分配,实际上也不需要契合法定的最高证明标准。在这样的庭审样态下,不仅不需要传唤本方证人、鉴定人出庭作证,甚至就连"普通程序"中常见的简要快速地宣读案卷笔录也都显得多余。相应地,包括认罪认罚具结书在内的证据材料,当然也就可以畅通无阻地转化为司法裁判的依据。可以说,以"速裁程序"为代表的刑事庭审之所以带有明显的"确认式"特征,与其在审理形式上的简约性之间存在非常紧密的关系。

(二) 裁判生成的即时性

宣判是法庭审理的最后一个环节。根据宣判时间的不同,宣判可以分为当庭宣判和定期宣判。由于《刑事诉讼法》并未作细化规定,比如符合什么条件应当当庭宣判,什么情况下需要定期宣判等。因此,无论法院采用何种宣判方式,只要是在审限内宣判的,都不算违法行为。虽然作为集中审理原则的内在要求,当庭宣判具有诸多核心价值,[①]但是从长期的司法实践来看,其并未成为裁判者的优先

---

① 主要体现在,提高法官认定事实的准确性,使法官基于庭审信息的新鲜记忆作出判断;隔断庭外因素的影响;促进直接言词审理,减少法官对案卷的依赖。参见兰荣杰:《制度设计与制度实践之间——刑事当庭宣判制度实证研究》,载《中国刑事法杂志》2008年第3期。

选项。相反,很多法官至今仍然习惯于为人诟病的定期宣判方法。定期宣判率的居高不下,其原因生成固然是多方面的。但是,"在法庭审理结束之后与裁判结论产生之间这一段时间里,各种因素的影响有可能促使法官将法庭审理情况弃之不顾,而根据一系列法庭之外的情况作出事实认定"[①]。

在推进"以审判为中心"的诉讼制度改革的过程中,的确应当提倡逐步摒弃定期宣判,并让更多的案件能够实现当庭宣判。不过,《刑事诉讼法》要有效地限制法院在宣判问题上的自由裁量权,至少应明确限定当庭宣判和定期宣判的具体条件和适用情形,规定定期宣判与法庭审判结束之间的最高时间间隔,[②]甚至还需要明确申明违反法定期限的定期宣判的法律后果。[③] 遗憾的是,2018年《刑事诉讼法》的修改由于指涉明确、内容特定,并未触及"普通程序""简易程序"的宣判方式。但是,其却明确规定了"适用速裁程序的案件,应当当庭宣判"。这一规定既有其现实基础,也构成了这种"确认式庭审"的重要表征。根据最高人民法院、最高人民检察院向全国人大常委会提交的报告,截至2015年8月20日,各地确定试点基层法院、基层检察院183个,共适用"速裁程序"审结刑事案件15,606件,16,055人,当庭宣判率达到95.16%,比"简易程序"高出19.97%。[④] 未来,对于那些被告人已然认罪认罚的案件,即使采取"简易程序"或者"普通程序"进行审理,也应尽可能采取当庭宣判的方式。

(三)程序周期的精炼性

虽然理论界对于刑事审限的存废存在不尽相同的看法,但是立法者的态度却是异常明确的。《刑事诉讼法》不仅对"普通程序"(一审公诉案件)的审理期限作了明确规定,也对"简易程序"、"速裁程序"、二审程序及审判监督程序的审理期限施加了相应设置。不容置疑,人民法院的刑事审判活动无一例外地受到相应时间界限

[①] 陈瑞华:《刑事诉讼的中国模式》(第3版),法律出版社2018年版,第292页以下。
[②] 例如,《德国刑事诉讼法》第268条规定:"在审判结束时应当宣告判决。至迟必须在审判结束后的第11日宣告判决,否则应当重新开始审判。"
[③] 参见陈瑞华:《程序性制裁理论》,中国法制出版社2005年版,第31页。
[④] 参见魏化鹏:《刑事速裁程序之检视》,载《国家检察官学院学报》2017年第2期。

的规制。① 与"普通程序"(2个月,至迟不得超过3个月)、"简易程序"(20日,对可能判处的有期徒刑超过3年的,可以延长至1个半月)的审限相比,"速裁程序"的运行周期被限定在受理后的10日内审结,对可能判处的有期徒刑超过1年的,可以延长至15日。按照最高人民法院的解释,设置审限的目的是:"在保证案件审判质量的前提下,提高司法效率,使当事人在法定期限内获得公正审判。"

有研究者在对S省两个基层法院2006~2007年刑事案件的审理情况进行分析后发现,C区法院2006年、2007年共90件刑事案件平均的审理期间为38.68天;D县法院2006年、2007年共92件刑事案件平均的审理期间为38.06天。② 还有研究者在对S省3个调研地区法院的案件样本进行统计后发现,普通程序的审理时间平均需要28.1天,简易程序的时间为9.5天。③ 而12,666份"速裁案件"裁判文书样本的分析数据显示,18个试点城市"速裁案件"起诉日至判决日的时长平均为6天。④ 就庭审持续的时间而言,"对于普通刑事案件,法官固然可以在少则半天多则一天的时间内审理完毕,但对于有多个同案被告人接受审判或者被告人受到多项指控的案件,法庭审理的时间则往往会持续数日甚至十余日"⑤。而一项针对基层法院刑事案件庭审时间的实证研究显示,适用"普通程序"的庭审平均时间为113.5分钟,适用"简易程序"的庭审平均时间为38分钟,而公诉人出庭的"简易程序"平均时间仅为9.5分钟。⑥ 但是,在"速裁程序"中,90%以上案件的开庭时间被控制在10分钟以内,平均为5分钟左右。以山东省济南市为例,截至2015年7月,辖区内11家基层法院共适用"速裁程序"审结595件刑事案件,个案

---

① 参见万毅、刘沛谞:《刑事审限制度之检讨》,载《法商研究》2005年第1期。
② 参见艾明:《实践中的刑事一审期限:期间耗费与功能探寻——以S省两个基层法院为主要样板》,载《现代法学》2012年第5期。
③ 参见马静华:《刑事审限:存废之争与适用问题》,载《甘肃政法学院学报》2008年第2期。
④ 参见李本森:《刑事速裁程序试点实效检验——基于1~666份速裁案件裁判文书的实证分析》,载《法学研究》2017年第5期。
⑤ 陈瑞华:《刑事诉讼的中国模式》(第3版),法律出版社2018年版,第292页。
⑥ 参见左卫民:《简易程序中的公诉人出庭:基于实证研究的反思》,载《法学评论》2013年第4期。

开庭时长平均在 5 分钟左右。① 而且如此短暂的时间还囊括了开庭之初的权利告知以及审查被告人身份信息的时间。也就是说,庭审用于定罪量刑的时间不会超过 3 分钟。② 因此,程序周期的精炼性,显然也可以成为以"速裁程序"为代表的"确认式庭审"的基本表征。

三、"确认式庭审"的形塑机理

作为国家治理体系现代化的重要组成部分,"认罪认罚从宽制度是程序分流科学化的法定进路、诉讼程序多元化的积极追求、刑事政策人文化的具体表现、协商司法制度化的有益尝试"③。对于被告人自愿认罪认罚的案件,既可能适用"速裁程序"进行审理,也可能适用"简易程序"进行审理,还可能适用"普通程序"进行审理。作为中国刑事审判程序的重要组成部分,"速裁程序""简易程序"的庭审之所以会呈现与"普通程序"明显不同的构造形态,并可以在大体上被概括为"确认式庭审",除了因为其具备前述三个方面的特征外,还因为其在以下三个方面明显区别于"普通程序",从而可以被看作"确认式庭审"的形塑机理:一是前置条件的"实体化";二是审查对象的"特定化";三是裁判结论的"耦合化"。

(一)前置条件的"实体化"

根据《刑事诉讼法》的规定,检察机关在向法院提起公诉时,应将案卷材料、证据移送人民法院。人民法院对提起公诉的案件进行审查后,对于"起诉书中有明确的指控犯罪事实的",应当决定开庭审判。这显然只是按照"普通程序"进行审理的条件。而"简易程序"却有更严格的适用条件。按照《刑事诉讼法》第 214 条的规定,基层人民法院管辖的案件,只有同时符合下列条件的,才可以适用简易程序审判:(1)案件事实清楚、证据充分的;(2)被告人承认自己所犯罪行,对指控的犯罪事实没有异议的;(3)被告人对适用简易程序没有异议的。由此可见,对于检察机关提起公诉的案件,人民

---

① 参见马云云:《从开庭到宣判只用五分钟——我省刑事案件速裁程序试点一年,基本当庭宣判》,载《齐鲁晚报》2015 年 8 月 29 日。
② 参见魏化鹏:《刑事速裁程序之检视》,载《国家检察官学院学报》2017 年第 2 期。
③ 叶青、吴思远:《认罪认罚从宽制度的逻辑展开》,载《国家检察官学院学报》2017 年第 1 期。

法院在审查后要适用简易程序，不仅要求被告人对指控的犯罪事实和适用简易程序没有异议，还要求案件满足事实清楚、证据充分的基本条件。

相比于简易程序，"速裁程序"的适用条件无疑更为严苛。《刑事诉讼法》第222条规定："基层人民法院管辖的可能判处三年有期徒刑以下刑罚的案件，案件事实清楚，证据确实、充分，被告人认罪认罚并同意适用速裁程序的，可以适用速裁程序，由审判员一人独任审判。"抛开其他条件不论，如果说简易程序的适用前提是"认罪"，那么"速裁程序"的适用前提则是"认罪"+"认罚"。对于被害人或者其法定代理人提起附带民事诉讼的，被告人还要"认赔"。所谓"认罪"，是被追诉人对检察机关指控的犯罪事实和罪名给予了认可；所谓"认罚"，是指被追诉人认同可能被判处的刑罚，即同意检察机关的量刑建议并签署认罪认罚具结书；所谓"认赔"，是指被告人与被害人或者其法定代理人就附带民事赔偿等事项达成调解或者和解协议。

不过，无论是"简易程序"的适用，还是"速裁程序"的操作，都要求案件事实清楚。不同的是，简易程序的适用只规定了证据的"充分性"，而未涉及证据的"确实性"；而"速裁程序"的适用既规定了证据"确实性"，也规定了证据的"充分性"。总之，如果说"普通程序"的开庭条件是"程序化"，那么"简易程序""速裁程序"的开庭条件则是"实体化"。这意味着对被告人的行为构成某种犯罪，裁判者在开庭前其实就已经形成了内心确信。否则，其就不能适用"简易程序""速裁程序"进行审理，即使被告人已经认罪认罚。

（二）审查对象的"特定化"

一般认为，从中国刑事审判制度的设计来看，法庭审理的对象可以分为三类：一是公诉方提出的定罪申请；二是公诉方提出的量刑建议；三是通常由被告方提出的程序性争议问题，尤其是有关排除非法证据的申请。[①] 而在被告人已经认罪认罚的情况下，无论是适用"速裁程序"，还是适用"简易程序"，抑或"普通程序"，法庭审理的对象都与被告人不认罪认罚的情况有所差异。在被告人已经认

---

① 参见陈瑞华：《司法体制改革导论》，法律出版社2018年版，第419页。

罪认罚的情况下,无论是对事实认定,还是对证据采信,抑或法律适用,控辩双方通常已经没有争议,而对于控辩双方没有争议的诉讼事项,如果法庭仍将其作为庭审的对象,不仅不利于实现司法资源的优化配置,而且也没有多少实际意义。即使将其作为庭审的对象,法庭通常也只需要进行"形式化"的确认。但这绝不意味着在"确认式庭审"中裁判者就将无所作为,更不会导致其将裁判权拱手交给控辩双方。

根据《刑事诉讼法》第190条第2款的规定,被告人认罪认罚的,审判长应当告知被告人享有的诉讼权利和认罪认罚的法律规定,并审查认罪认罚的自愿性和认罪认罚具结书内容的真实性、合法性。可见,"确认式庭审"的审查对象应当是认罪认罚"自愿性"和认罪认罚具结书的"真实性""合法性"。但是,考虑到确保被告人认罪认罚的自愿性对于"认罪认罚从宽制度"的实施所具有的重要意义,"确认式庭审"应将对认罪认罚自愿性的审查放在更加重要的位置上。毕竟根据现行《刑事诉讼法》的规定,无论是"简易程序"的适用,还是"速裁程序"的适用,都是以认罪或者认罪认罚的"自愿性"为前提的。可以说,被告人认罪认罚的自愿性是"确认式庭审"得以存续的正当基础。否则就只能适用"对抗式庭审"(实质化庭审)进行审理。对于被告人认罪认罚自愿性程度的审查,不仅要询问其认罪认罚是否出于真实意思表示,有无受到威胁、引诱、欺骗,有无征询过辩护律师意见,也应对其是否具有辨别能力、是否知晓认罪认罚后果等问题进行审查。① 如法庭认为有必要,还可以要求公诉方对被告人认罪认罚的自愿性加以说明。毕竟,根据《刑事诉讼法》的规定,无论被告人是否认罪认罚,证明被告人有罪的责任都是由公诉方承担的。

(三)裁判结论的耦合化

法官总是拥有一定的量刑裁量权,这在任何国家都概莫能外。虽然,量刑裁量权有其存在的正当性和合理性,但是其假如得不到有效的控制,就和其他权力一样易于被滥用。作为法院量刑裁决的参考,量刑建议的推行对于规范法官的自由裁量权,强化量刑程序

---

① 参见陈瑞华:《司法体制改革导论》,法律出版社2018年版,第419页。

的对抗性,无疑有较为积极的效应。① 毕竟作为宪法和法律规定的法律监督机关的检察机关对刑罚适用提出的意见,是公诉权的重要组成部分,对于法院的量刑方案虽不具有确定的约束力,但影响却是非常之大,司法实践中量刑建议的高采纳率(量刑建议有时只是一个量刑幅度而不是具体的刑期),就可以作为直接的一大例证。② 从认罪认罚从宽制度试点实施一年后的情况来看,检察机关对认罪认罚案件提出的从宽量刑建议,采纳率为92.1%。③ 尤其是在那些适用"速裁程序"进行审理的案件中,检察机关所提出的适用缓刑、管制等从宽处罚的建议,法院均予以采纳,适用非监禁刑的案件已占1/3以上。④

或许正是在此基础上,《刑事诉讼法》第201条才规定,对于认罪认罚案件,人民法院依法作出判决时,除被告人不构成犯罪或者不应当追究其刑事责任、被告人违背意愿认罪认罚、被告人否认指控的犯罪事实、起诉指控的罪名与审理认定的罪名不一致等情形外,"一般应当采纳"人民检察院指控的罪名和量刑建议。这里的"一般应当采纳"既不能被理解为"一律采纳",也不能被理解为"可以采纳也可以不采纳",而应被理解为"通常应当采纳",即没有特殊情况就应当予以采纳。只有这样,才能促使"确认式庭审"样态的尽快形成。但是,从某法院适用"速裁程序"审理的305件案件来看,有18件检察院拟建议适用"速裁程序"的案件遭到法院的拒绝。其中有11件是法院认为检察院建议判处缓刑的案件应当判处实刑,有7件是法院认为检察院建议判处拘役的案件应当判处有期徒刑。⑤ 虽然法官与检察官之间对从宽幅度可能存在认识上的分歧,但是,如果法官量刑与检察官建议不一致的情况较多,可能会影

---

① 参见陈瑞华:《论量刑建议》,载《政法论坛》2011年第2期。
② 参见单曦玺:《量刑建议采纳率达97.5%》,载《检察日报》2015年3月23日,第2版。
③ 参见谢文英:《刑事案件认罪认罚从宽制度试点一年:法院对检察机关量刑建议采纳率为92.1%》,载《检察日报》2017年12月24日。
④ 参见陈瑞华:《"认罪认罚从宽"改革的理论反思——基于刑事速裁程序运行经验的考察》,载《当代法学》2016年第4期。
⑤ 参见潘金贵、李冉毅:《规则与实效:刑事速裁程序运行的初步检视》,载《安徽大学学报(哲学社会科学版)》2015年第6期。

响检察官量刑建议的权威性,从而影响检察官对犯罪嫌疑人认罪认罚态度的说服力,①也不利于形塑这一建立在认罪认罚基础上的"确认式庭审"。考虑到中国法院长期以来在量刑问题上欠缺说理或者说理粗疏化的情况,②未来裁判文书的制作虽然可以按照"格式化"进行,但应当强化不采纳量刑建议的说理。

四、"确认式庭审"的隐患来源

"无论法律制定得多么周详,它毕竟只是一套形诸于文字并由概念和规则交织复合而成的逻辑系统(或准逻辑系统),繁复庞杂的社会事实不可能与之天然吻合。"③更何况,"认罪认罚从宽处理制度"的推行和确立,还对检察官提出了更多的要求,特别是客观义务的履行,即超越当事人的立场客观公正履行职责。④ 但是,承担具体追诉职责的检察官与作为制度形态的检察官,很多时候会有现实差别。目前,认罪认罚案件中的大多数被追诉人还身处羁押状态,既面临文化素质较低、法律知识不足和信息不对称等问题,也没有能力聘请辩护律师,而值班律师又难以为其提供有效的法律帮助,且量刑协商机制尚不完善,这使个别检察官完全可能利用包括信息不对称在内的优势,让处于弱势地位的被追诉人违心接受量刑建议,并签下认罪认罚具结书。如果简化或省略了法庭调查、法庭辩论的"确认式庭审"再无法发挥有效把关审查作用,以至于完全沦落为对认罪认罚具结书的一种"形式"审查活动,那么作为正义最后一道防线的司法审判便会失守,不仅难以保障被告人认罪认罚的自愿性,也会使认罪认罚的被告人面临事实上被从重处罚甚至被错误定罪的风险。

(一)认罪认罚的自愿性

认罪认罚的自愿性,既是适用"确认式庭审"的前提和基础,也

---

① 参见孙锐等:《检察机关认罪认罚从宽制度改革试点实施情况观察》,载《国家检察官学院学报》2018年第6期。
② 参见彭文华:《量刑说理:现实问题、逻辑进路与技术规制》,载《法制与社会发展》2017年第1期。
③ 桑本谦:《理论法学的迷雾:以轰动案例为素材》,法律出版社2008年版,第51页。
④ 参见龙宗智:《刑事诉讼中检察官客观义务的内容及展开》,载《人民检察》2016年第12期。

是"确认式庭审"要解决的难点与重点。有观点认为,认罪认罚自愿性通常包括认识明知性、评估理智性和选择自由性三个要素。认识的明知性需要被告人较为清晰地知悉控诉方所指控的犯罪事实及证据材料;评估的理智性要求被告人具有辨别是非、利害关系以及控制自己行为的能力,能够有效评估认罪认罚所产生的法律后果;而选择的自由性则要求被告人在认罪认罚的问题上可以自由选择认罪认罚,抑或不认罪认罚甚至还可以保持沉默,被告人选择时应免受司法机关工作人员和其他人员的外部干涉,可以根据其自由意志抉择。[1] 考虑在现阶段"认罪认罚从宽制度"的运行尚面临较高的非自愿风险,其原因包括但其实远不限于非法侦查讯问行为的存在、律师帮助权的缺位以及证据先悉权的缺陷等。[2] 为了有效保障被追诉人认罪认罚的自愿性,刑事诉讼法尚需从有效控制侦查讯问权、提升被追诉人的防御能力等方面进行制度建构,尤其要从实现认罪认罚案件的有效辩护出发,尽快明确值班律师的辩护人身份,赋予值班律师在场、阅卷及量刑协商等权利,以保障其能够尽职尽责地维护被追诉人的合法权利。[3] 只有这样,值班律师才能成为"认罪认罚从宽制度"的积极有效参与者,而不是消极无为的"见证人",更不是"公权力的合作者"。

正是因为目前中国刑事诉讼制度尚未能为认罪认罚案件的自愿性提供充分、全面的保障,而当前这种以"速裁程序"为代表的"确认式庭审"对认罪认罚自愿性的审查标准不明确(有的法官以被告人对认罪认罚具结书无异议作为自愿性的标准),审查程序简单(通常以阅卷为主、讯问被告人和听取律师意见为辅),加上辩护律师参与较少,而起诉阶段和审判阶段常常不是同一值班律师,审判阶段的值班律师又基本上不进行阅卷,难以全面掌握案情,更难以提出有效的辩护意见。这一切都让人们有理由担心:目前这种发展中的"确认式庭审"难以有效甄别那些非自愿的认罪认罚。基于此,有人

---

[1] 参见谢登科、周凯东:《被告人认罪认罚自愿性及其实现机制》,载《学术交流》2018年第4期。

[2] 参见史立梅:《认罪认罚从宽程序中的潜在风险及其防范》,载《当代法学》2017年第5期。

[3] 参见闫春雷:《认罪认罚案件中的有效辩护》,载《当代法学》2017年第4期。

主张打造综合性、多层次审查机制,将"自愿性"审查与"明知性""事实基础"审查相结合,适度区分认罪"自愿性"与认罚"自愿性"审查,区分微罪、轻罪、重罪案件的"自愿性"审查标准和程序,并根据罪行轻重设置严格程度不同的审查机制,从而实现公正与效率的兼顾。① 此外,未来还可以考虑赋予被告人一定程度的反悔权。在法院作出判决前,被告人反悔的,法院虽然不能再按照具结书的约定对其进行从宽处理,但也不能将其反悔的行为视为认罪态度不好的表现而对其加重处罚。②

(二)具结文书的合法性

《刑事诉讼法》第 176 条第 2 款规定:"犯罪嫌疑人认罪认罚的,人民检察院应当就主刑、附加刑、是否适用缓刑等提出量刑建议,并随案移送认罪认罚具结书等材料。"这意味着在认罪认罚案件的处理过程中,检察官实际上将扮演比不认罪认罚的案件中更为丰富和关键的角色,特别是承担依法对认罪认罚的被追诉人提出公允量刑建议的责任。这要求检察官在办理认罪认罚案件中必须履行客观义务,即保持客观公正的立场。甚至还有人认为,检察官的客观义务主要反映为一种量刑义务。③ 也就是说,在被追诉人认罪认罚的案件中,检察官要如法官那样能够秉公提出量刑建议,而不能再追求"尽可能往重了量刑"。

但是,部分检察官头脑中尚存在"重刑化思维",会"往高了提出量刑建议",同时,与认罪认罚从宽制度相配套的控辩协商机制还很不完善,④尚不能充分保障审查起诉环节被追诉人签下的认罪认罚具结书的内容在合法性上不出问题。假如在代表国家因而处于强

---

① 参见卢君、谭中平:《论审判环节被告人认罪认罚"自愿性"审查机制的构建》,载《法律适用》2017 年第 5 期。
② 参见樊崇义、徐歌旋:《认罪认罚从宽制度与辩诉交易制度的异同及其启示》,载《中州学刊》2017 年第 3 期。
③ 参见汪贻飞:《量刑义务:检察官客观义务之核心》,载《刑事法评论》2010 年第 26 卷。
④ 《刑事诉讼法》第 173 条第 2 款仅规定:"犯罪嫌疑人认罪认罚的,人民检察院应当告知其享有的诉讼权利和认罪认罚的法律规定,听取犯罪嫌疑人、辩护人或者值班律师、被害人及其诉讼代理人对下列事项的意见,并记录在案:(一)涉嫌的犯罪事实、罪名及适用的法律规定;(二)从轻、减轻或者免除处罚等从宽处罚的建议;(三)认罪认罚后案件审理适用的程序;(四)其他需要听取意见的事项。"

势地位的检察官面前,得不到有效法律帮助的被追诉人接受了某一不公允乃至不合法的量刑建议,而"确认式庭审"中法官又在快速完成庭审的心态驱使下,未能对认罪认罚具结书内容的合法性(如量刑建议是否在法定的量刑幅度内)进行严格审查,那些不甚公允乃至不合法的量刑建议就可能会被"确认"为最终的量刑方案。

(三)责任论断的真实性

刑事误判的发生是对人类文明底线的挑战,具有非常严重的危害性,不仅会对被冤枉者本人及其家庭造成严重伤害,还会对司法公信力乃至国家的形象造成严重伤害。[①] 为防止无辜的被告人被错误定罪,美国有罪答辩制度不仅要求被告人作有罪答辩应出于自愿、理智、明知,且要求有罪答辩必须具备"事实基础",但对"事实基础"的审查无须采对抗制式,其证明程度也须达于审判定罪的要求。[②] 虽然美国的有罪答辩制度也为被告人有罪答辩的自愿性、明智性和真实性提供了一系列制度保障,但因法官对有罪答辩"事实基础"的司法审查过于宽松,审查标准不够明确,加上其他种种因素,导致不少没有实施犯罪的被告人受到有罪判决,[③]仅定罪后的DNA检测就已使来自37个州的329名无辜者得以昭雪(其中20人曾一度被判处死刑)。[④]

虽然中国《刑事诉讼法》也为认罪认罚具结书内容的真实性设置了诸多保障,[⑤]但由于简化或省略了法庭调查、法庭辩论的"确认式庭审"放宽了证据调查程序的严格程度,法官基本上不会再通过亲自听取对证人、鉴定人的直接盘问来形成对案件事实的内心确

[①] 参见李奋飞:《美国死刑冤案证据剖析及其启示》,载《中国人民大学学报》2013年第6期。

[②] 参见史立梅:《美国有罪答辩的事实基础制度对我国的启示》,载《国家检察官学院学报》2017年第1期。

[③] 参见孙长永:《认罪认罚案件的证明标准》,载《法学研究》2018年第1期。

[④] 参见李奋飞:《刑事误判治理中的社会参与——以美国无辜者计划为范例》,载《比较法研究》2016年第1期。

[⑤] 例如,根据《刑事诉讼法》第53条的规定,法院判决书"必须忠实于事实真象";又如,《刑事诉讼法》第162条规定的侦查终结移送审查起诉的条件,第176条规定的提起公诉的条件,以及第200条规定的有罪判决的条件,均为"证据确实、充分"。这一法定的证明标准,也适用于被追诉人认罪认罚的案件。

信，从而事实上导致了认罪认罚案件的证明标准被隐性降低。① 这样那些证据不足但被追诉人却因为各种原因而在审查起诉阶段签署认罪认罚具结书的案件，就可能因为法官在"效率优先"的价值衡量下，过分追求庭审时间的缩短而疏于对其进行严格审查，致使那些在真实性上无法保障但辩护方却没有提出异议的认罪认罚具结书也被"确认"，从而引起刑事误判的发生。这也是"确认式庭审"的最大隐忧所在。幸而中国刑事诉讼始终保持了较为浓厚的"职权主义"色彩，②即使在那些被告人已经自愿认罪认罚的案件中，中国最高审判机关也仍然会强调司法裁判认定事实所应达到的实体真实的标准，并要求法官继续承担积极审查的义务。

五、"确认型庭审"的优化进路

"当今社会刑事司法的一个发展趋势是由单一化的诉讼制度走向多元化、灵活化和权力分散化。"③在《刑事诉讼法》再修改告罄之后，这种以提升办案效率为己任的"确认式庭审"虽已初具雏形，但其运转也存在前述几个方面的隐忧。为此，未来必须对其进行不断的优化，以确保"确认型庭审"不至于沦落为"形式化"庭审。虽然"对理想模型的勾勒要比在繁杂的实践中实际实施要简单很多"④。虽然"问题的存在是客观的"，而"解决问题的对策却永远只能是主观的"，但是本章还是试图针对"确认式庭审"的优化，提出一些不是也不可能是全部的"解忧"方案。其进路大致可以围绕审、控、辩三个维度来展开，以保障认罪认罚案件的处理满足"底线公正"的需要，并力求实现"效率优先、公正为本"的价值目标。

（一）审：办案主体的庭前阅卷

按照有关学者的研究，刑事法官长期以来已经习惯于通过查阅、

---

① 参见孙远：《论认罪认罚案件的证明标准》，载《法律适用》2016年第11期。
② 当然，"职权主义"的核心内涵也非一成不变，随着时代的发展，其也在不断丰富。参见施鹏鹏：《为职权主义辩护》，载《中国法学》2014年第2期。
③ ［日］田口守一：《刑事诉讼法》，张凌、于秀峰译，中国政法大学出版社2010年版，第13页。
④ ［美］斯蒂芬诺斯·毕贝斯：《刑事司法机器》，姜敏译，北京大学出版社2015年版，第226页。

研读案卷笔录来进行庭审前的准备工作,对于多份被告人供述笔录、证人证言笔录之间存在的矛盾,也可以借此加以研究,以弄清案件的事实争议问题。① 但是,"法官一旦接触了公诉方的证据材料,接受了公诉方的事实认定结论,就很难通过当庭审理来摆脱这些材料的影响"。甚至"在案卷材料的影响下,法官无法对案件事实进行独立的探究,而仅仅对公诉方认定的事实进行形式上的审查和确认,容易造成法庭审理的非实质化"②。因此,在推进以审判为中心的诉讼制度改革的大背景下,确实需要对案卷移送制度以及案卷笔录中心主义的裁判方式所带来的负面影响加以克服。在案卷移送制度难以废除的情况下,笔者完全同意对案卷笔录材料在审判阶段的使用进行严格的法律限制。③ 甚至为了能真正贯彻直接和言词原则,还可以考虑将公诉方的案卷笔录材料阻挡在法院大门外,彻底否定公诉方所作的证人证言笔录、被害人的陈述笔录、侦查人员情况说明等书面材料的证据能力,并要求公诉方将那种最原始的证据形式提出于法庭上,这也是直接言词原则的精髓所在。④ 事实上,只有案卷笔录的传递效应在进入庭审前戛然而止,法庭审判才能摆脱对案卷笔录的依赖,控辩双方的对抗才能成为"主旋律",诉讼争议也才能得到实质化解决。

但是在"确认式庭审"下,由于简化或者省略了法庭调查和法庭辩论,可以说基本上已不需要在法庭上对相关证据进行质证,且要求法官尽可能当庭宣判。为了确保认罪认罚案件的审理质量,避免其在自愿性、合法性、真实性等方面产生问题,不仅不应限制承办法官的庭前阅卷,相反,还需要强调其在向被告人送达起诉书副本等

---

① 参见陈瑞华:《案卷移送制度的演变与反思》,载《政法论坛》2012 年第 5 期。
② 陈瑞华:《新间接审理主义——"庭审中心主义改革"的主要障碍》,载《中外法学》2016 年第 4 期。
③ 这种限制主要表现在如下四个方面:对庭前法官接触案卷的范围进行限制;对庭前法官阅卷可能产生的预断进行限制;通过对案卷笔录证据能力的否定来限制其在法庭审理中的使用;通过集中审理原则的贯彻来限制案卷笔录对法官心证的影响。参见刘译矾:《论对公诉方案卷笔录的法律限制——审判中心主义改革视野下的考察》,载《政法论坛》2017 年第 6 期。
④ 参见陈瑞华:《新间接审理主义——"庭审中心主义改革"的主要障碍》,载《中外法学》2016 年第 4 期。

法律文书之前,就要对案件证据材料进行细致审读,以确保案件能够符合"速裁程序""简易程序"的开庭条件,即检察机关的指控犯罪事实达到了事实清楚、证据(确实)充分的要求。否则,即使在审理过程中发现案件事实不清,或者证据不足以认定被告人存在"犯罪事实"的,也只能终止"简易程序""速裁程序"的适用。换言之,"确认式庭审"将因为认罪认罚从宽程序的戛然而止而不再适用。此外,只有承办法官在开庭前通过阅读卷宗材料对认罪认罚案件的事实证据进行全面审查,才能在庭审时围绕庭前审查中发现的疑点向被告人提出更有针对性的问题,也才能够结合短暂快速的庭审形成的印象,对认罪认罚的自愿性和认罪认罚具结书内容的真实性、合法性作出综合判断,并借此进行"确认"。就此而言,相对于被告人不认罪认罚的案件而言,认罪认罚案件中承办法官的庭前阅卷工作其实更重要了。

(二) 控:具结过程的简要陈述

"审判程序和法律应该具有同样的精神,因为审判程序只是法律的生命形式,因而也是法律的内部生命的表现。"①"确认式庭审"虽然简化或省略了法庭调查、法庭辩论,但毕竟仍需具备审判程序的特质,即应保持开庭审理的形式,检察机关也同样会派员出庭支持公诉。只是检察机关在庭上的角色扮演或将和"对抗性庭审"有所不同。在"对抗式庭审"中,被告人通常不"认罪",更谈不上"认罚",检察官作为控诉的一方承担着证明被告人有罪的责任,其要向法庭证明被告人实施了某一行为,并且该行为已成立某种犯罪,而且该证明还必须达到法定的最高标准;否则,就将承担证明不能的不利后果,即被告人被宣告无罪。这也是贯彻无罪推定原则的应有之义。

而在"确认式庭审"中,由于被告人已然认罪认罚,法官开庭前也已经对案件事实清楚、证据(确实)充分形成内心确信,检察官已经不需要向法庭证明犯罪事实的成立,甚至都不需要向法庭阐释自己对于案件定性的观点、依据等,因为后者对证据的证明力和案件事实的认定可以说早已完成了心证。但是,这绝不意味着检察官在

---

① 《马克思恩格斯全集》(第 1 卷),人民出版社 1956 年版,第 178 页。

"确认式庭审"就无事可做了。其除了应向法庭简要介绍指控的罪名和量刑建议外,以后还应当向法庭简要陈述认罪认罚具结书签署的过程,目的是要让法庭对被告人认罪认罚的自愿性持有更清晰的认识。为此,检察官在对具结过程进行简要陈述时,应当向法庭简要介绍,认罪认罚从宽程序的启动,是控辩双方哪一方首先提出的,检察官是否向被追诉人告知了,其享有的诉讼权利和认罪认罚可能带来的法律后果,是否听取了被追诉人及其辩护人或者值班律师的意见,与被追诉人及其辩护人或者值班律师就量刑建议进行了怎样的具体协商等。

(三)辩:值班律师的持续保障

显而易见,"确认式庭审"的优化离不开律师辩护作用的发挥。但是,从相关统计数据来看,律师辩护率还比较低。[①] 2017年,最高人民法院、司法部联合出台了《关于开展刑事案件律师辩护全覆盖试点工作的办法》(以下简称《办法》)。作为推进司法改革和律师制度改革的重要举措,此举对于充分发挥律师在刑事案件中的辩护职能作用无疑具有重大意义。按照《办法》的规定,适用"简易程序""速裁程序"审理的案件,被告人没有辩护人的,人民法院应当通知法律援助机构派驻的值班律师为其提供法律帮助。也就是说,在"确认式庭审"中,对于那些没有委托辩护人的被告人而言,只能仰赖值班律师来提供法律帮助。而根据《刑事诉讼法》第36条的规定,值班律师可以为被追诉人提供法律咨询、程序选择建议、申请变更强制措施、对案件处理提出意见等法律帮助。但是从该条规定来看,值班律师发挥作用的时间节点,主要聚焦在审前环节特别是审查起诉环节,其尚无法作为辩护律师出庭为被告人进行辩护。换句话说,等案件起诉到了法院,在审前程序为某位被追诉人提供了法律咨询、程序选择等法律帮助的值班律师,并不需要通常也无法再为该被追诉人提供法律帮助。

而且一旦在值班律师的见证下,被追诉人签下了认罪认罚具结

[①] 有学者在对12,666份"速裁案件"裁判文书样本进行分析后发现,有律师辩护的"速裁案件"仅占8%。参见李本森:《刑事速裁程序试点实效检验——基于12666份速裁案件裁判文书的实证分析》,载《法学研究》2017年第5期。

书,随后的庭审无论是适用"速裁程序"还是"简易程序",都将更多地具有"确认式"特质,尤其是庭审程序将极为简洁乃至快速。在这样的庭审样态下,即使是接受委托的辩护律师,很多时候怕也难以再发挥多少实质性作用,更遑论值班律师了。实际上,对于认罪认罚的案件而言,辩护工作的重心已不在法庭上,而在审前阶段特别是审查起诉阶段,部分律师已开始重视"辩护前移",并取得了初步成效。① 当然,这并不是说,在"确认式庭审"下,辩护工作就没有实际意义了。毕竟按照《刑事诉讼法》第 201 条第 2 款的规定,辩护人对量刑建议提出异议的,人民检察院还可以调整量刑建议。人民检察院不调整量刑建议,或者调整量刑建议后仍然明显不当的,人民法院应当依法作出判决。此外,如果法院适用"速裁程序"审理认罪认罚案件,在判决宣告前还必须听取辩护人的意见。因此,让"确认式庭审"中的被告人也能获得律师辩护,而不仅是值班律师的法律帮助,显然应成为未来的发展方向。不过,在"值班律师"制度被改造成真正的指定辩护制度之前,②可以考虑由审前阶段的值班律师持续为那些没有委托辩护的被告人提供法律帮助,除非被告人对其之前的法律帮助不满意,明确表示不再希望其为自己提供法律帮助。这样安排,既有利于减少重复劳动,也有助于值班律师提出有效的辩护意见。毕竟审前的值班律师已经做了大量的工作,对于案情已经有了相当的了解,如果审判时再更换值班律师,新的值班律师还需要再进行重新会见、阅卷等。而且在审判阶段,值班律师得在人民法院指定的场所办公,而被告人往往又被羁押于看守所,③空间维度的隔离也为值班律师会见带来障碍。因此,值班律师通常并

---

① 参见李奋飞:《论"唯庭审主义"之辩护模式》,载《中国法学》2019 年第 1 期。

② 参见陈瑞华:《认罪认罚从宽制度的若干争议问题》,载《中国法学》2017 年第 1 期。

③ 虽然"认罪认罚从宽制度"要求谨慎适用羁押性强制措施,而《认罪认罚从宽制度中期报告》也指出在试点期间被取保候审、监视居住的已达 42.2%,但是在具体实务中,不少试点城市的羁押率仍呈现居高不下的状态。以 B 市 B1 区为例,看似整体羁押率不是非常高,而实际上,具体到适用认罪认罚从宽制度处理的案件,2016 年"速裁案件"中取保候审的 13 人,占总数 3%,逮捕 416 人,占 97%。2017 年 1~8 月办理认罪认罚案件中取保候审的 26 人,占总数 3.9%,逮捕 647 人,占总数 96.1%。参见周新:《认罪认罚从宽制度立法化的重点问题研究》,载《中国法学(文摘)》2018 年第 6 期。

不会赴看守所单独与被告人会见,而是在开庭前几分钟与其进行简单沟通,且有法警等工作人员在场,难以发现实质问题,[①]也不利于其提出任何有效的辩护意见。

六、结语

从党的十八届四中全会明确提出"推进以审判为中心的诉讼制度改革",到"两高三部"正式出台《关于推进以审判为中心的刑事诉讼制度改革的意见》,再到最高人民法院制定发布"三项规程"并部署试点工作[②],"以审判为中心"的刑事诉讼制度改革被认为已进入了实质性阶段。[③] 虽然在推进以审判为中心的诉讼制度改革进程中,认罪认罚从宽处理制度并不因程序分流而处于附属地位,更不意味着其可以游离于庭审实质化的要求之外,[④]但是,随着"以审判为中心的诉讼制度""认罪认罚从宽制度"等刑事司法改革项目的深入推进,中国刑事庭审实际上将日益呈现前文中已提及的两种看似相互竞争其实却是互为补充的功能样态,即"对抗式庭审"和"确认式庭审"。

与"对抗式庭审"建立在控辩双方存在明显的诉讼争议(被告人不认罪认罚)的基础上有所不同,"确认式庭审"是建立在控辩双方基本上不存在诉讼争议(被告人已认罪认罚)的基础上的。从 2014 年"速裁程序"的试点,到 2016 年"认罪认罚从宽制度"的试点,再到 2018 年"认罪认罚从宽制度"和"速裁程序"的入法,以"速裁程序"为代表的"确认式庭审"可以说已初具雏形,其运行也已取得了较为积极的法律效果和社会效果。虽然还存在一些不尽如人意之处,但不可否认其发展趋向是正确的。尤其是以提高诉讼效率为己任的"速裁程序"已经正式成为中国刑事审判程序的组成部分。不过,

---

① 参见臧德胜、杨妮:《论值班律师的有效辩护——以审判阶段律师辩护全覆盖为切入点》,载《法律适用》2018 年第 3 期。
② 即《庭前会议规程》、《排非规程》和《普通程序法庭调查规程》。
③ 参见李奋飞:《职务犯罪调查中的检察引导问题研究》,载《比较法研究》2019 年第 1 期。
④ 参见汪海燕:《认罪认罚从宽案件证明标准研究》,载《比较法研究》2018 年第 5 期。

"法律不仅想成为用以评价的规范,而且欲作为产生效力的力量"①。在中国,"对抗式庭审"和"确认式庭审"的二元架构并非想当然的"创造",而是遵循事物发展规律的哲学思辨结果,与自然科学探寻真理的逻辑周延如出一辙,其生命力是可以期待的。当然,两种庭审样态的功能形塑,都远未完成,尤其是对于认罪认罚案件目前既可以适用"速裁程序",也可以适用"简易程序",还可能适用"普通程序",而三种程序中的"确认"应该有什么区别,都需要我们进行更为深入的研究,相关的司法改革也需要继续深入推进。

当然,从战略层面着眼,执着的勇气与坚定的信心,是推进司法改革所不可或缺的主观意念。不若如此,一方面,公正、高效、权威的价值立论,便很难在司法现实中收获到立足点,而另一方面,战术策略又要求改革决定者积极运用多元方法,尽可能全面地借助运算手段预判计划的现实可行性以及潜在风险。事实或许是探索真理的最佳"场域",而社会实验则为司法改革的顺利进行提供了科学保障。"世界的真正的统一性是在于它的物质性,而这种物质性不是魔术师的三两句话所能证明的,而是由哲学和自然科学的长期的和持续的发展来证明的。"②可以说,形式逻辑上对试点方法的推崇,是本轮司法改革的重要特征。③ 价值与方法上的"双轮驱动",无疑为司法改革的成功提供了较好的保障。也正因为如此,我们有理由相信,建构在被告人自愿认罪认罚基础上的"确认式庭审"将会得到持续的优化升级,进而做到:既可实现司法资源的合理配置,又能有效防止可能引发的问题。

---

① [德]拉德布鲁赫:《法学导论》,米健、朱林译,中国大百科全书出版社1997年版,第120页。
② 列宁:《唯物主义和经验批判主义》,人民出版社1998年版,第116页。
③ 参见李奋飞:《司法改革的实验方法——以试点方案的类型化设计为研究对象》,载《法学》2017年第8期。

第二编
刑辩模式的理论展开

第七章 论控辩关系的三种样态

一、问题的提出

自20世纪90年代以来,塑造平等对抗的控辩关系,就被不少诉讼法学者认为是完善中国刑事诉讼程序的必由之路。1996年《刑事诉讼法》修改以对抗制为师,也是此种心理趋向的反映。但是,诉讼制度的演变定型,终不能摆脱本土资源的羁绊。毕竟在长期的司法实践中,从立案侦查延伸至法庭审判的"武器平等",从来都是以虚幻形式存在的。2012年《刑事诉讼法》再修无疑呈现出了显著的务实性的回归,也标志着控辩关系的基准再调适已无可避免。而伴随着"以审判为中心"诉讼制度改革的提出,营造新型控辩格局的历史契机则渐趋成熟。[①]需要注意的是,鉴于公、检、法等诉讼主体之间的配合制约关系并未因此而削弱,反倒有增强的态势,"流

---

① 推进"以审判为中心"的诉讼制度改革是十八届四中全会决议中提出的新命题,要求侦查、起诉和辩护等各诉讼环节都须围绕审判展开,做到事实证据调查在法庭,定罪量刑辩论在法庭,判决结果形成在法庭。该论断一经提出,就引起了学术界和司法实务部门的广泛热议和争论。参见陈光中:《推进"以审判为中心"改革的几个问题》,载《人民法院报》2015年1月21日。

水作业"的纵向诉讼格局便得以维系。① 换言之,诉讼阶段论与"以审判为中心"之间构成了一种相对协调的关系。因此,"以审判为中心"与西方国家的"审判中心主义"并不能等量齐观,而"对抗制"也难以成为中国刑事审判的"主旋律"。

在"审判中心主义"的逻辑体系之下,控、辩、审三方构成了相对稳定的构造,并且贯穿于整个刑事诉讼进程。这其中,控辩双方通过法律赋予的手段进行平等对抗,从而既不失于公平公正的形式诉求,又可充分保障法律事实与客观事实的接近。作为审判者的法官,则居于整个司法体系的中心位置,代表了最高权威,并确保诉讼的平稳有序。而反观"以审判为中心"所欲塑造的诉讼格局,则呈现了大相径庭的形态。其中,公安机关、检察机关以及人民法院分别主导了侦查、起诉、审判等依次进行的程序阶段。而拥有庭审多方参与机制的审判程序,在认定事实的能力上无疑具备了前两者无可比拟的优势。从人类认识不断深化的哲学视角出发,其也理所当然应占据中枢地位。故而"以审判为中心"强调了该程序环节自身为侦查、起诉所服务的关系定位。② 在这一体系中,控辩关系呈现出了某种动态化的周期性特质,而不仅是以平等对抗作为主线。换言之,"以审判为中心"格局下的控辩关系,并非对抗制的翻版。而事实上,在当前语境下,类似的竞争范式只明显作用于审判环节。也仅仅在这一时空领域内,控、辩、审三方所构成的三维形态才同英美的对抗式诉讼有所雷同,即"等腰三角形"的经典设计被内化于诉讼

---

① 中国的刑事诉讼是在公安机关、人民检察院、人民法院主导下进行的,公、检、法三机关在刑事诉讼中的地位、作用、相互关系构成了中国刑事诉讼制度的基本内容,并且集中体现在"分工负责,互相配合,互相制约"的体制中。在四中全会决议中,上述"配合制约"关系不仅被继续坚持强调,有关表述甚至还将司法行政机关也囊括在内。这充分说明,"以审判为中心"的诉讼制度改革并未触动原有的基本格局,而是着眼于克服诉讼主体之间固有的"配合有余,制约不足"问题。参见顾永忠:《"以审判为中心"是对"分工负责,互相配合,互相制约"的重大创新和发展》,载《人民法院报》2015年9月2日。

② 这种诉讼格局与20世纪60年代由美国学者帕克所提出的"犯罪控制"模式非常类似。See Herbert Packer, *Two Models of the Criminal Process*, 113 University of Pennsylvania Law Review 1 (1964). 针对"以审判为中心"对于中国诉讼模式的影响程度,笔者建构了"顺承—层控"的分类模型,反映了这一概念所具有的本土性特征。参见李奋飞:《从"顺承模式"到"层控模式"——"以审判为中心"的诉讼制度改革评析》,载《中外法学》2016年第3期。

的阶段性构造中。故而我们可以将审判环节的控辩关系定位为"对抗主导型"的样态。

但是,在此之前或之后,控辩关系却呈现了截然不同的运行样态。一方面,在审前环节,控辩之间由于信息有限性的条件制约,尚无法展开竞争。对于事实的价值诉求也促使双方必须进行信息互通,以有效衡量程序继续推进的可能,从而塑造了"交涉主导型"样态。另一方面,当审判程序终结后,错误裁断衍生的盖然性又要求控辩双方适时重建联系,并且在目标一致的前提下达成共识。由此形成的控辩样态或可概括为"协作主导型"样态。控辩关系三种样态的功能性存在,是对作为诉讼框架的"以审判为中心"的回应,不仅仅代表了一种设想,更具有充分的经验主义依据。而本章的论证目的,就在于通过针对上述三类控辩关系形式的阐释,描绘符合中国本土资源的刑事程序范式。也就是说,中国式控辩机制的构建,不可再延续单纯模仿"对抗制"的固有思路,而应立足于现实逻辑的客观诉求。从论证方法上,鉴于本章展示的三种样态,尚未完全存续于现实领域,而仅仅呈现了局部的迹象,因此,规范分析与经验材料的穿插交替便趋向普遍化。

二、"交涉主导型"的审前样态

审前环节囊括了立案、侦查以及审查起诉等程序阶段,作为控诉方的检警机关通过《刑事诉讼法》授权获得了一系列司法权能。相比之下,辩护方所获得的权利保障则显然不足以保证"两造"竞争的有序展开。而对抗制的形成,需要在控辩之间营造出一定的对垒效应。但在刑事审前程序中,这样的条件是很难具备的。最为关键的是,控辩之间并不存在一个"你来我往"的近乎于庭审机制的程序平台,而这又恰恰是公开对抗所依赖的制度基础。鉴于审前阶段是由控辩双方营造出的线性构造,不存在其他中立第三方,对抗关系自然也就难以构成此时的主导样态了。相应地,审前控辩关系更多体现为相互之间的信息交涉。而从根本上,这是诉讼价值导向的必然产物。

(一)"时间贴现"的内在刺激

如果对"以审判为中心"在改革文本中所处的位置加以分析,就不难发现其鲜明的指向性,即最大限度地降低错案发生的概率。而中国的错案在评价标准上,几乎从来都是涉及基本事实的认定。至于量刑失当抑或罪名认定有误造成的"非典型"错案,至少目前还不是刑事诉讼重点防范的对象。因此,"以审判为中心"的核心价值,基本可以归属为"以事实为中心"。也就是说,刑事诉讼活动在价值追求上仍然被认为是以查明事实真相为导向的,而与之配套的程序结构亦应趋从于该目标。置于"诉讼阶段论"的正当性逻辑之中,以发现事实真相为中心的追诉活动必然需要"抽丝剥茧"式的逐步深入。在纵向时间轴线中,办案机关对案件的审查把关是越来越严格的,手段方式也趋向于丰富审慎。不过,如果在前置程序就能完成诉讼目标,显然更有利于司法资源的优化配置,也符合控辩双方的切身利益。这就构成了程序演进中的一种心理刺激导向,即参与各方通常都寄希望于在较短的时间内查明案件事实并终结诉讼程序。

从行为选择的角度考量,以"时间贴现"概念对上述现象加以解释是比较贴切的。① 当然,这样的认知模型主要反映于审前程序的"证否"功能,即尽快终止不具有追诉意义的案件。最典型的例子,莫过于非法证据排除规则的主体授权范围。2012 年《刑事诉讼法》修改创设性地将排除主体扩展至侦查、起诉等审前环节,并交由公安、检察机关分别掌管。② 这显然突破了将非法证据排除囿于审判环节的成例,与域外的先验性模式相迥异。局限于审判环节的非法证据排除,架构在"以裁判为中心"的格局基础上,并且构成了其重要表征。③ "以审判为中心"的诉讼制度改革强调不同程序阶段的

---

① 所谓"时间贴现",是指个人对事件的价值量估计随着时间的流逝而下降的心理现象,它是行为选择理论的一个重要组成部分。人们根据行为结果的价值抉择行为,对行为结果价值的认知会受到时间的影响。"时间贴现"如果呈现两种选择:报酬较少但却能较早获得,报酬较多但却需要等待一段时间才能获得,人们往往表现出冲动行为,选择尽快获得报酬。也就是说,人们偏好尽快获得报酬,事件的主观价值随着距它发生的时间的增长而下降。

② 参见孙谦主编:《〈人民检察院刑事诉讼规则(试行)〉理解与适用》,中国检察出版社 2012 年版,第 61 页。

③ W. Parter, *Exclusionary Rules in France, Germany, and Italy*, 9 Hastings International and Comparative Law Review 3 (1986), 4.

次序排列,侧重于侦查、起诉以及审判所具有的独立属性。倘若在法院介入前的审前程序就能成功处置非法证据,及时解决权利救济问题,并厘清案件事实真相,又何乐而不为呢?这样一来,规则适用范围的扩大就与本土化需求达成了默契。① 正是"时间贴现"的心理作用,导致审前程序自发形成了具有封闭性的处断能力。在法院不参与的前提下,侦查、起诉程序都以自成体系的方式塑造出了内部权力的运行范式,控辩关系的审前样态也由此成形。

当然,"时间贴现"的刺激作用不能超越必要界限,否则会导致"侦查中心主义"的恶果。换言之,对于诉讼效率的追求不能凌驾于公正价值之上,②"证实"活动需保持必要的谨慎。特别是对那些重大、疑难、复杂的案件,无论侦查能力有多强,都不可否定审查起诉、庭审以及一系列救济机制的存在必要性。一旦后续程序屈从于侦查结论,错案的预防、纠正便失却了凭借。这样,检察机关在审前所拥有的包括审查批捕和审查起诉等在内的司法权能,或可有效防止控辩关系滑向失衡的险境,同时也放大了双方加强信息交流的必要。

(二)捕诉功能的双重把关

在"审判中心主义"的诉讼格局下,无论是审前的羁押决定,还是起诉裁量的运用,都不能排除来自法院的司法审查。然而,在中国的"流水作业"体系中,法院却不能在案件进入审判环节之前有所作为,从而也就不存在由中立的司法官进行的授权及救济机制。无论是公安机关还是人民检察院,都可以自行采取几乎所有的强制措施。而且,权利遭受追诉机关侵犯的诉讼参与人也无法在审前程序向法院寻求司法救济。因而,控方也就获得了掌控程序节奏的权力,处于弱势的辩方自然无法望其项背。缺少法院的居中审查,难免会削弱审前程序的公正属性。特别是那些对公民权利限制较大的侦查权能,在无法得到有效制约的情况下,既易发生刑讯逼供、非

---

① 当然,目前审前阶段的非法证据排除效果并不理想。但这并不能简单归咎于立法层面,而主要是在司法环节缺少有效的运行机制,使其缺乏可操作性。比如,检察机关应以何种方式排除非法证据,并且避免其继续污染法官的心证。

② 参见陈卫东:《公正和效率——我国刑事审判程序改革的两个目标》,载《中国人民大学学报》2001年第5期。

法取证等违法现象,也难免会造成诉讼流程的"头重脚轻"。当然,审前程序的设计并未从根本上排斥裁决权能,只不过没有将其授予法院,而是配置给了检察机关。换言之,制度设计力图在维系诉讼阶段论的前提下,通过控方内部的权力分置与制衡,尽可能避免"侦查中心主义"的积重难返。具体来说,检察机关掌控的审查逮捕权以及审查起诉权,共同形成了遏制侦查权膨胀的"防护网"。甚至,在一些被追诉人看来,审查逮捕就是"一检",而审查起诉则是"二检"。

在司法实践中,逮捕环节已成为异常关键的节点,甚至直接影响侦查程序乃至整个刑事诉讼的最终走向。批捕是如此重要,以至于在某种程度上成了决定被追诉人定罪量刑的"风向标"。[1] 一旦案件进入审查起诉环节,[2]检察机关以起诉意见书为核心,通过对书面材料的阅读、整理,辅之以讯问、询问等方式,对犯罪的事实、情节是否清楚,证据是否确实充分,犯罪性质和罪名是否准确等案件相关情况进行审查,以确定起诉意见是否准确,并作出相应的决定。[3] 例如,检察机关查明的案件事实与被追诉人的罪责之间无法构成稳定联系,就可以作出不起诉决定。这实际上是对侦查权行使的否定。由此可见,作为法律监督机关,人民检察院在刑事审前程序中事实上承担着司法控制的责任。如果辩护方与之形成对抗关系,就背离了诉讼权能的配置初衷,进而伤及司法的权威属性。

不过,在这种追诉权占据主导地位的时空维度里,检察机关必须保持自我克制,尤其要防止只讲"配合"不讲"制约"的现象发生。中国刑事审前程序在权力配置上本无可厚非,且具有善意初衷,当前滋生的种种失范现象亦不能简单归结于制度本身。以"一检"为例。长期以来,其已不再是纯粹的强制措施适用问题,而是等同于立案、侦查、起诉的实体性阶段,主要表现为取保候审成为最终实体裁判

---

[1] 在现实中,"一检"往往被诉讼参与各方视为一个独立的诉讼阶段,如果检察机关批准或决定逮捕,将对审判阶段的定罪量刑产生重要影响。在很大程度上,逮捕意味着被追诉人日后免于牢狱之灾的概率也就大大降低了。参见王彪:《刑事诉讼中的"逮捕中心主义"现象评析》,载《中国刑事法杂志》2014年第2期。

[2] 在那些奉行"审判中心主义"的国度,往往并不存在这样一个独立的诉讼阶段。

[3] 参见陈海锋:《刑事审查起诉程序功能的重构》,载《政治与法律》2015年第5期。

的预演,成为"变相结案"的手段等。① 办案人员在把握逮捕标准时通常以定罪的"红线"为准绳,因而引发了"构罪即捕"现象。这使逮捕成了侦查效果的保障手段,至于更为关键的羁押必要性则几乎不被人关注。② 其中,国家赔偿、考核体系等一系列干扰变量的介入与之不无关联。但总体上,不少检察机关未能正确认知强制措施特别是逮捕的本质,最终导致逮捕在长期的司法实践中演变成了侦查的辅助手段。只有让逮捕重新回归为其作为强制措施的本来面目,"一检"才不至于沦为刑事追诉的附庸。反之,如果检察机关丧失了其应有的客观立场,审查逮捕与审查起诉都容易蜕变为对侦查结论的简单确认。其在审前程序中的主导地位必然无限膨胀,被追诉人的主体地位恐怕难以得到保障。因此,在控辩之间维系一种适度的交涉关系,就显得尤为必要,而律师作用的有效发挥更是不可或缺。

(三) 律师介入的自主与协助

熟悉中国刑事诉讼立法变迁的人知道,刑事审前环节的律师辩护在1996年之前是不存在的。1996年《刑事诉讼法》修改尽管实现了律师对于侦查程序的介入,但律师诉讼权利的范围明显过窄,加之法律用语的差异,引发了学术界关于律师在侦查阶段的诉讼地位之争。③ 2012年的《刑事诉讼法》对辩护制度作出了重大修改,明确了律师的辩护人身份,从而使律师在侦查环节获得调查取证权,并强调检警机关在批准逮捕、侦查终结、审查起诉等程序中对律师意见的听取。④ 不过,尽管2012年《刑事诉讼法》修改的确有助于改善律师在审前程序中的权利状况,却并未赋予其与检警机关进行对抗的程序平台。⑤ 无论是在侦查阶段,还是在审查起诉阶段,都不存在

---

① 参见褚福民:《取保候审的实体化》,载《政法论坛》2008年第2期。
② 在基层检察院调研和访谈的过程中,曾有负责审查逮捕的检察官直言不讳地表示,逮捕的目的就是进一步配合侦查活动,只要犯罪嫌疑人在证据层面符合涉及罪名的构成要件,就应予以羁押,而不论其人身危险性是否会影响诉讼进程。
③ 参见熊秋红:《刑事辩护的规范体系及其运行环境》,载《政法论坛》2012年第5期。
④ 参见李奋飞:《论"表演性辩护"——中国律师法庭辩护功能的异化及其矫正》,载《政法论坛》2015年第2期。
⑤ 参见赵海鸥:《新刑事诉讼法语境下律师业务思考》,载《中国律师》2013年第8期。

一个类似于庭审的程序装置。换句话说,审前程序带有典型的"行政化"特点,律师根本无法同检警机关进行"你来我往"式的公开交锋。

但是,这并不意味着辩护律师对审前程序的参与,必须在检警机关的指挥和限制下进行。实际上,无论是会见,还是阅卷,抑或调查取证,律师均可独立自主地进行。只要律师的执业行为符合法律规定,检警机关都应给予充分尊重,并尽最大可能加以保障,而不应将其所拥有的程序主导权能异化为打压辩方的资本。① 特别是对于具有司法裁决权能的检察机关而言,塑造这种良性"互动关系"更显得弥足珍贵。当前,最高检察机关对于"新型检律关系"的反复申明,实则出自对审前控辩样态的准确认知。②

对于辩护律师而言,既然审前程序不存在对抗争辩的平台,那么其就应积极与检警机关进行交涉。《刑事诉讼法》所明确的意见发表权无疑是控辩双方交流信息的桥梁。当律师通过会见、阅卷以及调查取证等途径,挖掘出有利于被追诉人的证据材料,抑或针对案件的强制措施适用、法律条款操作等问题,形成了自认为合理的辩护意见时,均可通过此渠道让控方及时知晓,后者必须将其纳入裁量权的行使过程。③ 可以说,通过这种意见的表达与听取机制,审前的控辩关系便突显出一种温和的基调。而为了防止辩方因过于弱小而被控方挤压或者无视,导致辩方在审前程序的独特作用无法充

---

① 2015年8月20日,中央召开了全国律师工作会议,时任中央政法委书记孟建柱出席并作了重要讲话,要求公、检、法、司充分保障律师执业权利,为律师执业创造更好环境。参见《孟建柱:依法保障执业权利 切实规范执业行为 充分发挥律师队伍在全面依法治国中的重要作用》,载《中国司法》2015年第10期。

② 从2014年12月起,最高人民检察院就通过一系列举措启动了这项工作,包括召开律师界代表座谈会、出台《关于依法保障律师执业权利的规定》、面向律师举办检察开放日等。参见曹建明:《着力构建新型健康良性互动检律关系》,载《检察日报》2014年12月9日。

③ 根据2012年《刑事诉讼法》的规定,人民检察院审查批准逮捕,可以听取辩护律师的意见。辩护律师提出要求的,应当听取辩护律师的意见。侦查机关在案件侦查终结前,可以听取辩护律师的意见,并在案卷中注明。在案件侦查终结前,辩护律师提出要求的,侦查机关应当听取辩护律师的意见,并记录在案。人民检察院审查案件,应当听取辩护人、被害人及其诉讼代理人的意见,并记录在案。辩护人、被害人及其诉讼代理人提出书面意见的,应当附卷。

分发挥,救济权的创设便显得极为必要。① 作为一项新型权能,其脱胎于检察机关的监督属性,并以维系辩护权的程序参与为己任。不可否认的是,控辩双方毕竟在最终目标上会有所差异,故而于审前的暗中博弈也无可避免。但就其关系模式的主导倾向而论,交涉还是占据压倒性优势的,从而构成了此时控辩关系样态的主流趋势。

(四)繁简分流的新思路

在审前环节,控辩双方之所以有交涉的必要,实质层面固然来自"时间贴现"的作用。但就手段依托而论,却离不开起诉裁量权的灵活运用。正是由于控方拥有彻底终止诉讼进程的力量,辩方的作为才会受到利益驱动的影响。而从资源优化配置的视角来看,案件分流恰恰是审前功能日臻发达的源头。这就进一步解释了,当前司法改革致力于丰富认罪认罚从宽体系的内因,②诉讼阶段论的优势正体现于此。审前控辩关系的稳定系数,关键取决于繁简分流的多元化程度及操作实效性。在理想的"交涉主导型"样态中,控辩交涉的目标在于进一步明晰案件事实。当双方的交涉得以达成共识时,程序分流机制或会及时终结诉讼,避免司法资源的浪费以及针对被追诉人的诉累;而当控辩之间无法形成一致意见时,转入审判环节的"两造"对抗就在所难免。

现在看来,1996年《刑事诉讼法》修改将免予起诉制度直接废除,不免有些操切。虽然从贯彻控审分离的角度看,③剥离检察机关的定罪权限顺理成章,但"一刀切"又不免有些矫枉过正,抑制了检

---

① 《刑事诉讼法》第 117 条规定,辩护人、诉讼代理人认为公安机关、人民检察院、人民法院及其工作人员阻碍其依法行使诉讼权利的,有权向同级或者上一级人民检察院申诉或者控告。人民检察院对申诉或者控告应当及时进行审查,情况属实的,通知有关机关予以纠正。

② 2016 年全国人大常委会通过了《关于授权最高人民法院、最高人民检察院在部分地区开展刑事案件认罪认罚从宽制度试点工作的决定》,最高人民法院、最高人民检察院可以在北京、天津、上海、重庆、沈阳、大连、南京、杭州、福州、厦门、济南、青岛、郑州、武汉、长沙、广州、深圳、西安开展刑事案件认罪认罚从宽制度试点工作。对犯罪嫌疑人、刑事被告人自愿如实供述自己的罪行,对指控的犯罪事实没有异议,同意人民检察院量刑建议并签署具结书的案件,可以依法从宽处理。

③ 参见陈卫东、李奋飞:《论刑事诉讼中的控审不分问题》,载《中国法学》2004 年第 2 期。

察机关践行起诉便宜主义理念的动力。立法纵然扩大了不起诉的适用范围,却再未达到诉讼分流效果,酌定不起诉在司法实践中受限制较多、不起诉率偏低的问题已受到了普遍关注。① 一方面,这种现象源于不起诉适用范围较之免予起诉的大幅度削减,导致检察机关裁量空间的局限性;另一方面,免予起诉滥用的前车之鉴,既加深了人们的警觉,也束缚了检察机关的手脚。基于不信任所衍生的指标限制,检察机关实际被置于"戴着镣铐跳舞"的窘境。从近年来的司法实践来看,虽然上级检察机关取消了严格控制不起诉比例的内部考评制度,但其适用率并未发生明显变化。② 从全球视野看,检察机关起诉裁量的扩充,已成为应对诉讼资源压力的发展趋势。③ 为今之计,只有立足于重新激活检察裁量的动能,才能在某种程度上回归往昔的起诉便宜力度。为实现此目标,制度创设固然不可或缺,而打破检察机关的精神枷锁,解除其运用裁量权的后顾之忧,亦为关键之举。唯有如此,繁简分流的全新局面才能开创出来,控辩机制在审前程序中的"交涉主导型"定位才能发挥最大功效。

三、"对抗主导型"的审中样态

一旦检察机关认可侦查结论,案件就将进入审判环节,法院也将正式接管诉讼进程。此时,控、辩、审共同营造的三维格局顺理成章地呈现出来,而控辩关系的主基调也将被"平等对抗"所取代。较之审查起诉阶段,控方的权力强度也有所削弱,同时辩方借助庭审机制的程序供给,开始追求与控方"势均力敌"。由此,"对抗主导型"的审中样态,似乎完全符合对抗制的各项形式特征,只是时空范畴受到了一定局限。

(一)"间断平衡"的峰值

"一个'美好'的理论,本质上便是一项对'真理'的推论,其立论

---

① 参见侯晓焱:《起诉裁量权行使状况之实证分析》,载《政治与法律》2009年第3期。
② 参见成懿萍:《刑事不起诉率偏低之实证分析——以某地2003—2010年刑事不起诉案件为分析对象》,载《中国刑事法杂志》2011年第8期。
③ See Julia Flonda, *Public Prosecutors and Discretion: A Comparative Study*, Clarendon Press, 1995, p.172-193.

一定线条高雅,简洁流畅,其格局必然气势恢宏,纵览全局。"①"以审判为中心"的诉讼制度改革显然符合上述描述。它向我们展示了一种缓慢推演、层层递进的程序运转形态,而诉讼结论往往会因某些变量而产生逆转,恰巧符合生物学家在探讨进化问题时常提及的"间断平衡"理论。② 如果把控辩关系的演进视作一个缓慢进化的过程,那么,引起剧变的成因来自庭审机制的介入。庭审布局对于诉讼关系的参与者具有矫治作用,足以明确各自在审判环节的角色定位。控辩双方的武器平等原则只有在这样的时空场域中,才具有发挥功能的条件。在庭审机制产生实质作用的背景下,人们所预期的"等腰三角"格局也才有望真正确立。"以审判为中心"刻意重视庭审实质化的内核价值,其机理亦由此而来。③

庭审在刑事诉讼中的独特价值,正在于其满足了司法所提倡的亲历性要求。特别是在一审期间,控辩经过举证、质证、法庭辩论等"指定动作",交替向裁判者阐释自身对于案件定性的观点、依据等,从而使后者能以"兼听则明"的方式,对证据的证明力和案件事实进行认定,并由此形成心证。正如有学者所言,"刑事诉讼的事实认定,应以一审庭审为中心,即以审判为中心、庭审为中心、一审为中心;而不应当以庭前程序为中心、庭下活动为中心、上级审为中心"。④ 与侦查、审查起诉活动相较,审判活动的独有特色在于,庭审机制认知事实的能力无可比拟。显而易见,辩方在"间接平衡"的过程中达到权利行使的"顶峰",获得最充分的意见发表机会。当然,庭审实质化程度越高,控辩的对抗脉络就愈发清晰;倘若庭审扮

---

① [英]艾瑞克·霍布斯鲍姆:《极端的年代:1914~1991》,郑明萱译,中信出版社 2014 年版,第 664 页。

② "间断平衡"理论最早是由美国著名古生物学家古尔德(Stephen Jay Gould)提出的一种有关生物进化模式的学说,描述了一个系谱长期所处的静止或平衡状态被短期的、爆发性的大进化所打破,伴随着大量新物种产生的现象。

③ "以审判为中心"的目标在于,保证庭审在查明事实、认定证据、保护诉权、公正裁判中发挥决定性作用,实现诉讼证据质证在法庭、案件事实查明在法庭、诉辩意见发表在法庭、裁判理由形成在法庭。参见龙宗智:《庭审实质化的路径和方法》,载《法学研究》2015 年第 5 期。

④ 龙宗智:《论建立以一审庭审为中心的事实认定机制》,载《中国法学》2010 年第 2 期。

演不痛不痒的虚置角色,①双方关系就难以将说服裁判者接受其意见作为目标。换言之,当庭审成为决定被告人刑事责任的关键环节时,审中样态才能较为稳定地呈现控辩之间的应然平衡。反之,作为控方的检察机关如果继续掌握压制辩方的权力手段,并限制和挤压裁判者的中立角色,必将导致裁判者程序主导权的式微。

(二)诉讼主导权的转移

如果说庭审实质化促成了控辩之间对抗关系的充分条件,那么,诉讼主导权的易手则构筑了这种变化趋向的必要条件。假设掌握事实和法律裁断权的主体仍然是作为控方的检察机关,辩方则断无能力与其平等交锋。恰恰是法院作为审判主体的适时介入,重新调节了诉讼关系的基本格局。此时的检察机关恢复了公诉主体的"本相",而司法裁决职能则完全回归至法院手中。一方面,法院负责诉讼程序的指挥活动:在尊重控辩双方意见的前提下决定庭前会议的召开与否;根据案情需要明确开庭时间以及争点讨论次序,有效组织控辩双方的意见表达;按照审限要求,完成庭下阅卷、讨论工作,最终形成刑事责任的心证判定。另一方面,法院会系统审查前期侦查、起诉的成果,并以判决书形式为审判活动画上具有拘束力的"句号"。

"坚持正式的、有判决权的、对抗式的调查事实过程,这里,指控被告的案件事实由一个公正的刑事法庭来公开审理。"②在刑事诉讼格局的形成历史中,法院独立主导审判活动的最大隐忧,来自检察机关作为法律监督主体的干涉可能,特别是在国家监察体制改革之前,③这种干涉更容易破坏控辩审之间的结构合理性,导致诉讼法律关系的紊乱。因此,自1996年《刑事诉讼法》修改之时,防止审判监督权滥用就成为持续引人瞩目的命题。可喜的是,时至今日,公诉

---

① 参见何家弘:《刑事庭审虚化的实证研究》,载《法学家》2011年第6期。

② Herbert Packer, *Two Models of the Criminal Process*, 113 University of Pennsylvania Law Review 1 (1964).

③ 在监察体制改革之前,检察机关享有职务犯罪侦查权,可能给审判机关形成了一定的心理负荷,以至于其难免会在反复权衡利弊后才能做出稳妥但却未必公正的决策。参见李奋飞:《检察再造论——以职务犯罪侦查权的转隶为基点》,载《政法论坛》2018年第1期。

人当庭对于审判活动的不当束缚不仅为司法解释所坚决否定,①更成为其自我克制的常态反应。经过二十余年的实践调适,检察机关在审判环节已经能够安于控方地位,而与辩方就事实、证据、法律适用等问题展开平等交锋。②

(三)诉讼竞技的逻辑展开

庭审机制之所以具有与众不同的"魔力",在很大程度上源于其突破了案卷对于裁判的束缚,从而给诉讼进程带来了竞技因子。从笔者近期在法院访谈的情况来看,几乎所有法官都不敢做这样的设想:在缺失案卷的前提下完成裁判活动。毫无疑问,囊括所有证据材料及诉讼文书的案卷构成了推进"流水作业"的载体,这也是"案卷笔录中心主义"的存在基础。过分依赖案卷笔录认定事实,会削弱控辩之间的"活性",③进而放大结论失真的盖然性。"以审判为中心"的诉讼布局,寄希望于在庭审环节贯彻直接言词原则,通过司法亲历性摆脱由卷宗笔录左右被告人命运的悖论。事实上,以德国为代表的大陆法系国家也没有从根本上摒弃案卷笔录在诉讼中的信息转递功能,而是将其排斥在法庭审理的场域外,并以控辩对抗中形成的信息作为排他性依据。而庭审机制区别于阅览案卷笔录的关键,就在于证人出庭并接受控辩双方的质证。虽然在中国的法庭审理中,实物证据也需经历质证,但其并不构成控辩对抗的决定性指标。唯有言词证据的活灵活现,才是诉讼活动在法庭内生成竞技形态的核心因子。④ 如果证人不能出庭,控辩双方只能围绕过往形

---

① 《人民检察院刑事诉讼规则》规定,人民检察院对违反程序的庭审活动提出纠正意见,应当由人民检察院在庭审后提出。

② 那些由"微博"全程直播的"快播案"庭审便充分反映了,庭审环节控辩审之间的关系在中国已经趋向稳定。尽管公诉人在法庭调查及辩论环节呈现颓势,也未通过监督权要求法官约束辩护人的提问和发言。主持庭审的法官最大限度地释放出了控辩对抗对于查明事实的刺激潜能,堪称近年来有效庭审的典范。参见王巍:《百万人"围观"快播案庭审直播》,载《新京报》2016年1月10日。

③ 有学者认为,不抛弃这种案卷笔录中心主义的审判方式,任何以加强庭审功能为宗旨的司法改革将没有存在的空间。参见陈瑞华:《案卷笔录中心主义——对中国刑事审判方式的重新考察》,载《法学研究》2006年第4期。

④ 即便是实物证据的质证活动,理想状态也应是与之相关的个人在法庭上进行言词表述,并接受质询。

成的案卷笔录材料展开臆断式的争辩。而案卷笔录材料作为一种典型的传闻证据,其运用不仅有碍发现事实真相,也剥夺了作为被告人辩护权应有之义的对质权。① 因此,审判环节应然的控辩关系能否实现,证人出庭与否乃至为重要的衡量尺度。

然而从实证研究结论看,②尽管 2012 年《刑事诉讼法》修改增设了部分保障性条款,试图刺激证人出庭的积极性,但其落实效果却难言差强人意,由控方宣读案卷笔录的证据调查形式依旧保持强大的制度惯性。或许有人会认为,倘若所有庭审都同意证人出庭申请,难免会造成诉讼资源的超负荷,不利于效率价值的实现。但如果从诉讼全局的视域出发,就会意识到这种观点的"伪命题"属性。在理想情状下,审前分流的充分发挥,可最大限度地确保庭审案件具有证人出庭的必要。如果我们希望庭审成为诉讼质量把关的最高级手段,就应在直接言词原则的贯彻上下功夫。因此,未来的刑诉法修改应持续压缩证人出庭的例外范围。总之,证人出庭的保障力度以及实现概率,将反映审判环节控辩机制的成熟度。

在证人出庭作证的情形下,交叉询问是激活控辩对抗的"润滑剂"。③ 当然,这并不排斥法官主导的审问方式。但与前者相比,审问带有更强的单向特征,容易因偏见而游离于事实查明的目标以外。尤其是在法官已于先期阅读案卷的背景下,审问机制的不可靠性会大幅增加。交叉询问根植于控辩的双向互动,是被人类经验所验证的发现事实真相的有效方法。④ 通过双方围绕证人证言所进行

---

① 参见李奋飞:《"作证却免于强制出庭"抑或"免于强制作证"?——〈刑事诉讼法〉第 188 条第 1 款的法教义学分析》,载《中外法学》2015 年第 2 期。

② 笔者曾以"证人出庭"为关键词检索了目前国内收录裁判文书可能最全的"北大法宝——中国法院裁判文书库",共检索得案例 344 个,并对其进行了编号。之后,又以"控辩双方对书面证言有异议"为标准对 344 个案例做了筛选,共有效样本 94 个。判决书制定日期在 2012 年《刑事诉讼法》修正前的有 31 个,2012 年修正后的有 63 个;全部样本案件都适用普通程序,没有适用简易程序的情况;涉及罪名 30 个;适用一审程序案件 49 个,适用二审程序案件 44 个,适用再审程序案件 1 个;适用刑罚从无罪到死刑都有覆盖;法院同意证人出庭申请的样本有 22 个,不同意的样本有 72 个。

③ 这里的"交叉询问",指的是控辩双方从相对立场以抗辩方式进行的证人、鉴定人询问。

④ 参见龙宗智:《论我国刑事审判中的交叉询问制度》,载《中国法学》2000 年第 4 期。

的"撕扯",案件事实的轮廓要么在审理者心目中逐渐清晰,要么陷入混沌。但无论何种情形,依据证明责任的分配原理,这都将有助于裁判者进行负责任的决断。诚然,基于"以审判为中心"的诉讼格局,交叉询问的规则设计亦有别于英美经验。其中,最大的差异莫过于诱导性发问的适用空间。一般而言,英美国家的禁止诱导性询问规则仅仅在主询问过程中发挥功能,而不为反询问所排斥。① 这是一种策应对抗制的规则设计,却不免将庭审活动导入过度竞技化的误区。尽管在中国的审判环节,理想的控辩关系是"对抗主导型"的,但这绝非鼓励其以脱离事实为代价展开诉讼竞技。故而中国庭审的交叉询问杜绝任何形式的诱导性询问或者无关事项发问,并由法官担负具体的导向责任,以避免法庭调查沦为纯粹的"口舌之争"。② 实际上,中国法庭的控辩对抗更应接近于研讨式的"轮替诘问",③是一种以追逐真相为诉求的诉讼对抗。

(四)审理方式的兼容性

在审判阶段,除庭审外还存在其他裁判机制。毕竟,卷宗对于法官认知案件事实以及诉讼进程的辅助功能,并未随着法庭中心地位的确立而消逝。尤其在《刑事诉讼法》并未废止庭外调查条款的前提下,可以断定法官不仅仅是坐在审判席位上的聆听者。尽管经过庭审确认的信息才能成为裁判依据,却并不意味书面审被绝对禁止。审中样态允许审理者通过自发的阅卷活动,把握案件事实脉络,保障庭审高效进行。特别是在案件进入救济审程序后,事实证据的甄别认定,基本让位于法律适用层面的争议解决,庭审机制的

---

① 由于诱导性问题与非诱导性问题在实践中可能有一定交叉和模糊性,利用这一点,进行具有一定诱导性而又不至于违反规则的询问,即"擦边操作",是英美法庭证人询问的一个技术性特点。参见龙宗智:《我国刑事庭审中人证调查的几个问题——以"交叉询问"问题为中心》,载《政法论坛》2008年第5期。

② 最高人民法院于2013年1月1日颁布的《关于适用〈中华人民共和国刑事诉讼法〉的解释》第213条规定:"向证人发问应当遵循以下规则:(一)发问的内容应当与本案事实有关;(二)不得以诱导方式发问……"

③ 参见林钰雄:《严格证明与刑事证据》,法律出版社2008年版,第199—273页。

价值亦会呈现相对弱化趋势。① 书面审查的效益值随之突显,甚至在某些条件下完全消除庭审的启动必要。因此,审判活动在方式手段的运用上会表现为兼容并蓄的特征,既坚持了开庭审理的"主流",又未完全摒弃庭外书面审查的"支流",使两者各展所长而不成掣肘。

毋庸置疑,正常状态下的控辩对抗必然要延伸至此领域,方能巩固本阶段的格局。无论是控方还是辩方,都可充分利用与裁判者的庭外正当接触机会,继续阐明自身观点。在本土法治语境下,这是强化裁判者心证的有效途径。对此,有个较为典型的例证,即死刑复核期间的控辩关系。尽管该程序是在庭审机制完全缺失的前提下运行的,②却给予了控辩双方表达观点的机会,只是其可操作性尚不稳定。③ 在此期间,控辩双方虽无法直接展开对抗,但地位却是平等的,都需要向复核法庭单方面传递法律适用意见。从诉讼公正的视角审视,未来的死刑复核程序改造,无疑应将庭审机制的适当引入作为目标,但不必以书面审的彻底退出为代价。两种审理方式的交替作用,将长期固化于刑事司法的惯性逻辑当中。同时,这也构成了"对抗主导型"样态与域外对抗制经验的迥异之处。

四、"协作主导型"的审后样态

伴随终审裁判的做出,被追诉人要么被交付刑罚执行,要么被判

---

① 十八届四中全会决定提出:"完善审级制度,一审重在解决事实认定和法律适用,二审重在解决事实法律争议、实现二审终审,再审重在解决依法纠错、维护裁判权威。"由此可见,改革设计试图限定救济审程序的基本功能范畴,以实现司法资源的优化配置。

② 参见李奋飞:《最高人民法院死刑复核程序新探》,载《国家检察官学院学报》2014年第5期。

③ 依据2008年最高人民法院、司法部发布的《关于充分保障律师依法履行辩护职责 确保死刑案件办理质量的若干规定》,律师提出会见法官请求的,合议庭根据案件具体情况,可以在工作时间和办公场所安排会见。既然是"可以"而非"应当",实践中,对于会见请求,法官多会婉拒。因此,在死刑复核案件中,辩护律师会见复核法官的难度较大,往往只能递交书面意见。但是,书面意见的递送渠道又缺乏明确的立法阐释,操作起来亦困难重重。参见严晓霖、胡雅君:《"死刑复核"的背后》,载《人民文摘》2012年第7期。同时,尽管《刑事诉讼法》的修改打开了检察机关介入死刑复核程序的缺口,但方式的非诉讼化特征亦软化了参与力度,使最高人民检察院不得不屡屡"喊话",声明自身的存在感。参见王地:《加强联动进一步做好死刑复核法律监督工作》,载《检察日报》2015年7月31日。

决宣告无罪或被作无罪化处理。一般情况下,前者的发生概率要远甚于后者。此时的控、辩、审三方似乎也都完成了各自的应然使命,转入新的案件周期。然而,作为回溯性活动的诉讼认知,不可能将过往的事实完全还原,这就决定了司法裁判不可避免地存在失真可能。"在不同的刑事司法系统和法律文化中,被污染的线人证词,有缺陷的法医证据,效率低下的警方调查,能力不足的辩护律师以及检察官的不当行为都可能导致误判。"①既然制度设计刻意强调了真相查明的重要价值,②对错案的纠正也就构成了"以审判为中心"体系中不可或缺的一环。本书将这样的时空背景统称为"审后阶段",而此时的控辩双方在自身权利/力配置上均明显弱于先前。相较之下,作为控方的检察机关可以通过抗诉权的行使启动再审程序,但由于再审启动的条件较为严苛,往往需要辩方的申诉补强。控辩双方只有摒弃对抗心理,重新寻求共识,才能将案件重新置于再审格局之下,并为错案的纠正打通渠道。可以说,这是一种"协作主导型"的样态形式。

(一)裁判错误的潜在可能

"我们永远不能确信我们所力图窒闭的意见是一个谬误的意见。"③密尔曾将这种难以避免的现象称为"可能错误性",即"真理并不必然战胜谬误"。④ 控辩关系在审后环节的样态,其实就建立在"可能错误性"的哲学基础上。因此,诉讼程序通过再审机制的设置,以保有纠正司法错误的能力。毕竟,刑事错案的后果极为严重,不仅会对那些错误定罪的人及其家庭造成伤害,还会对司法公信力乃至国家形象造成严重伤害。⑤ 一旦错案产生,对于加诸己身的个体而言便是百分之百的灾难。当然,刑事错案既包括无中生有

---

① [美]布兰登·L.加勒特:《误判:刑事指控错在哪了》,李奋飞等译,中国政法大学出版社 2015 年版,"中译本序言"。

② "绝不容许脱离案件的客观真相满足于所谓的法律真实,绝不容许不顾案件纠纷的是非曲直评价裁判的公正与否,绝不容许违背法律程序行使司法权力。"参见周强:《必须推进建立以审判为中心的诉讼制度》,载《人民日报》2014 年 11 月 14 日。

③ [英]塞亚·伯林:《两种自由概念》,载《公共论丛》1995 年第 1 期,转引自李强:《自由主义》,东方出版社 2015 年版,第 189 页。

④ 参见[英]约翰·密尔:《论自由》,许宝骙译,商务印书馆 1959 年版,第 62 页。

⑤ 参见李奋飞:《刑事误判纠正依赖"偶然"之分析》,载《法学家》2015 年第 4 期。

的冤案,也包括重罪轻判或者放纵罪行的疏漏,这些均在再审矫治的对象范围之内。故而我们看到,再审程序可以为张氏叔侄等当事人的申冤而开启,也可以如"马乐案"那样因量刑畸轻而被发动。[①]但就价值层面论,前一种类型的再审启动在必要性和迫切性上更为突出。这里也涉及既判力所需要营造的秩序安定性。

一旦终审裁判做出,法的约束力与确定性就施加在获罪的被追诉人身上,其被以强制手段交付刑罚执行在所难免。对于司法既判力的强调,立足于"已决事实即视为真实"的逻辑前提,[②]目的主要是维护生效裁判的权威性和稳定性。如果终局裁判屡屡朝令夕改,司法自然难以为外界所信服。这样,法律秩序的安定诉求与"以事实为中心"的价值诉求之间难免产生龃龉,"错误可能性"则有所加大。为此,刑事再审的启动必须基于前述关系的协调,且其具有设定极其复杂精密的运作逻辑,这也构成了激活审后控辩样态的必要条件。一般情况下,已然生效的司法裁判绝不允许轻易被推翻,特别是在刑罚种类及强度稍有瑕疵的情状下,各方都应当对再审的启动保持审慎和克制。换言之,对于已经生效的司法裁判,不应再抱着"有错必纠"的理念不放,而应考虑树立起"有限纠错"的观念。[③] 然而,如果发现生效裁判据以定罪的证据不确实、充分,或者是证据之间存在矛盾,抑或矛盾无法得到合理解释,再或者是存在"合理怀疑"的,司法既判力就必须让步于对事实真相的追求,加之再审程序上的"封条"便可开启,而控辩之间的联系亦在此过程中恢复。[④]

(二)权力关系的"互补性"

"以审判为中心"并未将执行程序排斥在外。相反,后者构成了审判程序的自然延伸。鉴于刑罚执行遵循了法院的终审结论,其实

---

① 参见孙谦:《援引法定刑的刑法解释——以马乐利用未公开信息交易案为例》,载《法学研究》2016 年第 1 期。
② 参见张泽涛:《禁止重复追诉研究——以大陆法系既判力理论为切入点》,载《法律科学(西北政法学院学报)》2007 年第 4 期。
③ 参见李奋飞:《从"有错必纠"走向"有限纠错"》,载《中国检察官》2011 年第 21 期。
④ 对于有罪判无罪的情形,根据《刑事诉讼法》的规定,控诉机关可直接启动追诉程序,无需启动再审。这也就是中国始终没有确立禁止双重危险原则的本质原因。换言之,此时的控辩关系将重新回到"审中样态",而非"审后样态"。

际上服务于这一中心环节。① 当然,如果先前判决的正当性基础受到动摇,再审启动便无可厚非。而此时的情势毕竟与审前、审中大相径庭,最显著的变化就是控、辩、审三方虽仍复存续,权力形态却今非昔比。加之各种社会因素的介入,此时的样态存续空间是多维属性的。

众所周知,法院在刑事诉讼中并非彻底的消极被动方。在"有错必纠"这一理念的引导下,《刑事诉讼法》赋予了法院自行启动再审程序的权力。然而,这样的权力配置方式是否合理,曾是学术界争论的焦点问题,并衍生了"肯定说""否定说""部分肯定说"等不同观点,至今难有定论。② 把所有希冀系于法院一身是不明智的,毕竟先前的司法错误就出自其手。这并不是对审判者自觉性的怀疑,而是人性规律及自然正义的正常反映。因而,控方在发现冤错案后通过抗诉方式启动再审,并不违背权能配置规律,尤其是在立法已对抗诉权附加严格条件的背景下。在未来的诉讼体系中,以检察机关提起抗诉的方式启动再审或可成为冤错案纠正的新常态。特别是在"陈满案"中,③多少可以映衬出这种发展趋向,即控方将在审后样态中发挥越来越重要的作用。

不过,尽管控方拥有促使再审程序重启的力量,但其在驱动力上也略显不足,尤其缺乏发掘冤错案信息的内在动力。毕竟,随着刑事裁判的生效,控诉活动便告完成,且多已获得"满意"的结果。提起再审抗诉,在很多情况下也是对自己之前意见的否定。尽管作为法律监督机关,人民检察院承担着客观义务,但在个案操作中,检察官也会受特定的文化、体制、人际网络和舆论环境的影响。检察机关在决定是否提起抗诉时所考量的,实际也不仅是原裁判的错误与否。为此,辩方的申诉权在客观上构成了抗诉权的补充,以消除检察机关启动再审的惰性。作为利益相关方,辩方必定不遗余力寻找

---

① 参见张建伟:《审判中心主义的实质与表象》,载《人民法院报》2014 年 6 月 20 日。

② 参见江必新:《完善刑事再审程序若干问题探讨》,载《法学》2011 年第 5 期。

③ "陈满案"的再审程序是经最高人民检察院提起抗诉启动的,在历史上比较罕见,但却能够表明未来最高检察机关可以在冤案纠正中发挥更大的作用,以便最大限度地减少地方检察机关可能受到的各种干扰和压力。

有助于推翻生效裁判的一切线索。而一旦有所收获,申诉权就将直接指向启动再审的权力主体。毕竟,与抗诉权不同,申诉权并不必然导致再审启动。如果说抗诉与再审之间存在一种必然性关系,那么申诉与再审就仅构成了偶发性联系。其内在原理或可归属于针对程序安定性的维护,而避免再审的频繁启动。辩方通过申诉权的行使,催促控方形成生效裁判结论错误的认知,进而启动再审抗诉权,重新塑造控、辩、审的关系格局。也就是说,仅有检察机关的抗诉权,不足以自动产生纠正错案的积极性;而仅有辩护方的申诉权,又不能强制拨动再审程序的"开关"。只有申诉权与抗诉权实现最大限度的协作,冤错案件的纠正才能获得稳定保障。这是一种互补机制,也是审后样态的形成基础。

(三)控辩导向的一致性

再审程序是冤错案件纠正的必要步骤,最终目标的达成与否,还取决于案件的重审结果。这就意味着,庭审机制又将成为决定被追诉人命运的程序平台。与审判阶段不同,这一次的控辩格局发生了重大逆转。双方不再致力于相互之间的对抗,转而站在同一立场申明先前判决的不可接受。这就是"协作主导型"样态的表现方式。

"基本的事实仍然是,在数量可检验的情况下,所有形式的社会活动都呈现一种无可争议的规律性和持续性。"[1]控辩样态在再审程序中所展现的一致性,乃是某种合理性逻辑作用下的结果。而其中的关键在于,作为控方的检察机关职能角色的特殊性。仅以公诉权来概括此时的检察属性,似已有所不妥。辩方在审后环节的主要意图,是将已被定罪者宣告无罪或者从轻处理,这延续了侦查、起诉、审判期间的行为目标。而作为曾积极追求刑罚权实现的控方,在再审的庭审活动期间却与先前的意见分道扬镳,开始致力于证实辩方的论调。从表面上看,这是一种自相矛盾的行为。但从客观义务的承担而言,检察机关确应超越控方立场,并充分运用法律监督权,以保护公民的合法权利免受侵害。换言之,检察机关进行带有辩护性质的行为,是自身权力属性要求下的必然结果。可见,再审期间控

---

[1] [英]保罗·维诺格拉多夫:《历史法学导论》,徐震宇译,中国政法大学出版社2012年版,第81页。

辩双方的对抗竞技已然不复存在，代之以针对裁判公正的相互"求同"。

（四）法律监督权的激活

正如前文所述，由于法律监督可能对诉讼格局构成威胁，因而其在审判环节的应用一直都受到较多质疑和限制。当然，"以审判为中心"从未否定法律监督的存在意义。相反，在审判的中心地位因侦查权的不当行使而受到威胁时，检察监督还是平衡二者的有效手段。① 特别是在案件进入刑罚执行阶段后，检察监督职能的发挥效果，往往可以决定冤错案件的纠正概率。

而2012年《刑事诉讼法》刑事执行检察部门的异常活跃，②更增大了再审程序启动的机会。在张氏叔侄杀人冤案平反后，新疆石河子检察院监所部门的张彪检察官作为2013年度法治人物，成为中国检察系统里备受瞩目的焦点。固然，个人的不懈努力在冤错案件纠正中起到了不容忽视的作用。③ 然而，我们也不难从中窥探出检察机关的执行监督权对于审后样态的影响力。

对于那些冤错案件所流露出的蛛丝马迹，检察机关内部的监督部门其实更有"近水楼台"的便利。这样，检察机关的法律监督权能就构成了再审博弈期间的新兴力量，既反映于检察机关的内部自省，又是促成控辩协作的"润滑剂"。理想化的审后诉讼关系，或应沿着这样的逻辑次序推进：首先，辩方未接受生效的裁判结论，竭尽所能搜寻有利于己方的信息材料，并在具备相应条件后通过申诉权表达诉求；其次，在接受辩方的申诉材料后，检察机关的法律监督部门认为案件可能存在问题，即可动用有限的调查权限挖掘案中疑点；再次，法律监督权的运转促成了再审抗诉是否开启的系统论证；最后，再审抗诉终被提起，"协作主导型"的审后样态随之呈现，控辩

---

① 参见孙皓：《论诉讼制度改革之十大关系》，载胡卫列、韩大元主编：《以审判为中心的诉讼制度改革与检察工作发展——第十一届国家高级检察官论坛论文集》，中国检察出版社2015年版，第222页。

② 2015年，检察机关内部的监所检察机构更名为刑事执行检察机构，以便更好地体现部门名称、职责的一致性和法定性。参见袁定波：《刑事执行检察承担七大职能》，载《法制日报》2015年1月30日。

③ 参见王地：《张飚："维护公平正义的心永远不退休"》，载《检察日报》2015年11月20日。

双方共同说服法院纠正已经生效的错误裁判。

五、结语

前文所呈现的控辩关系的三种理想样态,其划分依据主要在于时空维度上的变化。以审判程序的启动及终结为节点,控辩关系的互动模式在各诉讼阶段上截然不同。导致上述差异的根本原因,除了有诉讼阶段论的维系外,还有颇具中国特色的刑事诉讼模式。在中国,审前程序基本上排除了法院的参与,而将某些带有司法属性的权能赋予了作为控方的检察机关。鉴于控方在审前所具有的司法决策权,辩方通常也愿意提出交涉意见,促使前者做出有利于己方的决定。与此同时,控方掌握的信息也借助于适当交涉,向处于另一维度的辩方流动。正是有效的双边互动,为繁简分流的功能实现创设了空间。构建符合本土司法资源的"交涉主导型"样态,既要避免控方对辩方形成过度压制,又要防止双方形成无序对抗的潜在可能。所谓新型"检律关系",也是以此作为逻辑起点的,而保持控辩之间的交涉渠道顺畅是其中的关键。

进入审判环节后,裁判者占据了主导地位,代表本阶段的最高权威。而控辩之间则转向了平等对抗关系,借助证人出庭、交叉询问等方式,勾勒出庭审实质化的轮廓。此环节的控辩交锋,可为裁判者提供较为全面的信息来源,从而催生出认知结论的效度价值。"对抗主导型"的样态塑造,虽更多借鉴了域外对抗制的有益经验,却也是刑事诉讼规律的诠释和体现。对此,中国在制度设计层面已然做出了诸多努力,尤其是庭审实质化改造的持续推动,势必将控辩关系导入这种对抗逻辑之中。

不过,随着刑罚的交付执行,控、辩、审三方都在一定程度上丧失了继续介入案件的权限,以服从于司法既判力所衍生的法律秩序。然而,由于人类认知能力的局限性,[①]冤错案件的发生不可避免。因此,控辩之间的互动机制或被重新激活。以申诉促成抗诉的标准路径,代表了一种积极的求同关系。这种"协作主导型"样态,或将在未来成为一种稳定的冤错案件纠正模式,其对于司法权

---

① 参见李奋飞:《对"客观真实观"的几点批判》,载《政法论丛》2006年第3期。

威的夯实也将大有裨益。

　　当然,上述三种样态目前还仅仅处于从理论构想向现实制度转型的进程当中。"以审判为中心"源于中国刑事诉讼制度的特有质地,而与西方的"以裁判为中心"本系殊途。制度的建构设计需要遵循其所处的社会背景,并与自然演进规律相协调。从这一点来看,控辩之间关系基于不同诉讼阶段的样态演变,既根植于中国刑事诉讼的本土资源,也更符合中国刑事程序法治化的路径。

第八章 论"交涉性辩护"
——以认罪认罚从宽作为切入镜像

一、问题的提出

从 2014 年全国人大常委会授权最高人民法院、最高人民检察院在全国 18 个城市开展为期 2 年的"速裁程序"试点工作,截至 2016 年全国人大常委会再次授权最高人民法院、最高人民检察院在同样的 18 个城市进行为期 2 年的"认罪认罚从宽制度"的试点工作,再到 2018 年《刑事诉讼法》的修改正式确立"认罪认罚从宽制度",刑事案件的办理正被明显区分为两种类型——认罪认罚案件与不认罪认罚案件。两类案件的程序运作呈现出显著的差异。就认罪认罚案件的庭审功能而言,其指涉了较为明显的"确认性":不再是抑或说主要不是通过控辩双方的举证、质证和辩论,实现对案件事实的准确认定,并在此基础上正确适用法律;而是或者说基本上是通过审查认罪认罚的自愿性和认罪认罚具结书内容的真实性、合法性,进而完成司法裁判活动。因此,对于认罪认罚案件而言,刑事审前程序中的辩护尤其是审查起诉环节的辩护无疑更具有决定性的意义。[①]

但是,由于在审前程序中并不存在其他中立的

---

① 参见李奋飞:《论"唯庭审主义"之辩护模式》,载《中国法学》2019 年第 1 期。

第三方,加上作为控方的检察机关享有批准逮捕、审查起诉等带有司法属性的权能,控辩关系更多地体现为相互之间的信息交涉。也就是说,辩方只能通过有效的信息沟通和理性的协商、对话,来说服控方接受己方意见,并作出有利于己方的决定,由此形成了"交涉主导型"的控辩关系样态。[①] 如果说,辩方与控方在法庭上的"唇枪舌剑""你来我往"的平等交锋可以被概括为"对抗性辩护",那么辩方与检察机关在审前程序中尤其是审查起诉环节的沟通、协商和对话则可以被称为"交涉性辩护"。不过,在"认罪认罚从宽制度"推行以前,无论是否有辩护律师的参与,也无论律师辩护是否具有说服力,这种"交涉性辩护"往往都很难产生实质性的法律效果。甚或,这种所谓的"交涉性辩护"几乎可以与"自然意义上的辩护"等量齐观。[②] 例如,在2012年《刑事诉讼法》修改后,辩护方也时常会在审查起诉环节向控诉方提出自己的辩护意见,以促使其作出有利于己方的决定,诸如撤销案件、不起诉、变更为较轻的罪名、采取取保候审措施、排除非法证据等,尤其是积极影响其量刑建议。[③] 但遗憾的是,律师的辩护意见往往得不到公诉方的积极回应,更不要说被采纳了。

而随着2018年《刑事诉讼法》的实施,"认罪认罚从宽制度"全面推行,辩方在量刑问题上拥有了一定与控方进行协商的空间,律师进行"交涉性辩护"的热情也逐渐高涨。可以说,正是认罪认罚从宽制度改革的推行,才使"交涉性辩护"作为一种较为崭新的辩护样态开始正式登上中国刑事辩护的舞台。不过,这种"交涉性辩护"所追求的诉讼目标,已经不是削弱乃至推翻检察机关的指控,而是为了让控方能够在被追诉人认罪认罚后及时终结诉讼,或在提起公诉的情况下可以向法庭提出较为轻缓的量刑建议,从而可以让被告人获得更为有利的量刑结果。当辩护方不再将定罪问题作为防御对

---

① 参见李奋飞:《论控辩关系的三种样态》,载《中外法学》2018年第3期。
② 参见陈瑞华:《刑事辩护的几个理论问题》,载《当代法学》2012年第1期。
③ 如果控辩双方能够就量刑方案达成共识,律师意见实际就成为检察官量刑建议的一部分。这样可以更有效地约束法院的量刑裁量权,并确保被告人真正得到"优惠"。毕竟,检察机关普遍重视量刑建议的准确率,并为此建立了严格的考核指标,而公诉人一经提出量刑建议,通常会坚持到底。参见李奋飞:《论"唯庭审主义"之辩护模式》,载《中国法学》2019年第1期。

象时,其与控方之间通常也就不再存在根本性对立和冲突。可以说,与"对抗性辩护"相比,"交涉性辩护"是一种较为温和、理性、务实的辩护样态。其间,控辩双方的关系也趋向和谐,至少已不再如"对抗性辩护"体现的那样针锋相对乃至势不两立。而当控辩双方之间总是充满对立,以至于缺乏最基本的信任和尊重时,不仅刑事辩护的司法环境会趋于恶化,辩护效果通常也不会好,无法真正维护被追诉人的权利。相对于"对抗性辩护"常常会被公、检、法机关情绪性地排斥,律师的这种"交涉性辩护"有时反倒更容易产生一些积极的诉讼效果,并最终有利于维护委托人的利益。

随着刑事司法改革的逐步推进,"交涉性辩护"空间或将继续扩大,并将成为"认罪认罚从宽制度"有效实施的关键因素。但是,对于此种辩护样态,理论界尚未进行较为系统的研究。而且,从 2018 年《刑事诉讼法》实施以来的情况来看,"交涉性辩护"样态在司法实践中未能达到预期的诉讼效果,甚至可以说陷入了困境。究其原因,主要是交涉对象过于强势、交涉主体的能力极为有限以及交涉机制的严重缺位。因此,对认罪认罚从宽带来的这种"交涉性辩护"形态进行系统研究,不仅有助于揭示刑事辩护的发展规律,也有助于为刑事司法改革寻找新的着力点。在笔者看来,唯有让作为交涉对象的检察官走向司法官化,并通过保障被追诉人获得有效的律师辩护在内的诸多途径提升辩护方的交涉能力,特别是继续推进"以审判为中心"的诉讼制度改革,力求在不认罪认罚案件中实现"庭审实质化",为"交涉性辩护"的展开营造良好的外部环境,才能为"交涉性辩护"争取更多的发展空间。

二、"交涉性辩护"之意涵

自 20 世纪 90 年代以来,塑造平等对抗的控辩关系,就被不少诉讼法学者认为是完善中国刑事诉讼程序的必由之路。因此,多年以来,无论是诉讼理论界还是律师实务界,都更重视以无罪辩护为表征的"对抗性辩护"。不过,"对抗性辩护"的存在有项基本前提,那就是被告人不认罪,因而控辩双方存在直接乃至激烈的冲突。即控方以说服法院对被告人定罪作为自己的诉讼目标,而辩方则以推翻或削弱控诉作为本方的主基调。相对于"对抗性辩护","交涉性辩护"则以被告人的自愿认罪为发展契机。在被告人自愿认罪的情况下,控辩双方已不存在基本的冲突,更不会再有激烈的对抗,反而走向程度迥异的合作。案件处置的关键节点也不再是审判阶段,而是审查起诉环节。通过沟通、协商、对话,并通过认罪认罚具结书的签署见证,让公诉方作出不起诉处理,或向法庭提出较为轻缓的量刑建议,是这种"交涉性辩护"的基本方式。对于长期以来更偏重于采取"对抗性辩护"的中国律师界来说,"交涉性辩护"尚属一种较为陌生的辩护形态。因此,在认罪认罚从宽制度全面展开的背景下,有必要对这种方兴未艾的"交涉性辩护"之意涵给出理论上的阐述。

(一)行为要素:认罪服法的意愿表达

如前所述,"对抗性辩护"是以被追诉人不认罪因而控辩双方存在对立的诉讼目标为要件的,但在那些被追诉人已然自愿认罪的案件中,这种辩护样态通常也就没有了存在的前提和基础。而根据中国刑事司法的基本经验,在刑事审判前阶段,犯罪嫌疑人向侦查人员做出有罪供述的比例至少在95%以上。[①] 随着认罪认罚从宽制度的全面推开,被追诉人认罪的比例或将持续升高。毕竟,认罪认罚从宽制度提倡被追诉人主动认罪,并在律师帮助下能够与检察机关进行协商并签署认罪认罚具结书。这意味着,在被告人已经认罪的案件中,不仅在"争斗模式"中被刻意强调的无罪推定、平等武装、证据排除或使用禁止等会在某种程度上失去意义,那种为不少律师津津乐道的"对抗性辩护"也丧失了适用的空间。对于绝大多数被追诉人已然认罪的案件而言,律师通过"交涉性辩护"来维护被追诉人的合法权利,可能是更为理性的选择。

当然,这里有个前置假定,那就是被追诉人认罪。所谓"认罪",是指被追诉人自愿如实供述自己的罪行,对指控的犯罪事实没有异议,并不要求其认可检察机关指控的罪名。[②] 而"认罪"的核心

---

① 参见陈瑞华:《司法过程中的对抗与合作——一种新的刑事诉讼模式理论》,载《法学研究》2007年第3期。

② 参见陈国庆:《刑事诉讼法修改与刑事检察工作的新发展》,载《国家检察官学院学报》2019年第1期。

问题则是自愿性。自愿性不仅在认罪认罚从宽制度中居于核心地位,①也是这种"交涉性辩护"得以进行的正当性根据。在司法实践中,被追诉人违心认罪至今依然是困扰司法机关的关键问题。② 虽然理论界对何为自愿以及相应标准尚存在不同的认识,但律师在对被追诉人认罪的自愿性问题进行判断时,应首先了解其是否有被强迫自证其罪的情况。其次应向被追诉人确认其是否了解认罪的法律性质和后果。否则,被追诉人即使主动选择了认罪,亦有可能只是一种虚假的自愿。因此,律师在选择"交涉性辩护"之前,应当与被追诉人进行充分沟通,并向其了解在认罪之前,其是否遭受过侦查人员的刑讯逼供、威胁、引诱和欺骗等,是否得到了充分的信息告知和权利告知,是否了解基本案情、行为性质以及认罪之后可能面临的后果。

(二)时空要素:起诉程序的资源优化

对于"以审判为中心"的诉讼制度改革而言,庭审实质化改革无疑居于非常关键的地位。但是,庭审实质化改革首先需要考虑的问题就是,如何确定其适用范围。要实现司法资源配置的持续优化,"保证司法资源主要集中于有争议案件的审理","实质化"庭审的适用,应以诉讼争议的存在为前提。对于那些被追诉人不认罪认罚的案件,则需要严格遵守正当法律程序,尤其需要进行"实质化"的庭审,以确保被追诉者能够获得充分的程序保障,最大限度地维护司法公正。而在那些被告人已经认罪认罚的案件中,控辩双方无论是对犯罪事实,还是对罪名、量刑,抑或对程序适用,通常均已没有什么争议事项。所以,庭审需要体现出"形式化确认"特质,如同"速裁程序"的庭审已经表现出来的那般。③

在这样的庭审样态下,不要说是值班律师,即使是接受委托的辩

---

① 参见谢登科、周凯东:《被告人认罪认罚自愿性及其实现机制》,载《学术交流》2018年第4期。
② 参见李洪杰:《认罪自愿性的实证考察》,载《国家检察官学院学报》2017年第6期。
③ 根据《刑事诉讼法》的相关规定,"速裁程序"凸显了审理形式的简约性(一般不进行法庭调查、法庭辩论)、裁判生成的即时性(应当当庭宣判)以及程序周期的精炼性(受理后10日以内审结,最多可以延长至15日)等表象特征。

护律师,恐怕也难以再发挥多少实质性作用。因此,对于被追诉人已然认罪认罚的案件而言,律师辩护工作的重心不是在法庭上,而是在审前阶段特别是审查起诉阶段。如果辩护律师不能在审查起诉环节通过与检察官的沟通、协商、对话等方式,促使检察机关通过不起诉及时终结诉讼,或向审判机关提出更为轻缓的量刑建议,就无法有效地保障被追诉人的利益。

实际上,即使对于那些被告人不认罪的案件,律师提出了无罪辩护或者程序性辩护的意见,甚至这种意见得到了采纳,也只是意味着侦(调)查结论被检察机关否定,而其通常不会和检察机关发生直接冲突。毕竟,在国家监察体制改革之后,检察机关的反贪、反渎和预防等职能部门已被转隶至监察机关,而检察机关仅保留对司法工作人员利用职权实施的侵犯公民权利、损害司法公正的 14 种犯罪的侦查权。最高人民检察院统计的数据,全国检察机关在监察体制改革之前年均查处案件仅 200 件左右,平均到每个省只有区区几件。[①]

由此可见,在审查起诉环节,辩护方通常只能将检察机关作为"交涉"的对象而不是"对抗"的对象,并与之形成"交涉"关系而非"对抗"关系。否则,就既难以取得好的辩护效果,也背离了诉讼权能的配置初衷。毕竟,借由羁押控制权、程序控制权以及救济控制权的交替运用,检察机关无疑可以成为刑事审前程序中当仁不让的主导者。[②] 也正因如此,检察机关要保持应有的客观立场,特别是在认罪认罚的案件中,更要认真对待律师的辩护意见,甚至需要在必要时就量刑建议向辩护方做出让步,着力避免给人留下在被追诉人认罪认罚后如何从宽只是由检察机关说了算的印象。

(三)对象要素:刑罚裁断的目标集聚

作为认罪认罚从宽制度推行后可能兴起的一种辩护形态,"交涉性辩护"的前提是被追诉人选择了自愿认罪,辩护律师也放弃了无罪辩护。辩护律师不仅不再进行无罪辩护,通常也不再对检察机关指控的罪名提出异议,更不会就侦查程序的合法性向检察机关提

[①] 参见李奋飞:《检察机关的"新"自侦权研究》,载《中国刑事法杂志》2019 年第 1 期。

[②] 参见李奋飞:《论检察机关的审前主导权》,载《法学评论》2018 年第 6 期。

出挑战。从这个意义上讲,"交涉性辩护"大体上可被看作一种审前程序中的量刑辩护。不过,这种量刑辩护并非为了论证公诉方的某个量刑情节不成立,而是为了通过对话、协商、沟通等交涉方式,说服检察机关基于被追诉人自愿认罪的事实,对其作出不起诉处理,或向法庭提出更为轻缓的量刑建议。根据《刑事诉讼法》第173条第2款的规定,辩护律师向检察机关提出从轻、减轻或者免除处罚等从宽处罚的建议,是这种"交涉性辩护"的基本方式。此外,为确保己方的量刑观点(量刑种类和量刑幅度)能够被检察机关采纳,律师除了可以对一些不利于被追诉人的量刑情节的可靠性问题发表意见,还可以通过会见、阅卷、调查等途径发现并向检察机关提出新的有利于被追诉人的量刑情节。[1] 总之,这种"交涉性辩护"越是充分有力,检察机关占据的量刑情节就越全面、可靠,其所提出的量刑建议就越是精准、公允,也就越容易被人民法院所采纳。

按照《刑事诉讼法》第201条的规定,对于认罪认罚案件,人民法院依法作出判决时,除被告人不构成犯罪或者不应当追究刑事责任、被告人违背意愿认罪认罚、被告人否认指控的犯罪事实、起诉指控的罪名与审理认定的罪名不一致等情形外,"一般应当采纳"人民检察院指控的罪名和量刑建议。这里的"一般应当采纳"既不能被理解为"一律采纳",也不能被理解为"可以采纳也可以不采纳",而应被理解为"通常应当采纳",即没有特殊情况就应当予以采纳。因此,一旦辩护律师通过这种审前的"交涉性辩护",让检察机关选择了较为轻缓的量刑建议,事实上就等于成功说服了审判机关,被追诉人通常也就可以得到从宽处罚。

三、"交涉性辩护"之形塑

马克思指出:"人们奋斗所争取的一切,都同他们的利益相关。"[2]在刑事诉讼中,由于控辩双方时常存在不同的诉讼利益乃至对立的诉讼立场,发生对抗乃至冲突是在所难免的。但是,这种对抗性样态既不能涵盖所有诉讼阶段的控辩关系,也不是最佳的控辩

---

[1] 参见陈瑞华:《刑事辩护的几个理论问题》,载《当代法学》2012年第1期。
[2] 《马克思恩格斯全集》(第1卷),人民出版社1956年版,第82页。

关系,甚至还存在内在的局限性。特别是在被追诉人已然认罪认罚的大背景下,控辩双方无论是在事实认定上,还是在法律适用上,抑或程序选择上,都不再有明显的争议。"交涉主导型"的控辩关系,更符合控辩双方的诉讼利益。甚至可以说,正是认罪认罚从宽制度的推行,在很大程度上形塑了这种"交涉性辩护"样态。当然,这种"交涉性辩护"样态的形塑,也离不开律师作用的发挥。因此,2018年修改后的《刑事诉讼法》正式确立的值班律师制度,也对这种"交涉性辩护"样态的形塑发挥了积极作用。

(一)观念升华:对抗立场的先天局限

钱穆先生亦曾提及:"一项制度之创建,必先有创建该项制度之意识与精神。一项制度之推行,亦同样需要推行该项制度之意识与精神。"[1]"交涉性辩护"样态的形塑概莫能外。因此,在认罪认罚从宽制度入法的大背景下,我们需要首先窥探"对抗性辩护"背后的精神和意识,以此审视其必然的局限性。长期以来,很多刑事辩护律师更加重视以无罪辩护为表征的"对抗性辩护"。有的律师认为,刑事辩护的最高层级就是无罪辩护,并将无罪辩护作为首选的辩护策略;[2]有的律师喜欢"对诉讼证据小题大做、对诉讼程序吹毛求疵、对法律规定斤斤计较";有的律师习惯于借助博客、微博、微信等自媒体方式向办案机关施加压力;还有的律师甚至采取高调申请回避、绝食、静坐、打横幅、写公开信、向有关部门投诉、扬言起诉、退庭等方式来抗争。这些以无罪辩护为代表的"对抗性辩护",无疑会对公安司法机关顺利进行刑事诉讼构成明显的挑战,特别是容易引起司法拖延,加大司法成本,甚至有时还会妨碍发现事实真相。因此,有人认为,律师就是"麻烦的制造者"。[3] 如果作为强势方的公安司法机关总是把律师作为提防的对象,就不可能为律师提供稳定的权利服务渠道。而当控辩双方之间总是充满敌意、对立,以至于缺乏最

---

[1] 钱穆:《国史大纲》,商务印书馆2010年版,第415页。
[2] 经验事实表明,法院由于内部和外部的压力而不会轻易宣告被告人无罪,中国法院的无罪判决率处于极低的状态,参见陈瑞华:《刑事诉讼的中国模式》,法律出版社2010年版,第314~316页。
[3] 参见李奋飞:《论"表演性辩护"——中国律师法庭辩护功能的异化及其矫正》,载《政法论坛》2015年第2期。

基本的信任和尊重的时候，刑事辩护的司法环境将很难得到根本扭转，甚至还可能会趋于恶化，并最终有损于法律职业共同体的建构。

"对抗性辩护"的局限性还体现在适用范围上。虽然"对抗性辩护"有其内在的优势，①但却应当以控辩双方存在利益争端尤其是被追诉人不认罪为前提。如果某一案件控辩双方根本就不存在明显的冲突特别是被追诉人已经自愿认罪，那么"对抗性辩护"也就将在很大程度上失去其存在的基础。正因如此，尽管"对抗性辩护"是个好东西，但却不应将其奉为"圭臬"，一旦被追诉人选择了自愿认罪，以无罪辩护为代表的"对抗性辩护"通常就失去了存续空间，而"交涉性辩护"已经成为认罪认罚案件中律师不得不选择的辩护样态。即使律师强行选择进行"对抗性辩护"，怕也难以产生积极的效果，②甚至最终会有损于委托人的利益。

(二) 立法改造：繁简分流的试错成果

伴随着实证观念的逐步渗入，近年来的司法改革成果越来越多地带有实验科学的烙印。③ 认罪认罚从宽制度就是可以作为先行试点经验被充分吸纳进而成功入法的典型例证。④ 2014 年 6 月 27 日，第十二届全国人大常委会通过了《关于授权最高人民法院、最高人民检察院在部分地区开展刑事案件速裁程序试点工作的决定》，授权"两高"在北京等 18 个城市开展为期 2 年的"刑事案件速裁程序"试点工作。⑤ 但是，从为期 2 年的试点情况来看，个案的处

---

① 在刑事诉讼中，控辩双方相互辩解、争论，有利于暴露案件中的疑点，从而使案情水落石出，所谓"真理愈辩愈明"。审判者倾听控、辩双方的意见，有利于克服偏见，形成正确的裁判。参见熊秋红：《刑事辩护论》，法律出版社 1998 年版，第 106 页以下。

② 有人通过对"司法案例库"中刑事裁判文书的调查发现，辩护方作无罪辩护但法院最终作出有罪判决的案件比率达到了 96.09%。参见谢进杰：《无罪的程序治理——无罪命题在中国的艰难展开》，广西师范大学出版社 2016 年版，第 158 页。

③ 参见李奋飞：《司法改革的实验方法——以试点方案的类型化设计为研究对象》，载《法学》2017 年第 8 期。

④ 参见杨立新：《认罪认罚从宽制度理解与适用》，载《国家检察官学院学报》2019 年第 1 期。

⑤ 有学者将中国"刑事案件速裁程序"的试点背景归结为"普通程序趋于正当化，挤占司法资源""简易程序适用范围增加，导致简者不简""刑法典新一轮修正，导致刑法圈扩张""后劳动教养时代的司法圈拓展"四个方面。参见林喜芬：《认罪认罚从宽制度的地方样本阐释——L、S、H 三个区速裁试点规则的分析》，载《东方法学》2017 年第 4 期。

理效率虽有所提升,但通过"速裁程序"审理的刑事案件总量及比例较低,而且主要集中在危险驾驶类案件。① 因此,在2年试点期限届满后,全国人大常委会又于2016年9月3日通过了《关于授权在部分地区开展刑事案件认罪认罚从宽制度试点工作的决定》,授权"两高"在上述北京等18个城市开展"认罪认罚从宽制度"试点工作。接连开展的两项试点,为认罪认罚从宽制度在刑事诉讼中的全面铺开积累了丰富的经验。

2018年10月26日,全国人大常委会通过了关于修改《刑事诉讼法》的决定。此次修改在总结吸收前述两个试点经验的基础上,②不仅将刑事案件认罪认罚可以依法从宽处理写入总则部分,使其成为中国刑事诉讼法的基本原则,还明确了侦查、审查起诉和审判程序中认罪认罚案件的具体程序规则,特别是在《刑事诉讼法》第三编第二章中还专门增加了一节,对"速裁程序"作了较为精致的规划设计。作为决策层在准确把握当代刑事司法环境和认罪认罚从宽制度价值取向的基础上提出的一项重要改革举措,认罪认罚从宽制度改革契合了中国刑事司法对于优化司法资源配置的实践需要和理性宽容的发展方向。"长期以来,社会的纹理不但界定了人类之间真正的关系与组织形态,也决定了人类关系的一般规范,以及人与人之间相互对待的预期行为模式。"③其实,认罪认罚从宽制度改革的推行,也将深刻地影响刑事诉讼中诉讼主体之间的关系。

很显然,在被追诉人自愿认罪、检察机关采取轻缓追诉措施的情形下,一种"合作性司法"的理念取代了传统的"对抗性司法",而成为一种独立的刑事诉讼模式。④ 而在"合作性司法"模式之下,合理的控辩关系不再是或者说主要不是对抗,而是或者说更多的是协

---

① 参见刘方权:《刑事速裁程序试点效果实证研究》,载《国家检察官学院学报》2018年第2期。

② 2014年,全国人大常委会授权最高人民法院、最高人民检察院在全国18个城市进行为期2年的"速裁程序"试点工作。2016年,在"速裁程序"试点工作结束之后,全国人大常委会再次授权最高人民法院、最高人民检察院在同样的18个城市进行为期两年的"认罪认罚从宽制度"的试点工作。

③ [英]艾瑞克·霍布斯鲍姆:《极端的年代:1914~1991》,郑明萱译,中信出版社2014年版,第420页。

④ 参见陈瑞华:《刑事诉讼的中国模式》,法律出版社2018年版,第69页。

商、沟通。可以说,正是认罪认罚从宽制度的推行,在很大程度上提升了被追诉人的诉讼主体地位,从而使其可以和自己的辩护律师一起与检察机关就刑罚种类、幅度及刑罚执行方式进行积极的协商、沟通,以促使检察机关提出较为轻缓的量刑建议,并最终使被追诉人获得从宽处理。毕竟,只有被追诉人同意检察机关的量刑建议并签署认罪认罚具结书,才意味着"认罚"。根据《刑事诉讼法》第222条的规定,也只有被追诉人既"认罪",又"认罚",法院才能适用"速裁程序"进行审理,也才能实现改革和立法的预期目的。

(三)机制配套:值班律师的角色嵌入

一般认为,正是"速裁程序"及"认罪认罚从宽制度"的两项试点的推进,催生了中国值班律师制度的建立。[①] 也正因如此,值班律师制度被认为是认罪认罚从宽制度的重要配套机制。这是因为,要保障认罪认罚从宽制度的公正实施,特别是保障被追诉人认罪认罚的自愿性、真实性、合法性,必须在刑事诉讼中贯彻控辩平等的理念。而要实现控辩平等,除了要通过制度设计限制国家权力的任意行使以外,还必须通过包括保障被追诉人的辩护权在内的方式来提升被追诉人的诉讼地位。而被追诉人无论是否有法律素养,也无论是否曾经有辩护经验,都无法充分地为自己辩护。自行辩护,总体上是靠不住的。这可以在很大程度上阐明,为何李庄作为曾经的刑事辩护律师,在遭受刑事追诉后同样需要聘请律师为自己提供法律帮助。但是,并不是每位被追诉者都有充裕的资金聘请律师。事实上,很多被追诉人只能依赖刑事法律援助制度来保障自己的辩护权利。

而作为刑事法律援助制度的重要组成部分,值班律师制度的实践探索直至最终入法,其意义毋庸置疑,至少首先解决了认罪认罚案件中被追诉人获得律师帮助的问题。只是由于该制度尚不完善,特别是值班律师的定位、职责尚不明确,尤其是从全国人大常委会《关于修改〈中华人民共和国刑事诉讼法〉的决定》第4条的规定来看,目前值班律师尚不具备辩护人的身份,其还只能为被追诉人提供法律咨询、程序选择建议、申请变更强制措施、对案件处理提出

---

① 参见顾永忠、李逍遥:《论我国值班律师的应然定位》,载《湖南科技大学学报(社会科学版)》2017年第4期。

意见等相对有限的法律帮助,尚难以承担起为被追诉人提供有效法律帮助的使命。可以说,值班律师目前不仅无法积极有效地参与到认罪认罚的协商过程中来,还在很大程度上异化成了"见证者"乃至"背书者",与理论的预期和理想的目标存在较大的差距。这不仅使"交涉性辩护"失去了重要支撑,也使得认罪认罚从宽制度的实施面临较大的风险。

四、"交涉性辩护"之瓶颈

与被追诉人不认罪认罚案件中的"对抗性辩护"不同,认罪认罚案件中的"交涉性辩护"主要不是在法庭审判环节,而是在审查起诉环节。因此,这种"交涉性辩护"所面向的不是作为中立裁判者的审判机关,而是作为法律监督机关并享有不起诉、量刑建议等多项权能因而处于较为强势地位的检察机关。由于被追诉人通常没有能力聘请律师,而值班律师本来应为认罪认罚案件中的辩护人,以维护被追诉人的权利为目的,确保认罪的自愿性、明知性和明智性,[①]但目前却普遍存在"见证人化"的问题,导致辩护方的交涉能力极其低下,根本无法对检察机关的量刑建议产生实质性的影响。加上《刑事诉讼法》并未明确控辩双方的协商、沟通机制,导致辩护方的交涉渠道不畅通。这一切,都构成了"交涉性辩护"的发展"瓶颈"。

(一)交涉对象过于强势

如前所述,"交涉性辩护"以说服检察机关提出有利于被追诉人的量刑建议为中心。而检察机关作为国家法律监督机关,在国家监察体制改革之后,除了拥有批准或者决定逮捕权、公诉权、诉讼监督权等职权以外,还拥有小部分职务犯罪侦查权,即对司法工作人员利用职权实施的非法拘禁罪、非法搜查罪、刑讯逼供罪、暴力取证罪等14个罪名可以进行立案侦查。[②]

这些权能交替使用足以使检察机关在刑事审前程序中扮演主导者的角色。在检察机关占据主导地位的时空维度里,如果其再不能

---

① 参见杨波:《论认罪认罚案件中值班律师制度的功能定位》,载《浙江工商大学学报》2018年第3期。

② 参见李奋飞:《检察机关的"新"自侦权研究》,载《中国刑事法杂志》2019年第1期。

秉持客观义务,"交涉性辩护"的进行将变得极为困难,甚至根本就没有生存土壤。毕竟,无论被追诉人是否聘请了辩护律师,也无论该辩护律师是否擅长沟通、协商、对话,面对"胜券在握"且短时间内很难摆脱天然的强势惯性和地位的检察机关,交涉主体很难拥有讨价还价的余地。

这是因为,"在与犯罪嫌疑人协商沟通前,检察官准备的认罪认罚具结书上多数已经写明了相应的刑期和程序适用情况。随后,检察官会'带着'提前决定好的量刑和程序适用建议与犯罪嫌疑人进行'协商'。……多数犯罪嫌疑人会直接对检察官的建议表示同意,极少数犯罪嫌疑人则会提出对量刑的疑惑或不满,检察官则会解释量刑的由来以及量刑已经从宽的表现,但基本不会对量刑建议做出修改"①。甚至,在不少检察官看来,量刑建议是检察机关代表国家拟定的,一旦成形就不得调整,被追诉人要么同意,要么不同意。② 虽然辩护人在审查起诉环节可以发表辩护意见,也可以就刑罚种类、刑期和执行方式等问题与检察机关进行沟通,但是实践中其意见很难受到重视,更不要说被认可了。

检察机关的强势地位不仅体现在量刑建议的提出上,更体现在认罪认罚从宽制度的适用上。尽管刑事诉讼法并未对适用认罪认罚从宽的案件范围进行限制,即所有案件原则上均可以适用认罪认罚从宽制度,但是在最高检察机关的相关负责人看来,"可以适用并不等于必然适用,是否适用的决定权在于司法机关。"③ 从 2018 年《刑事诉讼法》实施以来的情况来看,很多时候被追诉人已经自愿认罪,而且也希望通过律师的工作适用认罪认罚从宽制度,但却得不到检察机关的同意。毕竟,检察机关对于认罪认罚从宽制度的适用并无内在的动力。面对具有压倒性优势的检察机关,"交涉性辩护"面临困境可以说是势在必然。

---

① 曾亚:《认罪认罚从宽制度中的控辩平衡问题研究》,载《中国刑事法杂志》2018 年第 3 期。
② 参见周新:《认罪认罚从宽制度试点的实践性反思》,载《当代法学》2018 年第 2 期。
③ 参见陈国庆:《刑事诉讼法修改与刑事检察工作的新发展》,载《国家检察官学院学报》2019 年第 1 期。

(二) 交涉能力极为有限

被追诉人作为辩护权的拥有者,当然可以与检察官就量刑问题进行沟通、协商。但是,由于其通常欠缺法律知识,很多时候又丧失了人身自由,尤其是没有机会阅卷,对控方掌握的证据材料难以知悉,更不具有沟通、协商的技巧,因此,指望由其来进行这种"交涉性辩护"是不现实的,被追诉人对检察机关的量刑建议往往只能被动地接受。换句话说,在认罪认罚案件中,被追诉人迫切需要通过辩护律师来与检察机关进行协商、沟通。

但是,大多数被追诉人并没有能力聘请律师,律师辩护率还比较低。2017年,最高人民法院、司法部联合出台了《关于开展刑事案件律师辩护全覆盖试点工作的办法》,从而实现了审判阶段律师辩护的全覆盖。然而,在刑事审前程序中,如果被追诉人没有委托辩护律师,又不满足法律援助条件时,则只能由值班律师提供法律帮助。而值班律师是否具有辩护人身份和地位,与委托律师、法律援助律师工作内容的差别,是否可以行使阅卷权、会见权等均处于不明确状态。

从试点启动以来值班律师制度的运行情况看,值班律师既不会见也未阅卷,更不可能主动调查取证,因而其大多对案件事实和证据缺乏了解,加上事先也没有与被追诉人进行充分的协商和沟通,故而其通常不会对案件的量刑和程序适用发表意见。可以说,值班律师基本上只是对具结书的签署过程发挥见证作用,即值班律师的功能被异化为"见证人"。甚至,被异化为办案机关的"合作者",即"更倾向于配合司法机关的工作而非为了有效维护被追诉人权益"。①

此外,还有个更为重要的因素,影响乃至制约了辩护方的交涉能力,那就是辩护方通常并没有交涉的筹码。因为,在案件进入审查起诉程序之后,绝大多数被追诉人已经向控诉方作了有罪供述,②而

---

① 韩旭:《认罪认罚从宽制度中的值班律师——现状考察、制度局限以及法律帮助全覆盖》,载《政法学刊》2018年第2期。

② 根据中国刑事司法的基本经验,在刑事审判前阶段,犯罪嫌疑人向侦查人员做出有罪供述的比例至少在95%以上。参见陈瑞华:《刑事诉讼的中国模式》,法律出版社2018年版,第82页。

一旦有了该供述,案件往往已经达到事实清楚、证据确实充分的要求。在此背景下,辩护方与检控方就量刑问题进行协商,并不能以"认罪"为交涉筹码换取检察机关在量刑建议上的进一步退却。因为,在被追诉人已然"认罪"的情况下,是否"认罚"(同意量刑建议)对检察机关来说很多时候意义并不大。无非是被追诉人如果不"认罚"的话,不能适用"速裁程序"进行审理而已。但这并不会浪费更多的司法资源,也不会给检察机关带来办案压力。因此,对于已经"认罪"的被追诉人而言,拒绝签署认罪认罚具结书,通常并不能成为其赖以和检察机关进行交涉的"筹码"。这或是中国认罪认罚从宽制度与英美辩诉交易制度存在的最大不同,受制于辩护方的交涉能力,以至无法对检察机关的量刑建议产生实质性的影响。

(三)交涉机制严重缺失

"从本质来看,认罪认罚从宽是一种认罪协商的过程,是一种协商式刑事司法,亦是一种合作式刑事司法。因此,完善认罪认罚从宽制度的核心问题之一便是构建中国式认罪认罚从宽协商程序,理论界对此也已经有一定的共识。"[①]但是,《刑事诉讼法》在确立认罪认罚从宽制度时,没有同时对控辩协商机制作出明确的规定,从而成为制约"交涉性辩护"发展的瓶颈。

虽然,根据《刑事诉讼法》第173~174条的规定,人民检察院审查案件,应当讯问犯罪嫌疑人,听取辩护人或者值班律师、被害人及其诉讼代理人的意见,并记录在案。辩护人或者值班律师、被害人及其诉讼代理人提出书面意见的,应当附卷。犯罪嫌疑人认罪认罚的,人民检察院应当告知其享有的诉讼权利和认罪认罚的法律规定,听取犯罪嫌疑人、辩护人或者值班律师、被害人及其诉讼代理人对下列事项的意见,并记录在案:(1)涉嫌的犯罪事实、罪名及适用的法律规定;(2)从轻、减轻或者免除处罚等从宽处罚的建议;(3)认罪认罚后案件审理适用的程序;(4)其他需要听取意见的事项。犯罪嫌疑人自愿认罪,同意量刑建议和程序适用的,应当在辩护人或者值班律师在场的情况下签署认罪认罚具结书。此外,根据《刑事

---

① 樊崇义:《认罪认罚从宽协商程序的独立地位与保障机制》,载《国家检察官学院学报》2018年第1期。

诉讼法》第 176 条第 2 款的规定,犯罪嫌疑人认罪认罚的,人民检察院在提起公诉时,应当就主刑、附加刑、是否适用缓刑等提出量刑建议,并随案移送认罪认罚具结书等材料。

从上述规定来看,虽然没有出现"协商""沟通"等字眼,但是在被追诉人签署认罪认罚具结书的过程中,辩护方实际上是可以与检察机关就罪名、罪数、量刑等交换意见的,甚至还可以与其进行一定程度的协商,检察机关量刑建议的提出也应充分吸收辩护方的意见。特别是在审查起诉环节被追诉人尚未认罪的情况下,检察机关基于降低证明难度、提高诉讼效率等维度的考量,更可能会主动选择与辩护方就认罪认罚问题进行协商。也正因如此,认罪认罚具结书才被认为是具有一定控辩协议性质的文件。[1] 相应地,认罪认罚具结书的签署程序,也可以被视作"交涉性辩护"重要的机制保障。但是在司法实践中,由于缺乏机制保障,被追诉人面对检察机关事先拟定的条件,往往只能选择接受或者拒绝,并没有机会与检察官进行讨价还价。为了保障认罪认罚从宽制度的顺利实施,并为"交涉性辩护"的进行提供较为理想的程序保障,未来需要考虑建构认罪认罚协商机制。[2]

五、"交涉性辩护"之出路

作为一项被认为是从美国制度体系中引进的诉讼理念,有效辩护理念不仅正在为中国法学界和律师界所普遍接受,而且已经并将继续对中国刑事辩护制度的改革和完善提供重要动力。对于认罪认罚案件的处理而言,有效辩护被认为是保障程序公正的理论前提。唯有有效辩护,才能保障被追诉人认罪的自愿性、程序选择的

---

[1] 对于认罪认罚具结书的性质问题,理论界与实务界目前多将其定位为单方义务性质的承诺书。有研究认为,此种观点不能适应未来的发展,也不同于域外对同类协议的制度安排。赋予其双务合同性质,符合公法契约化的趋势,也能进一步促进诉讼主体地位的提升,体现刑事诉讼利益多元化的客观存在,从而对控辩协商的结果作出符合诉讼规律的安排。参见钱春:《认罪认罚从宽制度的检视与完善》,载《政治与法律》2018 年第 2 期。

[2] 有学者认为,认罪认罚协商机制应当包含协商的案件范围、协商的诉讼阶段和主体、协商的内容、量刑协商的标准、明确的量刑建议、控辩双方的反悔权和法院未采纳量刑建议时的处理规则等内容。参见张吉喜:《论认罪认罚协商机制的构建》,载《法治论坛》2018 年第 4 期。

自主性及量刑建议的公正性。① 但遗憾的是,目前认罪认罚案件的处理中存在有效辩护缺位的问题。其根源在于,由于前述"交涉性辩护"的几个"瓶颈",认罪认罚案件中的有效辩护难以获得坚实的支撑。要让"交涉性辩护"取得较为理想的效果,从而实现认罪认罚案件的有效辩护,首先,应实现交涉对象即检察官的司法官化。其次,应通过保障被追诉人获得有效的律师辩护在内的诸多途径提升辩护方的交涉能力。最后,应继续推进"以审判为中心"的诉讼制度改革,力求在不认罪认罚案件中实现庭审实质化,从而为"交涉性辩护"的展开营造良好的外部环境。

(一)交涉对象的司法官化

作为刑事审前程序中当仁不让的主导者,②检察机关既是侦查质量的评价者,也是司法资源的调控者,还是诉讼权利的保障者。特别是,在那些被追诉人认罪认罚的案件中,检察机关的主导作用将体现得更为突出。③ 毕竟,在认罪认罚案件的办理中,检察机关不仅要保障被追诉人认罪的自愿性,还要查明其认罪是否具有事实基础,并与被追诉方就量刑问题进行公平的协商、沟通,甚至还需要关注被害人的必要诉求。

对于被追诉人已然认罪认罚的案件,检察机关当然可以通过不起诉裁量权的运用,及时终结诉讼进程。对于那些拟提起公诉的案件,检察机关则要确定指控的罪名、提出精准的量刑建议以及程序选择的建议等。而包括量刑建议在内的以检察机关名义提出的建议,一般都将为法院所采纳。这使检察机关事实上不仅能够主导审前程序,甚至还在很大程度上主导了审判程序。

可以说,检察机关在认罪认罚案件中实际上扮演着"全流程"主导的角色。因此,检察官必须能够超越控方立场,履行客观义务,并扮演起中立的司法官角色。这既是检察机关作为"世界上最客观的官署"的应有之义,也是"交涉性辩护"从"自然意义上的辩护"走向

---

① 参见闵春雷:《认罪认罚案件中的有效辩护》,载《当代法学》2017年第4期。
② 参见李奋飞:《论检察机关的审前主导权》,载《法学评论》2018年第6期。
③ 检察官主导认罪协商案件是现代刑事司法的发展趋势。参见胡铭、宋善铭:《认罪认罚从宽制度中检察官的作用》,载《人民检察》2017年第14期。

"法律意义上的辩护"的症结所在。① 因为,只有检察官走向司法官化,而不是当事人化,其才能够趋向中立和超然,也才能够客观对待和认真倾听辩护方的意见和观点,从而更容易做出必要的妥协和让步,"交涉性辩护"才能获得更大的空间。

(二)交涉主体的能力建设

中国刑事诉讼模式的转型升级尚未完成,尤其是那些为现代法治国家和国际人权公约所普遍确立的诸多被追诉人的权利,以及关乎被追诉人权利保护的刑事诉讼原则,迄今尚未能在中国的《刑事诉讼法》中得到确立。而且,即使是那些《刑事诉讼法》已经明确规定的与被追诉人权利保护有关的条款,亦未能得到很好的执行。② 这一切,都导致被追诉人尚处于相对弱势的境况。

目前,认罪认罚案件中的大多数被追诉人还身处羁押状态,既面临文化素质较低、法律知识不足和信息不对称等问题,也没有能力聘请辩护律师,而值班律师作为中国刑事法律援助事业的重大突破,虽然解决了认罪认罚从宽案件中"有人帮助"的问题,但是与"有效帮助"的目标还存在很大距离。因此,要确保"交涉性辩护"取得较为理想的效果,从而在认罪认罚案件中实现有效辩护,必须保障被追诉人能够获得律师的有效帮助。

更何况,从《刑事诉讼法》第 15 条的规定来看,立法并未对认罪认罚从宽制度的适用罪名和可能判处的刑罚进行限定。也就是说,无论是重罪案件还是轻罪案件,也无论是普通犯罪案件还是职务犯罪案件,只要被追诉人自愿认罪认罚的,均应适用认罪认罚从宽制度。在此背景下,如果不能获得有效的律师辩护,处于弱势地位甚至丧失了人身自由的被追诉人面临如下困境:其不仅无法就量刑问题与处于主导乃至强势地位的检察机关进行平等的沟通和协商,从而促使检察机关提出更为轻缓的量刑建议,并最终获得更多的量刑优惠;甚至,其还会因认识能力和法律素养等方面的欠缺,而无法正确地理解认罪认罚和程序简化的法律后果,以至于做出了只

---

① 参见陈瑞华:《刑事辩护的几个理论问题》,载《当代法学》2012 年第 1 期。
② 参见李奋飞:《刑事被害人的权利保护——以复仇愿望的实现为中心》,载《政法论坛》2013 年第 5 期。

是看起来"自愿"的认罪认罚。因此,值班律师制度亟待进行系统化改造。为今之计,需要尽快明确值班律师的辩护人身份,赋予并保障值班律师会见、阅卷及量刑协商等诉讼权利,以保障其能够尽职尽责地维护被追诉人的合法权利。① 此外,为了提升辩护方的交涉能力,未来刑事诉讼立法还可以考虑赋予被追诉人以沉默权、阅卷权等。

(三)交涉环境的持续改善

"从协商机制兴起的制度基础来看,其建立在竞技性发展充分的对抗制诉讼模式中,这种模式中的诉讼程序被视为控辩双方在消极的裁决者面前进行的竞赛活动。协商机制的产生正是为了克服控辩双方过分对抗所导致的结构缺陷。"②因此,"交涉性辩护"的有效展开,除了取决于交涉对象的司法官化、交涉主体的能力建设以外,还取决于交涉环境的持续改造,尤其是在那些被追诉人不认罪认罚的案件中真正实现"实质化审理"。

从党的十八届四中全会明确提出"推进以审判为中心的诉讼制度改革",到最高人民法院、最高人民检察院、公安部、国家安全部、司法部正式出台《关于推进以审判为中心的刑事诉讼制度改革的意见》,再到最高人民法院制定发布"三项规程"③并部署试点工作,以审判为中心的刑事诉讼制度改革已被认为进入了实质性阶段。作为"以审判为中心的诉讼制度改革"的重要内容,庭审实质化改革无疑扮演了非常关键的角色。时下,这项改革的"胜负手"或可归结为,究竟什么是"庭审实质化"以及如何对其加以落实的法命题。④我们认为,庭审实质化改革的持续推进,必然要求法庭接触证据的最原始形式,尤其要亲自听取控辩双方对证人、鉴定人的交叉盘问,确保裁判者从当庭的言词陈述和辩论中形成对案件事实的内心

---

① 参见闵春雷:《认罪认罚案件中的有效辩护》,载《当代法学》2017年第4期。
② 曾亚:《认罪认罚从宽制度中的控辩平衡问题研究》,载《中国刑事法杂志》2018年第3期。
③ "三项规程"指最高人民法院发布的《人民法院办理刑事案件庭前会议规程(试行)》《人民法院办理刑事案件排除非法证据规程(试行)》《人民法院办理刑事案件第一审普通程序法庭调查规程(试行)》。
④ 参见龙宗智:《庭审实质化的路径和方法》,载《法学研究》2015年第5期。

确信。这就要求法庭在控辩双方对证人、鉴定人证言提出异议的情况下,能够尽可能安排证人、鉴定人出庭作证。

在此背景下,控辩双方的对抗无疑将得到强化,并导致庭审耗时的大大增加,相应的司法资源耗费也将大幅增长。如果检察机关不能在更多的案件当中与被追诉人达成认罪认罚合意,不仅会让法庭不堪重负,也将使自己面临讼累的风险。如果司法改革的持续推进可以为辩护方营造出这样的交涉环境,就可以促使检察机关在量刑协商时做出必要的妥协和让步,进而向法庭提出更为轻缓的量刑建议,并最终使"交涉性辩护"取得较为理想的效果。

六、结语

《宪法》第 130 条规定的"被告人有权获得辩护"意味着,"获得辩护"不仅是司法原则,也是一项基本权利,不仅被追诉人在刑事诉讼的每一个阶段都享有获得辩护的权利,[1]而且在任何情况下,其都不应成为形式和摆设,无论被追诉人是否认罪,有效辩护都应成为刑事诉讼程序公正的底限。[2] 近些年来,美国也已开始重视辩诉交易中的有效辩护问题,自 2010 年起,联邦最高法院先后通过 3 个判例,将被告人获得有效辩护这一宪法性权利,扩展到了刑事协商阶段。[3]

不过,与不认罪认罚案件有所不同,认罪认罚案件的有效辩护更多体现在,确保被追诉人所签署的认罪认罚具结书符合自愿性、真实性、合法性的要求,并主要通过审查起诉环节中与检察机关的有效协商和沟通,促使检察机关做出对被追诉人有利的处理,特别是能够提出更为轻缓的量刑建议。这种区别于传统的"对抗性辩护"的辩护样态在认罪认罚从宽制度改革的大背景下目前已经初见端倪。但是,这种"交涉性辩护"在司法实践中还面临诸多制约。作为交涉对象的检察机关的强势主导、作为交涉主体的辩护方的能力低下以及交涉规则的严重缺失,导致"交涉性辩护"目前尚很难有太大

---

[1] 参见尹晓红:《获得辩护权是被追诉人的基本权利——对〈宪法〉第 125 条"获得辩护"规定的法解释》,载《法学》2012 年第 3 期。
[2] 参见闵春雷:《认罪认罚案件中的有效辩护》,载《当代法学》2017 年第 4 期。
[3] 参见吴思远:《论协商性司法的价值立场》,载《当代法学》2018 年第 2 期。

的空间。

尽管,我们可以在对"交涉性辩护"的制约"瓶颈"进行分析的基础上,提出完善的理论方案,力求实现检察官的司法官化、控辩双方的协商能力相当、协商渠道畅通以及信息对称,避免被追诉人因压力或欺瞒签下"城下之盟"。但是,如果不能继续推进包括"以审判为中心"的诉讼制度改革在内的司法改革,并确保那些不认罪认罚的案件能够真正实现"实质化审理",就难以为"交涉性辩护"争取更大的发展空间。而要在不认罪认罚的案件中实现庭审实质化,就必须真正推动"以审判为中心"的诉讼制度改革,并彻底抛弃那种"以侦查为中心"的诉讼模式。"以侦查为中心"的诉讼模式突显了侦查在刑事诉讼中的龙头地位,其形成虽有诸多复杂溯因,但公、检、法三机关的职能及关系异化却是核心症结。① 然而,要理顺公、检、法之间的主体关系,将是个持续而漫长的过程。换言之,中国刑事诉讼模式的转型升级,既不可能在朝夕之间完成,也不会同我们的理性设计完全吻合。② 因此,这也意味着,"交涉性辩护"要步入正常的轨道,特别是能取得较为理想的效果,依然还有很长的路要走。

---

① 参见李奋飞:《打造中国特色的刑事诉讼模式》,载《人民法院报》2016 年 10 月 11 日。
② 参见李奋飞:《从"顺承模式"到"层控模式"——"以审判为中心"的诉讼制度改革评析》,载《中外法学》2016 年第 3 期。

第九章 论"唯庭审主义"之辩护模式

一、问题的提出

一般认为,在缺乏中立裁判者参与的所谓"诉讼活动"中,辩护是难以有其存在空间的。毕竟,无论是否有律师的参与,也无论其辩护意见是否具有说服力,都无法发挥直接的辩护效果。① 而在中国刑事审前程序中,诉讼构造具有明显的"线形特征",大大制约了辩护律师与追诉方进行交涉的能力。毕竟,在无中立的第三者倾听与裁决的情况下,即使法律赋予律师充分的诉讼权利,也很难期待其能有效地发挥辩护作用。② 与此相对应的是,有不少律师至今也认为,在中国的刑事审前程序中,其能做的工作异常有限,因而对该时序期间的辩护关注度明显不够。甚至很多律师只把庭审环节当成辩护权运行的重要场域,甚至是唯一场域,因而比较重视法庭上的质证、辩论等辩护活动。虽然大多数律师已在刑事审前程序行使了会见、阅卷等诉讼权利,也形成了自己的辩护意见;但在此之后其却时常不与检警机关设法交涉、沟通,很多时候也不向其提交自己的辩护

---

① 参见陈瑞华:《刑事辩护的几个理论问题》,载《当代法学》2012年第1期。
② 参见熊秋红:《刑事辩护的规范体系及其运行环境》,载《政法论坛》2012年第5期。

意见,以至于在整个审前程序中,律师往往未能说服检警机关作出任何有利于己方的决定。在庭审辩护时,律师基本上不会向法庭提出己方的证据,而不得不依赖于控方制作的卷宗材料。在这样的庭审中,宣读辩护词或者发表辩护意见,被认为是律师法庭辩护的高潮环节。只是,其所宣读的辩护词或发表的辩护意见,通常都是根据书面卷宗材料事先拟好的。

对于这种单纯"以法庭为场域"的辩护模式,本章将其概括为"唯庭审主义"的辩护模式。这种辩护模式,可以说"影响了一代又一代辩护律师,具有鲜明的中国特色"。① 其形成与审前辩护空间的局限、认识偏差的普遍性、技能欠缺的突出性等有着紧密的关系,并带来了诸多消极后果,尤其是辩护效果不佳,律师正确的意见得不到法庭采纳,被追诉人的利益难以得到保障,也无法使侦查错误及时获得纠正。2012年《刑事诉讼法》的修改,认可了律师在刑事审前程序中的辩护人地位。律师在侦查阶段不仅取得了调查取证权,还可以在批准逮捕、侦查终结、审查起诉、庭前会议等程序中向公安司法机关提交辩护意见。该法对辩护制度所作的上述重大修改,为律师在审前程序中发挥作用提供了制度空间。此外,认罪认罚从宽制度等相关司法改革目前也在深入推进,审前辩护的重要性无疑越发显著。可以说,对于认罪认罚案件而言,审前辩护实际上更具有决定性的意义。正如有学者指出的那样,律师的有效辩护,是保障认罪认罚案件程序公正的理论前提,唯有效辩护才能保障被告人认罪的自愿性、程序选择的自主性及量刑建议的公正性。②

目前律师界基于对"唯庭审主义"之辩护模式的反思,已逐渐重视"辩护前移"工作。有的律师在侦查、审查起诉阶段,特别是在检察机关审查批捕环节,就开始发表自己的辩护意见,并通过各种方式与检警机关积极沟通、协商,劝解加害方在法律框架内与被害方达成谅解,努力促使检警机关作出有利于被追诉人的处理决定,诸如撤销案件、不起诉、变更为较轻的罪名、采取取保候审措施、排除非法证据等。有的律师甚至认为,进行有效辩护的黄金阶段就是侦

―――――――
① 陈瑞华:《走出"大专辩论会"式的辩护格局》,载《中国律师》2018年第3期。
② 参见闵春雷:《认罪认罚案件中的有效辩护》,载《当代法学》2017年第4期。

查阶段,特别是犯罪嫌疑人被逮捕之前;还有的律师不仅进行"辩护前移",还积极通过庭外、庭后的"程序外交涉活动",力求实现好的辩护效果。但是,要从根本上突破"唯庭审主义"的辩护模式,目前还面临着一些制度困境。在笔者看来,如果不能确立检察机关在刑事审前的主导地位并实现办案方式的适度"司法化",如果不能对律师权利进行必要的增设和有效的保障,又如果刑事法律援助的质量仍然缺乏外在的标准和制约,尤其是值班律师的定位仍然模糊不清,就难以为审前辩护提供更大的制度空间,指望中国律师走出"唯庭审主义"的辩护模式,显然是不具有现实可能性的。

二、"唯庭审主义"之特征

有学者曾指出,作为社会科学研究方法的一种,"模式论"是一种描述式的理论解释方法,其意图主要在于揭示某一制度或实践的属性和特征,而对某一制度性质的揭示往往要通过与类似制度的比较才可以完成,而使这种揭示更为透彻和全面。[1] 以刑事辩护为例。刑事辩护要取得良好的效果,既需要律师尽早介入(最好从犯罪嫌疑人被采取强制措施之日起就能介入案件),也需要律师全程参与(最好是侦查阶段、审查起诉阶段、审判阶段全程代理)。律师不仅应把法庭作为施展辩护才华的舞台,而且也应将辩护活动延伸到审判程序之前、法庭之外甚至庭审程序之后。只有这样,才能使刑事辩护的空间得到有效拓展。[2] 这样,律师不仅可以通过会见尽早了解案件情况,让辩护工作得以尽早开展,还可以为已被羁押的被追诉人申请取保候审,使其早日获得自由,以便行使调查取证等权利。这样,被追诉人就可以在辩护方面发挥更积极的作用,从而促进有效辩护目标的实现。由于全程参与,律师对案件可以进行全方位把握,从而在与被追诉人充分协商后,制定正确的辩护策略。有了正确的策略作指导,律师辩护就不再是消极被动的。[3] 具有这种全方位思维的律师,可以根据案件的具体情况和所处阶段,适时展开会

---

[1] 参见陈瑞华:《论法学研究方法》,法律出版社 2017 年版,第 298 页。
[2] 参见陈瑞华:《走出"大专辩论会"式的辩护格局》,载《中国律师》2018 年第 3 期。
[3] 参见贾宇、舒洪水:《刑事辩护策略的解读与运用》,载《中国刑事法杂志》2013 年第 2 期。

见、阅卷、调查取证等辩护活动,并在形成辩护思路后,通过与检警机关的有效沟通、协商,让其作出有利于被追诉人的处理决定,或者与其就某些问题达成共识。这样,即使案件被起诉到法院,律师的辩护意见也往往更容易被法庭采纳。这种向庭前、庭审、庭外要辩护效果的全方位辩护策略,或可概括为"全方位主义"的辩护模式。与此相对应的则是"唯庭审主义"的辩护模式。这一辩护模式的基本特征是:律师重视审判环节特别是庭审环节的辩护,却忽视审前程序的辩护,甚至把刑事辩护变成了刑事庭审环节的辩护;审前介入后,即使形成了辩护意见,也不与检警机关积极协商、交涉、沟通,更不要说让其作出有利于己方的决定了。由于审前程序中的辩护消极、被动,律师通常都未进行任何调查核实证据的工作,庭审辩护不得不完全依赖于控方的卷宗材料,甚至把发表辩护词当成了法庭辩护的高潮。为了让读者对这种久盛不衰的辩护模式有更为清晰的认识,本章首先对其基本特征进行描述。

(一)辩护意见的时序特定

1996年《刑事诉讼法》修改之前,律师只能在刑事审判阶段介入,刑事审前程序的辩护则没有任何制度空间。1996年修改后的《刑事诉讼法》明确赋予律师介入侦查程序的权利,接受委托的律师会见在押的犯罪嫌疑人,除涉及国家秘密的案件外,不需要经过批准。然而在当时的司法实践中,律师要会见"非涉秘"案件的犯罪嫌疑人时,几乎都必须经过批准或者变相批准。即使形式上不需要批准,但办案机关不安排会见,律师仍无法实现会见权利。不仅如此,即使律师的会见要求得到批准,会见的时间、次数、方式也受到严格控制。不仅是会见权,《刑事诉讼法》授予律师的其他诉讼权利,包括阅卷、申请变更强制措施、调查取证等,也都不同程度地成了难以实现的"书面权利"。2012年《刑事诉讼法》对中国辩护制度作了重大修改。侦查阶段接受委托的律师,不再只是提供法律帮助的律师,而是成为了辩护人。对于绝大多数案件,律师只要凭"三证"(律师执业证书、律师事务所证明和委托书或者法律援助公函)就可以到看守所直接要求会见。在审查起诉阶段,律师还可以查阅、摘抄、复制本案的案卷材料。检察机关审查案件,也应当听取辩护人的意见,而辩护人提出书面意见的还要附卷。更重要的是,对于公安司法机关及其工作人员阻碍辩护人依法行使诉讼权利的,其还享有合法的申诉控告权利。作为法律监督机关的人民检察院,应当对辩护人的申诉或者控告及时审查,其中情况属实的,通知有关机关予以纠正。上述修改对于保障辩护律师的执业权利,进而对保障刑事审前程序中律师的有效参与,无疑有着较为积极的意义。

但是,对于刑事审前程序中律师辩护权的实现而言,上述修改只是其中一环,尽管可能是非常重要的一环。关键要看,律师能否认识到审前辩护的重要性,能否通过积极运用各种诉讼权利尤其是沟通协商的技巧说服审前程序中作为决策者的检警机关。以审查批捕环节的辩护为例。如果律师的积极沟通、交涉能够发挥作用,就可以阻止检察官对已被拘留的犯罪嫌疑人作出批捕决定,其结果通常是对其变更为取保候审。通过与律师的访谈情况来看,这种变更对审判结果的影响是非常明显的。律师的无罪辩护意见如果被检警机关采纳,还可以及时终止诉讼进程,将案件"消化"在审前程序。但遗憾的是,相关调查结果显示,较少有律师在侦查阶段提出辩护意见,审查批准逮捕程序中的律师参与也明显不足。[①] 而犯罪嫌疑人一旦被逮捕羁押,就将影响后续的司法程序(包括但又不仅限于审判程序),甚至可能成为法院定罪的"前奏"和量刑的"预演"。由此,辩护意见在刑事司法进程中的公开时序,也就具有了某种特定性,即集中于庭审环节。

(二)控辩合意的难于达成

有研究已经指出,律师正确的辩护意见被采纳难,已经成为当前刑事辩护中的一大突出问题。[②] 虽然根据2012年《刑事诉讼法》的规定,公、检、法三机关都可以作为律师意见的采纳主体,但是相对于作为中立裁判者的法院而言,要让作为追诉者的检警机关采纳律

---

① 参见刘方权:《侦查阶段律师辩护问题实证研究》,载《四川大学学报(哲学社会科学版)》2016年第3期。

② 参见韩旭:《律师辩护意见被采纳难的多视角透视》,载《海南大学学报(人文社会科学版)》2008年第4期。

师意见显然更为困难。① 2016年9月,全国人民代表大会常务委员会通过了《关于授权最高人民法院、最高人民检察院在部分地区开展刑事案件认罪认罚从宽制度试点工作的决定》,正式明确在18个城市开展刑事案件认罪认罚从宽制度试点工作,从而为中国辩护制度的实质性发展提供了历史契机。② 2018年10月26日,全国人民代表大会常务委员会《关于修改〈中华人民共和国刑事诉讼法〉的决定》(以下简称《刑事诉讼法修正案》)总结吸收了速裁程序试点和认罪认罚从宽制度试点工作的经验,明确了刑事案件认罪认罚可以依法从宽处理的原则,并完善了相关程序规定,契合了我国刑事司法对于优化司法资源配置的实践需要和理性宽容的发展方向。

在认罪认罚案件中,辩护律师协助被追诉人进行程序选择,并保障其认罪认罚的自愿性、真实性、明智性。尽管认罪认罚从宽制度"并不完全具备(辩诉交易)这种预期利益的明确性,在职权主义的影响下,有时从轻或从宽处理更像国家对被告人一种额外的恩惠,被告人并没有讨价还价的余地,实难称之为'交易'或是'合同'",③但是,辩护律师对此程序的有效参与,不仅可以对检警机关追诉的罪名和理由进行审核,还可以通过积极的协商、沟通和交涉,影响控方的处理决定(尤其是量刑方案)。实际上,认罪认罚从宽本身就包含着控辩双方协商,特别是就量刑问题讨价还价的成分。④ 如果控辩双方能够就量刑方案达成共识,律师意见实际就成为检察官量刑建议的一部分。这样可以更有效地约束法院的量刑裁量权,并确保被告人真正得到"优惠"。毕竟,检察机关普遍重视量刑建议的准确率,并为此建立了严格的考核指标,而公诉人一经

---

① 根据陈卫东教授等的调查,对于辩护人了解罪名、相关案情及提出辩护人意见,有30.5%的受访律师表示:"办案人员一般不接待,书面材料与口头意见均无法落定。"57.2%的受访律师表示:"办案人员收取辩护材料后,未置可否。"仅有12.2%的受访律师表示:"办案人员有时会认真听取意见。"转引自刘方权:《侦查阶段律师辩护问题实证研究》,载《四川大学学报(哲学社会科学版)》2016年第3期。

② 参见赵恒:《认罪认罚从宽制度适用与律师辩护制度发展——以刑事速裁程序为例的思考》,载《云南社会科学》2016年第6期。

③ 樊崇义、李思远:《认罪认罚从宽程序中的三个问题》,载《人民检察》2016年第8期。

④ 参见陈卫东:《认罪认罚从宽制度研究》,载《中国法学》2016年第2期;陈瑞华:《认罪认罚从宽制度的若干争议问题》,载《中国法学》2017年第1期。

提出量刑建议,通常会坚持到底。①

(三)庭审辩护的卷宗依赖

"唯法庭主义"的辩护模式尤其表现在,律师仅把法庭审理环节当成辩护的主场域,甚至唯一场域,并把当庭发表辩护意见或宣读辩护词作为法庭辩护的高潮。而且,律师发表的辩护意见或宣读的辩护词,通常是根据控方的卷宗材料事先撰写的。换句话说,律师作的只是"消极辩护",即在没有提交任何证据的情况下,仅仅通过攻击、反驳控方证据漏洞的方式来影响裁判者的内心确信。而律师要进行"积极辩护",则需要主动收集和调取有利于被告人的证据,提出被追诉人无罪、罪轻或者减轻、免除刑事责任的证据和意见。尽管很多时候"消极辩护"比"积极辩护"更重要,②但这绝不意味着"积极辩护"无关痛痒。特别是在公诉方通过宣读案卷笔录,进而主导和控制法庭调查的问题至今尚无法得到有效解决的背景下,则更是如此。要进行"积极辩护",就需要律师在审前能够主动行使调查取证权,尽可能获取有利于被追诉人的证据材料。必要时,律师还应在庭外通过让加害方与被害方达成和解、说服被追诉人及其家人积极退赃退赔等方式,促成一些有利于被追诉人的量刑情节。

实证调研的结果显示,律师认为应该调查而没有调查的主要原因包括:律师担心自己被追究刑事责任(42.2%),担心自己或被调查人的人身或财产安全受到对方威胁(15.3%),担心公、检、法机关可能因此对犯罪嫌疑人或被告人进行报复性处理(12.3%)。不少律师基于调查取证工作存在的困难和风险,③常常放弃调查取证权的行使,也不积极促成新的量刑情节。而如果辩护律师既不在开庭前调查核实证据,也不积极促成新的量刑情节,很难说其已在庭前进行了充分的防御准备。这样,庭审时律师往往只能依赖于控方的

---

① 参见陈瑞华:《量刑程序中的理论问题》,北京大学出版社2011年版,第144页。
② 参见李奋飞:《"作证却免于强制出庭"抑或"免于强制作证"?——〈刑事诉讼法〉第188条第1款的法教义学分析》,载《中外法学》2015年第2期。
③ 参见陈瑞华主编:《刑事辩护制度的实证考察》,北京大学出版社2005年版,第18页。

卷宗材料来进行"消极辩护",刑事辩护的"表演化"就不可避免了。① 有人在查阅某基层法院的 120 份刑事卷宗材料后发现:只有 30 起案件中律师出示了辩护证据,对罪与非罪、罪名和量刑可能有重要影响的证据只有 5 起案件中的 8 份证据,其余多数是基层群众组织或者邻居朋友出具的品格证明。② 这份调研材料虽然形成于 10 年前,但是大体上可反映出多年以来庭审辩护依赖控方卷宗的事实。如果说律师调查收集被追诉人无罪的证据,有时确实会存在职业风险的话,那么,调查收集罪轻的证据——尤其是量刑证据——通常没有什么潜在危机。很多律师之所以连量刑证据也未提交,不是调查不能,而是重视不够。实际上,就量刑情节特别是酌定量刑情节而言,诸如被害人存在过错,被告人一贯表现良好,属于初犯、偶犯或激情犯,需要赡养老人、抚养孩子等,都存在很大的挖掘空间。

三、"唯庭审主义"之诱因

"刑事诉讼的历史就是扩大刑事辩护权的历史"。③ 无论旧法还是新法,都在完善辩护制度方面取得了重大进展,这些进展甚至被理论界认为是突破和亮点。比如,1996 年《刑事诉讼法》修改就被诉讼法学界普遍认为有四大突破或四大亮点:废除了收容审查、取消了免予起诉、加强了辩护制度、改革了庭审模式。④ 虽然一些困扰刑事辩护的突出问题基本获得解决,但完善后的刑事辩护制度的切实贯彻却依然任重道远。⑤ 例如,侦查阶段接受委托的律师虽然已在立法上取得了辩护人的诉讼地位,却未能在刑事审前程序发挥辩护人的应有作用,甚至仍然将辩护的重心放在审判阶段乃至庭审环节,呈现了一种"唯庭审主义"的辩护模式。从笔者的访谈情况来

---

① 参见李奋飞:《论"表演性辩护"——中国律师法庭辩护功能的异化及其矫正》,载《政法论坛》2015 年第 2 期。
② 参见康怀玉:《让我看到法律——刑辩律师的真实处境及其他》,载中华全国律师协会编:《第四届中国律师论坛百篇优秀论文集》,中国政法大学出版社 2004 年版。
③ [日]田口守一:《刑事诉讼法》,刘迪、张凌、穆津译,法律出版社 2000 年版,第 89 页。
④ 参见崔敏:《中国刑事诉讼法的新发展——刑事诉讼法修改研讨的全面回顾》,中国人民公安大学出版社 1996 年版,第 15 页以下。
⑤ 参见顾永忠:《我国刑事辩护制度的回顾与展望》,载《法学家》2012 年第 3 期。

看,在中国刑事辩护领域之所以存在"唯庭审主义"的惯性,主要有三个方面的原因。

(一)审前空间的局限性

刑事辩护制度的进步、发展不仅体现在自身上,而且受刑事诉讼制度的极大影响并推动诉讼制度的整体进步与发展。① 尽管立法上赋予律师在刑事审前程序中的辩护人地位,但辩护空间的大小却受制于司法改革的进程。正如有学者曾指出的,刑事审前程序中的辩护之所以没有空间,是因为侦查程序的高度封闭和警察、检察官与案件结局的利害关系以及缺乏中立第三方的裁判机制等。② 但是,这些问题并没有随着新法出台得到解决。很显然,如果只是赋予刑事审前程序中的律师以辩护人地位,却不能相应构建中立的裁判者参与、控辩双方平等交涉的司法格局,辩护活动一旦受到追诉机构的阻挠和限制,就势必难以获得及时有效的救济。

尽管2012年《刑事诉讼法》第47条为律师创设了权利救济途径,③但救济方与侵权方要么存在同一关系,要么具有先天的亲近感。尤其这种主要靠检察机关"自觉"遵守的制度设计,很难有效保障律师获得救济的权利。假如检察机关怠于提供救济,律师又为之奈何?结果只能是,立法的授权无法成为维护被追诉人合法权利的真实力量。④ 而中国的刑事审前程序在某种程度上至今仍然是一种单方追究机制。其体现为一种线形构造,使被追诉者主要向追诉者而非裁判者主张权利,这种状态使辩护权行使的有效性受到抑制。⑤

作为社会治理平台的执法部门,追诉机构在理论上没有任何职业的或者部门的利益,而是代表国家实现法律意志,特别是检察机

---

① 参见顾永忠:《刑事辩护的现代法治涵义解读——兼谈我国刑事辩护制度的完善》,载《中国法学》2009年第6期。
② 参见陈瑞华:《增列权利还是加强救济?——简论刑事审判前程序中的辩护问题》,载《环球法律评论》2006年第5期。
③ 参见陈卫东、杜磊:《检察官客观义务的立法评析》,载《国家检察官学院学报》2015年第3期。
④ 参见李奋飞:《中国律师业的"格局"之辨——以辩护领域的定性研究为基点》,载《政法论坛》2017年第4期。
⑤ 参见熊秋红:《审前程序中的律师辩护权》,载《法律科学(西北政法学院学报)》2004年第5期。

关还被赋予了客观义务。但是,制度形态的追诉机构与承担具体追诉职责的追诉人员,有时会"貌合神离"。毕竟,实际的程序操作者都是活生生的个人,都具有趋利避害的本能,且深深地镶嵌在特定的文化、体制、人际网络和舆论环境之中。[①] 长期以来,律师在侦查阶段的法定诉讼权利之所以陷入困境,与追诉人员对律师的态度有直接关系。虽然在刑事审前程序中律师享有发表辩护意见的权利,尽管新法也要求公安、检察机关在办案过程中认真听取律师的意见,但无论是案件侦查终结前还是审查起诉环节,抑或审查批捕过程中,警察、检察官一般都不会主动听取辩护律师的意见。即便在律师明确提出要求时,办案人员通常也不会当面听取意见,而是采取变通方式,即要求律师提交书面意见来代替当面的口头陈述。对于律师提出的意见,办案机关通常也不会采纳。有学者通过线上线下问卷填答的方式,调查了557位执业律师向检警机关提出取保候审申请后的批准情况。调查结果表明,至2015年年底,超过半数的律师表示,在向检警机关提出取保候审申请后,极少获得批准,仅有3.2%的律师表示申请大多会被批准。[②] 如果说律师的法定诉讼权利都难以得到保障,那些法律或司法解释没有明确规定的权利,就更无法行使了。以侦查阶段律师是否享有阅卷权为例。在包括侦查人员在内的执法人员看来,凡是法律或司法解释没有明确规定的权利,律师就不享有。其实,法律或司法解释没有明确规定的权利,不等于其不存在,更不意味着其不应该存在。而且,某种权利的实际存在与否,也与其在实践中能否获得尊重和保障无关。[③] 因此,在侦查阶段,接受委托的律师要查阅卷宗材料是不太可能得到允许的。

(二)认识偏差的普遍性

作为从刑事诉讼启动到法院审理前的程序(具体包括侦查和起

---

① 参见李奋飞:《刑事被害人的权利保护——以复仇愿望的实现为中心》,载《政法论坛》2013年第5期。

② 参见郭烁:《取保候审适用的影响性因素实证研究》,载《政法论坛》2017年第5期。

③ 参见李奋飞:《"作证却免于强制出庭"抑或"免于强制作证"?——〈刑事诉讼法〉第188条第1款的法教义学分析》,载《中外法学》2015年第2期。

诉两个诉讼阶段),审前程序尤其是侦查程序在整个刑事诉讼中无疑居于重要地位。以侦查程序为例。一般而言,侦查人员收集的证据以及认定的案件事实,既是检察机关提起公诉的依据,也是人民法院的裁判根据。① 正因为如此,侦查被认为是决定被追诉人命运的关键阶段。② 侦查序幕一旦拉开,其他诉讼环节的价值就更多体现为保障前者的目标实现。这样,强制措施不再单纯服务于诉讼保障,而变为特殊的侦查手段。

这种"侦查中心主义"的诉讼模式具有强大惯性,且不会随着以审判为中心的诉讼制度改革的推进即刻退出历史舞台。正因为如此,强调律师在刑事审前程序的尽早介入,特别是在检察机关的批准逮捕程序中充分行使辩护权,具有极为重要的意义,即可以对批准逮捕的决定施加有效影响,使其更有可能作出取保候审的有利决定。然而遗憾的是,不少人(包括但不限于律师)大都认识到审前程序尤其是侦查程序的重要性,但对审前辩护的重要性却认识不够。有检察官曾统计了2013年、2014年、2015年(截至2015年9月1日)自己办理的审查逮捕案件,在312件案件401名律师中律师提出意见的仅4件6人,约占总件数1.28%、总人数1.5%。③ 甚至有的律师仅将审前辩护看作未来法庭辩护的准备活动。因此,尽管有的律师在侦查环节就已介入,却没有发挥辩护人的应有作用。④ 其虽然也进行了会见、阅卷等工作,却没有真正展开审前辩护,而只是将这些工作看作庭审辩护的准备活动,他们更在意的还是在法庭上的表现。由于很多律师没有认识到审前辩护的重要性,加上习惯性地认为审前辩护的作用不大,审前辩护的收费也"理不直气不壮"。⑤

但是,如果律师在审前环节收费太低,就可能使其丧失积极辩护的动力,再加上审前辩护的职业风险较大,结果不少律师在漫长的

---

① 参见陈瑞华:《论侦查中心主义》,载《政法论坛》2017年第2期。
② 参见陈卫东、李奋飞:《论侦查权的司法控制》,载《政法论坛》2000年第6期。
③ 有学者也认为,在侦查阶段,案件尚未侦查终结,犯罪嫌疑人是否有罪尚未有明确的结论,辩护律师很难提出有针对性的辩护意见。参见张中:《论侦查阶段的有效辩护》,载《当代法学》2017年第6期。
④ 参见闵丰锦:《论审查逮捕程序中新型检律关系的重塑》,载《重庆理工大学学报(社会科学)》2017年第1期。
⑤ 张兵:《"审前辩护"催生中国律师收费改革》,载《中国经济周刊》2013年第19期。

审前程序几乎无所作为。毕竟审前辩护不像庭审辩护那么透明,由于没有群众旁听,即使律师有着较好的表现和努力,①通常也难以为其赢得声誉、提高知名度,亦无益于挖掘潜在客户。所以,没有收入的激励,律师审前的辩护远不如法庭上的辩护那么卖力。实际上,从相关的数据来看,②审前辩护还是有一定的"空间"的。这些"空间",已为律师提高收费提供了充分的理由。当然,提高审前辩护的质量,仅仅靠提高审前辩护的收费是不够的。如果律师自身不能充分认识到审前辩护的重要性,还是将法庭审判作为辩护的重心,甚至唯一场域,即便提高审前辩护的收费,也未必能提高审前辩护的质量。

(三)技能缺失的突出性

应该承认,不少律师在介入刑事审前程序后,也希望能够充分发挥辩护人作用,更希望能够通过自己的工作,促使检警机关作出对犯罪嫌疑人有利的决定。但是,由于相关专业训练存在不足,以及对审前辩护技能的生疏,致使很多律师根本不擅长与检警机关进行沟通、协商、交涉(从辩护策略上看,由于审前程序并不具有对抗争辩的平台,律师辩护确实应从对抗争辩走向沟通、协商、交涉),更谈不上说服其接受自己的观点了。正如有学者指出,"迄今为止,任何人只要取得了本科学历,就可以报考国家统一司法考试。这就意味着,大量没有受到系统法律专业训练的人士,通过短期的法律集中培训,通过了司法考试,就可以取得律师资格。不仅如此,取得律师资格的人只需要经过一年的律师事务所实习,就可以取得执业证书,并进而接受委托担任辩护人。相对于英美律师同行而言,中国律师不需要经过学徒式的实务研习,没有取得太多执业经验,就可以从事包括辩护在内的律师业务了。而与大陆法国家的律师同行相比,中国律师也没有在司法研修机构学习法律实务的经历,没有

---

① "实际上,可能有辩护意见被部分采纳,但犯罪嫌疑人及其亲属往往只要看到批捕,就认为律师没有起到作用,忽视了律师介入过程中付出的系列努力。"参见闵丰锦:《论审查逮捕程序中新型检律关系的重塑》,载《重庆理工大学学报(社会科学)》2017年第1期。

② 曹建明:《最高人民检察院工作报告》,2018年3月25日在第十三届全国人民代表大会第一次会议上。

法官、检察官、律师的实务指导,更无法经受带有实务能力检测性质的第二次司法考试。这种在法律专业训练和实务研习两个方面的不足,最终对律师辩护水平造成消极的影响"。①

更何况,在刑事审前程序尤其是侦查程序中,律师辩护需要的技能与法庭上的辩护存在很大不同。中国辩护律师训练较多也更擅长的——诸如撰写、发表辩护意见等法庭辩护技能——在此阶段经常并不管用。在认罪认罚从宽改革的背景下,更需要律师具备与检警机关就相关的实体和程序问题进行对话、协商、谈判、交涉等沟通技能。但是,从日本侦查辩护的实践来看,每一位律师进行的侦查辩护都是在舞台后面进行的,既没有审判阶段辩护那样的记录,也没有形成共同认识的基础。其结果是,人们所说的侦查辩护的"技术",至今基本上还不存在。② 与日本相比,中国审前辩护的历史更短,且审前程序中的律师辩护率多年以来一直处于低迷状态,律师对审前辩护的技能训练本就不足,从认罪认罚从宽制度改革试点的情况看,很多时候律师并不知道该如何与办案人员进行沟通,更谈不上说服其采纳自己的意见了。有的律师在遇到沟通障碍后,要么消极放弃,要么据理"死磕"。这其实都是不明智的,也都是不擅长沟通的表现。律师要提升辩护效果(包括但不限于审前辩护),不能只是坐等办案机关主动保障自己的辩护权利,而是要努力训练提高自己的沟通技巧。

四、"唯庭审主义"之反思

对于中国的刑事辩护律师而言,"唯庭审主义"通常并没有什么挑战,也不会轻易使自己面临职业风险。但在"唯庭审主义"的辩护模式下,律师能发挥作用的空间也比较有限。对此,不仅律师们心知肚明,律师服务的对象可能也是清楚的。有学者对在押人员进行问卷调查后发现,部分被告人之所以没有聘请辩护律师,主要是因为他们认为"律师起不了作用"。尤其表现在,律师在法庭上的质证

---

① 陈瑞华:《刑事诉讼中的有效辩护问题》,载《苏州大学学报(哲学社会科学版)》2014年第5期。

② 参见[日]佐藤博史:《刑事辩护的技术与伦理:刑事辩护的心境、技巧和体魄》,于秀峰、张凌译,法律出版社2012年版,第7页。

或辩论很难影响诉讼结果。① 2010年以后,在法院获得无罪判决的被告人人数逐年下降,无罪判决率逐年持续走低,②这既可以说明,法庭审判流于形式的问题依然没有得到根本解决,也足以解释,那种"唯庭审主义"的辩护模式存在严重缺陷,已不能满足保护被追诉人利益的现实需要。在刑事辩护制度发生重大变化的背景下,我们不仅满足于让被告人获得律师的法律帮助,而且还希望其可以获得律师有效的法律帮助。要实现有效辩护,就必须提升律师辩护质量,防止辩护职能的萎缩。这除了要求公安和司法机关为律师执业营造更为宽松的法治环境,③律师自身也应认真反思这种"唯庭审主义"的辩护模式所存在的问题。

(一)辩护意见得不到应有的采纳

"唯庭审主义"的首要弊端是:辩护效果不佳,且辩护意见得不到应有采纳。如前所述,多年以来,律师辩护意见采纳难一直都被认为是中国刑事辩护的突出问题。以被纠正的冤错案件为例。辩护律师当时大都作了无罪辩护,但其正确的辩护意见,却没有得到法庭应有的重视和采纳。律师辩护意见之所以难以得到法庭的正常采纳,原因是非常复杂的。在过去的研究中,学者们更多将其归结为司法观念和诉讼构造层面的原因,或者证据和法官心理层面的原因。④ 笔者也曾在之前的研究中指出,刑事庭审的空洞化和刑事审判权的异化,是律师辩护"表演化"(辩护不以说服裁判者接受其辩护意见为目标)和"审辩冲突"不断上演的主要原因。⑤ 从笔者的观察来看,有些法官在讯问被告人时确实存在偏向公诉方的问

---

① 在487份有效问卷中,认为律师在法庭上的质证或辩论一定能影响诉讼结果的比例只有7.6%。参见欧卫安:《关于律师辩护的调查报告——以监狱服刑人员为调查对象》,载《中国刑事法杂志》2007年第1期。

② 参见陈瑞华:《论侦查中心主义》,载《政法论坛》2017年第2期。

③ 有数据显示,64.6%的律师认为当前执业环境"差"或"很差",认为"一般"的有31.6%,两者共计比例高达96.2%。参见冀祥德:《刑事辩护准入制度与有效辩护及普遍辩护》,载《清华法学》2012年第4期。

④ 参见韩旭:《律师辩护意见被采纳难的多视角透视》,载《海南大学学报(人文社会科学版)》2008年第4期。

⑤ 参见李奋飞:《论"表演性辩护"——中国律师法庭辩护功能的异化及其矫正》,载《政法论坛》2015年第2期。

题,还有些法官无理限制律师的发言(问)。有的案件中,律师才说几句话就被法官打断,而公诉人发表公诉意见则洋洋洒洒数千言。甚至,有时律师仅仅是为了争取话语权就与法官发生了激烈的争吵,①背离了"审辩关系"的本质。②

党的十八届四中全会明确提出"推进以审判为中心的诉讼制度改革"。"以审判为中心"的诉讼制度改革,并非为了塑造法院或者法官至高无上的诉讼地位,而是着眼于批判性地继承原有的诉讼模式,使刑事诉讼的重心从侦查转向审判,以便案件可以随着诉讼程序的递次推进,而接受愈加严格的审核。③ 在"以审判为中心"的背景下,强调庭审在整个刑事诉讼程序中的重要地位,发挥庭审在查明事实、认定证据、保护诉权、公正裁判中的决定性作用,当然无可厚非。基于多方参与的形式特征,庭审确实是最适宜的事实认定模型。正如有学者所言,"刑事诉讼的事实认定,应以一审庭审为中心,即以审判为中心、庭审为中心、一审为中心;而不应当以庭前程序为中心、庭下活动为中心、上级审为中心"④。随着此项改革的持续推进,刑事庭审的实质化或将增强,律师庭审辩护的效果也将会有所改善。

但要实现有效辩护,特别是实现有效果的辩护,律师还是不能仅仅将法庭作为辩护的场域。乍看起来,这似乎与"以审判为中心"的诉讼制度改革存在矛盾之处。但实际上二者并不矛盾。"以审判为中心"并不意味着所有的案件都要推向审判,更不意味着推向审判的案件都要进行庭审实质化的审判。对于那些被告人自愿如实供述自己的犯罪行为,且对于指控犯罪事实没有异议的案件,不仅实体上要从宽,程序上也会简化,甚至通过"速裁程序"或"简易程序"等非实质化甚至形式化的庭审进行快速处理,以节约司法资源,提

---

① 参见李奋飞:《程序合法性研究——以刑事诉讼法为范例》,法律出版社2011年版,第121页。
② 参见亢晶晶:《说服与判断:审辩关系的异化及回归——以"商谈理论"为视角》,载《河南大学学报(社会科学版)》2017年第3期。
③ 参见李奋飞:《从"顺承模式"到"层控模式"——"以审判为中心"的诉讼制度改革评析》,载《中外法学》2016年第3期。
④ 龙宗智:《论建立以一审庭审为中心的事实认定机制》,载《中国法学》2010年第2期。

高诉讼效率。如果说,在那些被告人不认罪因而需要进行庭审实质化审判的案件中,律师将庭审作为辩护的重要节点还情有可原的话,那么,在那些并非进行实质化审理的案件中,律师再将庭审作为辩护的重要场域,甚至唯一场域,就没有多少意义了。实际上,对于这些被追诉人已然认罪认罚的案件,如果辩护律师不能通过庭外尤其是庭前的专业交涉,"生成"一些有利于被告人的量刑证据,即使辩护词雕琢得再精美,法庭上讲得再精彩,怕也难以实现有效果的辩护。而根据相关的调研统计数据,被追诉人供认有罪的比例是非常高的。① 即使是在那些可能按照庭审实质化要求进行审理的案件中,律师也应探求审判之前的及时救援,法庭程序之外的诉讼准备和非正式交涉,并在庭审结束之后,对那些事实上的裁判者施加更为积极有效的影响。②

(二)被追诉人的利益难以保障

"唯庭审主义"的第二个弊端是,在刑事审前程序中,被追诉人的权利无法得到切实保障。作为刑事诉讼程序的重要环节,侦查、起诉等审前程序直接关系到被追诉人权利的保障。从刑事司法的实践来看,最容易发生侵犯被追诉人权利的场域就是刑事审前程序,特别是侦查程序。那些身处羁押状态下的被追诉人,其权利更是时刻处于被侵犯的危险之中。③ 因此,如何通过程序的合理设计和有效实施,来防范和约束国家追诉权的滥用或异化,并确保被追诉人拥有最基本的防御权,从而成为真正的诉讼主体,是许多国家的刑事司法需要认真关注的课题。

作为被追诉人最基本的诉讼权利,辩护权的行使可以有效地制约国家追诉权,防止其滥用或异化,从而维护被追诉人的权利。刑事审前程序中律师辩护权运作的实践生态,尤其是审查批捕环节律

---

① 参见成安:《无罪辩护实证研究——以无罪辩护率为考察对象》,载《西南民族大学学报(人文社会科学版)》2012 年第 2 期。
② 参见陈瑞华:《"体检式刑事法律服务"的兴起》,载《中国律师》2018 年第 1 期。
③ 参见李奋飞:《在押人员投诉处理机制实证研究》,载《国家检察官学院学报》2014年第 4 期。

师作用的发挥状况,在某种意义上昭示了被追诉人权利保障的程度。① 如前所述,2012 年《刑事诉讼法》对辩护制度作了较大完善,审前程序的律师辩护得到了一定程度的加强。但被追诉人能否在审前程序中获得有效、充分的律师辩护,取决于诸多因素,辩护权利外延的扩大只是其中一个因素。特别是在"唯庭审主义"的辩护模式下,审前辩护的效果就很难达到理想状态,被追诉人的利益可能也将无法得到保障。以刑事速裁程序为例。律师如果还是把辩护的重心放在庭审中,可能很难真正保护被追诉人的利益。因为按照速裁程序审理时,法庭调查和法庭辩论环节都被省略,律师在开庭过程中通常仅需回答两个问题,即"是否申请回避""对本案指控的事实、证据、罪名及量刑建议是否有异议"。对辩护律师而言,如果对检察机关的量刑建议、适用程序无异议,其在庭上可能将无言可发。因此,在速裁程序中,要切实保障被追诉人的利益,律师显然不能再固守那种"唯庭审主义"的辩护模式,而需把职能定位从庭审辩护向庭前辩护转移,及时为被追诉人提供法律咨询和建议,告知其适用速裁程序的法律后果,帮助其进行程序选择,确保其认罪的自愿性以及程序选择的自愿性。②

(三)侦查错误无法得到及时纠正

"唯庭审主义"的第三个弊端是,由于辩护律师在刑事审前程序中的作用得不到发挥,无法适时激活追诉机构的纠错功能,致使侦查错误难以得到及时纠正。由于公、检、法三机关职能及关系的现状,中国刑事诉讼通常被认为具有"以侦查为中心"的构造模式。其最大的弊端是,侦查权缺乏司法权的有效介入,在运行机制上缺乏公诉权的合理引导,此过程中又缺乏辩护权的充分参与,③可以说侦查基本上游离于"诉讼"之外,随后的起诉和审判环节很难发现和纠正侦查犯下的错误。正因如此,侦查被认为是决定被追诉人命运的关键阶段。在之前的研究中,笔者还曾将这种诉讼模式概括为"顺

---

① 参见江雁飞:《审前程序中辩护权运作的实践生态与立法完善——以我国新〈律师法〉文本为基点的分析》,载《法学杂志》2011 年第 3 期。
② 参见魏化鹏:《刑事速裁程序之检视》,载《国家检察官学院学报》2017 年第 2 期。
③ 参见卞建林、张可:《侦查权运行规律初探》,载《中国刑事法杂志》2017 年第 1 期。

承模式"。① "顺承"一词内含的服从、接受之义,在中国刑事诉讼中表现为起诉、审判等诉讼环节对侦查成果的顺应。在"顺承模式"的影响下,侦查错误一旦出现,尤其是认定事实上的错误,就将因纠正机制失灵而在很大程度上得到维持,由此导致刑事误判的发生。

为了遏制非法侦查,防止侦查权的滥用,确保侦查的客观全面,以准确查明犯罪事实,防止刑事误判的发生,必须强化辩护制度,让律师在刑事侦查程序中能够充分发挥作用。这样才能提升被追诉人的诉讼地位,并激活追诉机构的纠错功能。在刑事诉讼中,检察机关作为法律监督机关,虽然可以通过审查批捕、排除非法证据、审查起诉等方式对侦查活动进行质量控制,但由于其与公安机关均承担着追诉犯罪的任务,彼此之间有着内在的不可分割的联系,这就使检察机关很难摆脱追诉犯罪的角色,往往在监督公安机关时"心太软"。以检察机关排除非法证据为例。2012年《刑事诉讼法》创造性地赋予了检察机关排除非法证据的职权,即无论是在审查批捕环节,还是在审查起诉环节,检察机关都可以排除非法证据。但从近年的司法实践来看,检察机关排除非法证据的案例实属罕见。

可见,要使侦查程序回归诉讼程序的本来面目,真正形成"以权利制约权力"的局面,从而有效地防止侦查权的异化,及时发现和纠正侦查过程中的错误,还需要切实提升侦查阶段的辩护质量。但在律师的辩护实践中,由于受"唯庭审主义"辩护模式的影响,不少律师还不同程度地存在对审前辩护——尤其是侦查阶段的辩护——重视不够等问题,更不要说将辩护的重心前移到侦查阶段了。有的律师在接受委托后,虽然也积极地行使会见、取证、控告等诉讼权利,甚至希望能够与侦查人员积极沟通,但却因为"沟通力"不足,加上侦查人员本就提防和排斥律师意见,导致侦查阶段的辩护并不能产生任何实质效果,也很难发挥辩护制度的挑错、纠错的功能。

五、"唯庭审主义"之突破

或是基于对这种"唯庭审主义"的反思,部分律师已不再将刑事

---

① 参见李奋飞:《从"顺承模式"到"层控模式"——"以审判为中心"的诉讼制度改革评析》,载《中外法学》2016年第3期。

辩护局限在法庭审判阶段，而开始重视"辩护前移"，并进行了积极探索。特别是在 2012 年《刑事诉讼法》修改明确认可了律师在审前程序中的辩护人地位以后，部分律师的"辩护前移"工作可以说已初见成效。有的案件，经过律师的努力，促使了检察机关在审查起诉阶段采纳了辩护意见，将之前公安机关认定的涉案金额大大减少，或者最终作出了不起诉决定；有的案件，经过律师的奔走，促使了公安机关在侦查阶段就作出了撤销案件的决定；有的案件，通过律师的申请，犯罪嫌疑人被取保候审走出了看守所。甚至，有的律师在刑事指控来临之前，就开始未雨绸缪，帮助公司（企业）及其高管进行相关调查，诊断法律风险，依法化解可能发生的刑事追诉，提出应对刑事调查的具体方案，帮助公司（企业）或者自然人进行"养生保健"式的建章立制，避免"脚踩法律红线"，远离可能发生的刑事法律风险。对于这种发生在刑事诉讼程序启动之前的法律服务，有学者将其概括为"体检式刑事法律服务"。① 当然，律师正在积极实践的"辩护前移"工作，尚有很大的提升空间，甚至还面临诸多制度上的困境。要为审前辩护提供更大的制度空间，让中国律师逐渐走出"唯庭审主义"的辩护模式，至少还应从检察机关的审前定位和办案方式改革、律师权利的增设与保障、刑事法律援助的质量监管和值班律师的定位等方面，对中国刑事辩护制度乃至司法制度进行改革和完善。

（一）检察机关的审前定位及办案方式改革

走出"唯庭审主义"的第一个关键点，是检察机关审前主导地位的确立和办案方式的"诉讼化"改革。"辩护前移"能否兴起和有效，既与检察机关的审前主导地位能否得到确立直接相关，也与检察机关的办案方式能否走向"司法化"密切相连。表面上看，在监察体制改革之后，检察权似乎因职务犯罪侦查权的转隶受到了削弱，实则暗含了持续勃兴的机遇和潜能。检察权由诸多不同类型的权力组合而成，并各自在刑事诉讼流程中扮演着不可或缺的角色。② 通过审查批捕（羁押控制）、审查起诉以及司法救济三项具有司法权

---

① 参见陈瑞华：《"体检式刑事法律服务"的兴起》，载《中国律师》2018 年第 1 期。
② 参见孙皓：《论检察权配置的自缚性》，载《环球法律评论》2016 年第 6 期。

性质的重要权能,检察机关可以成为审前程序中当仁不让的主导者。检察机关的这种主导地位体现在,其既是侦查质量的评价者,也是司法资源的调控者,①还是诉讼权利的保障者。这种"三位一体"的角色扮演,并非以争取新的职能为直接诉求,而是对检察机关的固有权力加以有机整合后的当然结论。

检察机关审前主导地位的确立,必然对检察权的运行方式改革提出新的更高要求。这是检察机关作为"世界上最客观的官署"的应有之义,也是为审前辩护搭建适宜平台的关键所在。从审查逮捕程序的"诉讼化"探索,到司法救济权的赋予,再到不起诉听证制度的建构,越来越多的检察权能在运行方式上表现出了司法属性,也使检察机关的办案方式如何实现"诉讼化"的问题摆在了改革者面前。②检察机关办案方式的"诉讼化"改造,要遵循司法活动的基本规律,尤其需要认真反思当前检察权能在运行方式上的弊端,找准适宜进行"诉讼化"改造的检察权能,例如,审查逮捕权和审查起诉权。当然,在对检察机关办案方式进行"诉讼化"改造时,既要考虑为检察权的运行植入更多的司法元素,也要注意到检察权自身的特殊性,不宜完全照搬法院的庭审模式。③以公诉权的"诉讼化"改造为例,由于公诉权运行的合理化程度直接影响着刑事司法活动的公正、效率以及权威等方面的要素,④因此,应当改变固有的行政审核模式,尽量将之塑造成一种公开、透明的对质式模式。⑤这种新的审查模式,无论是对侦查质量的把关,还是对审前辩护的保障,都会产生有益的影响。

"几乎所有在刑事司法制度中行使权力和裁量的官员,都因裁

---

① 对刑事案件在审前进行科学分流,完善多元化的案件处理机制,是"以审判为中心"的应有之义。这就要求扩大检察机关的起诉裁量权,强化其审前调节职能。参见李奋飞:《论论检察机关的审前主导权》,载《法学评论》2018年第6期;王守安:《以审判为中心的诉讼制度改革带来深刻影响》,载《检察日报》2014年11月10日。

② 参见龙宗智:《检察机关办案方式的适度司法化改革》,载《法学研究》2013年第1期。

③ 参见孙静:《检察权运行司法化的边际概览与可能方式》,载《西南政法大学学报》2013年第5期。

④ 参见孙皓:《论公诉权运行的机械性逻辑》,载《法制与社会发展》2017年第5期。

⑤ 参见李奋飞:《检察再造论——以职务犯罪侦查权的转隶为基点》,载《政法论坛》2018年第1期。

量权的行使造成差别性的或者不公平的结果,而受到了批评,承担了责任,在某些情况下还被剥夺了权力和裁量权,只有一个例外——检察官。"[1]在某种程度上,检察官的权力释放是世界范围内的大趋势。在这样的背景下,中国的检察机关既需要进一步明确自身定位,亦应约束过度追诉的心理趋向,唯有如此,才能真正激活刑事诉讼体制的流畅因子,打造出符合本土资源的格局体系。

(二)律师权利的增设与保障

走出"唯庭审主义"的第二个关键点,是律师权利版图的扩大与保障。在2012年《刑事诉讼法》修改完成之后,刑事审前程序中的律师辩护得到了加强。特别是律师在侦查阶段取得了辩护人地位,不仅可以"凭三证"无障碍地会见绝大多数在押的犯罪嫌疑人,还拥有了调查取证权,[2]并可以在批准逮捕、侦查终结前、审查起诉等程序环节,向办案机关提交辩护意见。但是,上述权利版图尚不足以支撑审前程序的有效辩护。例如,由于律师在侦查阶段无法行使阅卷权,基本上只能通过与侦查人员和犯罪嫌疑人及其家人的接触,了解些许案件情况。在律师掌握的信息相对有限的情况下,指望其在侦查阶段特别是审查批捕环节,提出有理有据的辩护意见,实在有些勉为其难。鉴于此,在《刑事诉讼法》再修改时,有必要继续扩大审前程序中律师的权利版图,明确赋予律师在侦查阶段的阅卷权、[3]调查取证权。此外,条件成熟时,还可以考虑赋予律师侦查讯问程序中的在场权。[4] 毕竟,"建立侦查辩护制度的目的旨在使嫌疑人于侦查中即可获得辩护人实质的法律援助……不应以所谓侦查不公开为由,限制辩护人参与侦查程序及适当接触侦查资讯的机会;亦不宜以部分辩护人可能有妨碍侦查或将侦查资讯做诉讼目

---

[1] [美]安吉娜·J.戴维斯:《专横的正义:美国检察官的权力》,李昌林、陈川陵译,中国法制出版社2012年版,第7页以下。

[2] 参见汪海燕、胡广平:《辩护律师侦查阶段有无调查取证权辨析——以法律解释学为视角》,载《法学杂志》2013年第11期。

[3] 有学者认为,对2012年《刑事诉讼法》第38条有关辩护人阅卷之阶段与范围的规定,应抛弃传统的形式解释方法,而代之以实质解释论视角。参见孙远:《论侦查阶段辩护律师的阅卷权》,载《法律适用》2015年第2期。

[4] 参见李奋飞:《侦查讯问程序中的律师在场问题》,载《中国监狱学刊》2008年第3期。

的外之使用为由,因噎废食地反过来禁止辩护人的阅卷权、在场权等协助嫌疑人或被告人之防御所不可或缺的实质辩护权益"①。

当然,刑事审前程序中律师的辩护权利问题,不仅涉及律师权利版图的扩大,更涉及已有权利的救济,以使那些法定权利能够真正得到实现。2012年《刑事诉讼法》在明确了律师可以就司法机关及其工作人员的违法行为提出申诉控告的同时,也申明了其在辩护权利受到侵害时的救济途径。但由于没有规定具体审查程序、期限,纠正与救济程序也存在模糊性,这些规定目前并不具有实际操作意义,如果不及时加以完善,将面临被虚置的危险。② 因此,应对辩护律师的检察救济权予以完善。尤其是在对控告申诉的检察处理结果不服的情况下,应赋予辩护律师向更高一级检察机关申请复议的权利。③ 归根结底,公权力的态度以及行为模式会影响律师辩护权利的存续样态。否则,近年来对于律师执业保障的维系,也不会始终归口于公、检、法、司的权力主体。④ 但是仅有表态还远远不够,倘若没有具体的制度设计予以呼应,所谓的权利保障不过是"镜花水月"罢了。

(三)刑事法律援助的质量监管及值班律师的定位

走出"唯庭审主义"的第三个关键点,是刑事法律援助的质量监管及值班律师的定位。没有理想的刑事法律援助制度,指望法律援助律师走出"唯庭审主义"的辩护模式显然不现实。而作为法律援助制度的组成部分,⑤值班律师的未来定位,是建构理想的刑事法律援助制度的关键点。通常认为,理想的刑事法律援助制度,不仅应

---

① 陈运财:《侦查与人权》,台北,元照出版有限公司2014年版,第96页。
② 参见林琳:《辩护律师权利的保障与救济——以我国新〈刑事诉讼法〉背景下检察机关发挥法律监督为视角》,载《法学杂志》2015年第11期。
③ 参见董坤、段炎里:《当前检察环节律师权利的保障现状与新现问题研究——以阅卷权、会见权和检察救济权切入》,载《河北法学》2017年第6期。
④ 参见李奋飞:《中国律师业的"格局"之辨——以辩护领域的定性研究为基点》,载《政法论坛》2017年第4期。
⑤ 参见顾永忠、李逍遥:《论我国值班律师的应然定位》,载《湖南科技大学学报(社会科学版)》2017年第4期。

当具有普遍性、及时性,更须具备有效性。① 而要实现刑事法律援助制度的有效性,不仅要求援助律师在介入案件后,能积极地行使会见、阅卷、调查取证等诉讼权利,还要求其能认真负责地研究案件,并在形成辩护意见后积极与检警机关进行沟通、协商,而不只是在法庭上简单发表辩护意见。然而,目前中国的刑事法律援助质量实在令人堪忧。一些援助律师不仅素质不高,责任心也不够。在接受指派后,有时既不进行会见工作,也不认真阅卷,更不要说去调查取证了。审前程序中,这些援助律师基本上无所作为,甚至就连庭审时的辩护也只是敷衍了事。可以说,不少援助律师的这种辩护样态,就是典型的"唯庭审主义"模式。这样的辩护样态,即使不能被看作"无效辩护",也与"有效辩护"的理念相去甚远。因此,必须认真对待刑事法律援助质量监控问题。正如有学者指出的,"如辩护人为被告自行委托,透过市场机制之调解,会淘汰不尽职之律师,鞭策律师不敢懈怠,或可减少辩护人弱而无力之情形。然公设辩护人或法院指定之律师,并无市场机制予以淘汰或鞭策,如何确保其发挥强而有力之辩护,乃极为重要问题"。② 因此,只有建构起科学的绩效考核体系,才可促使援助律师恪守职业伦理,尽职尽责维护被追诉人的合法权益。对于那些无法满足服务质量最低要求的援助律师,亦得按规则行使不同层级的惩戒,直至将其彻底排除出法律援助领域。③

2014 年,在法院、看守所设置法律援助值班律师办公室,被中央深化体制改革领导小组列为司法体制改革的重要内容。这意味着值班律师制度在中国正式建立,从而实现了刑事法律援助在案件范围上的全覆盖,无疑有助于保障被追诉人平等、及时地获得律师帮助的权利。④ 但由于值班律师制度建立后,对其性质、功能等问题还存在不同认识,甚至就连值班律师究竟是否具有辩护人的身份也未

---

① 参见刘方权:《刑事法律援助实证研究》,载《国家检察官学院学报》2016 年第 1 期。
② 王兆鹏:《受有效律师协助的权利——以美国法为参考》,载《月旦法学杂志》2005 年第 8 期。
③ 参见李奋飞:《中国律师业的"格局"之辩——以辩护领域的定性研究为基点》,载《政法论坛》2017 年第 4 期。
④ 参见熊秋红:《审判中心视野下的律师有效辩护》,载《当代法学》2017 年第 6 期。

得到明确,已被认为严重影响了其诉讼权利的行使。① 从《刑事诉讼法修正案》第 4 条的规定来看,目前值班律师尚不具备辩护人的身份,其还只能为被追诉人提供法律咨询、程序选择建议、申请变更强制措施、对案件处理提出意见等相对有限的法律帮助。② 在一些地区,值班律师甚至只被司法办案人员视作"见证人"。不过,根据最高人民法院、最高人民检察院、公安部、国家安全部、司法部《关于在部分地区开展刑事案件认罪认罚从宽制度试点工作的办法》第 5 条的规定,③在某种程度上值班律师实际上扮演的就是辩护人的角色,至少其也是"准辩护人"。因此,未来应考虑赋予值班律师以"准辩护人"的身份,或者让值班律师走向完全"辩护人化",以实现值班律师的有效帮助。这样,值班律师不仅可以为犯罪嫌疑人、被告人提供法律咨询及程序选择建议,代理其申诉、控告,申请变更强制措施,还可以对案件处理提出意见等。在认罪认罚案件中,值班律师的职责应当是围绕犯罪嫌疑人、被告人是否了解认罪认罚的内涵及其法律后果,认罪认罚案件是否具有事实依据,犯罪嫌疑人、被告人是否自愿认罪认罚以及如何进行量刑协商等问题提供辩护。④ 当然,明确值班律师的身份固然重要,但实践领域的持续推进,则扮演着更具主导性的趋向角色。

六、结语

发展,是书写当下"中国故事"的核心命题;而持续发展,则构成了影响这场全局变革的内在驱动。对于中国刑事辩护制度的变革而言,持续发展代表了其自身逻辑演进的一种动态模型。随着中国刑事司法改革的深入推进,刑事辩护领域已经发生了重大的变化。在中国当下的刑事诉讼中,辩护律师已从"奢侈品"发展为"必需品"。在此背景下,不仅要求被追诉人能够获得律师辩护,还要求其能获得律师的有效辩护。令人欣慰的是,有效辩护的观念逐渐得到

---

① 参见程衍:《论值班律师制度的价值与完善》,载《法学杂志》2017 年第 4 期。
② 参见陈文聪:《值班律师制度的反思与重构》,载《中国律师》2016 年第 10 期。
③ 参见张泽涛:《值班律师制度的源流、现状及其分歧澄清》,载《法学评论》2018 年第 3 期。
④ 参见陈瑞华:《有效辩护问题的再思考》,载《当代法学》2017 年第 6 期。

了法律人的广泛认可。甚至在一些个案中,已有法院开始将律师的无效辩护纳入程序性制裁的对象,并通过向司法行政机关发出司法建议书的方式,来对那些不尽职尽责的辩护律师启动纪律惩戒程序。①

无论将来中国是否会引入无效辩护制度,但有一点可以肯定,有效辩护的理念已经并将继续对中国刑事辩护制度的改革和完善提供重要动力。钱穆先生亦曾指出:"一项制度之创建,必先有创建该项制度之意识与精神。一项制度之推行,亦同样需要推行该项制度之意识与精神。"②虽然律师界未必同意将"有效辩护"确立为刑事辩护的基本原则,但是"辩护前移"的理念已在不少辩护律师心中扎下了根。这一新的辩护理念的形成,与中国近期正在推进的认罪认罚从宽制度的改革、刑事辩护制度的新发展以及对这种"唯庭审主义"的反思都有着直接的关系,并已为当前的刑事辩护业务注入了新的活力。在那些检警机关通过撤销案件、不起诉决定等方式进行"无罪化处理"的案件中,可能就有律师们"辩护前移"的功绩。不过,就总体而言,中国律师尚没有彻底走出"唯庭审主义"的辩护模式,刑事法律服务的质量——尤其是刑事审前程序中的辩护质量——还有待于继续提升。

显然,要走出"唯庭审主义"的辩护模式,律师辩护不仅不能"唯庭审主义",还应当树立"全方位主义",即刑事辩护不仅可以进行"前移",还可以向庭外、庭后进行全方位的延伸。当然,这里有个前提,就是律师的辩护,一切应以有利于最大限度地维护被追诉人的合法权益为中心。虽然在辩护策略的选择上,律师具有一定的独立性,也应与被追诉人进行充分沟通,并尽可能尊重其自由意志。如果律师们仍然抱守着所谓的"独立辩护观"③,完全不受被追诉人意志的约束,不仅会损害律师与被追诉人之间的信赖关系,也不利于被追诉人获得有效的法律服务。最终,是否走出"唯庭审主义"的辩护模式将在很大程度上失去意义。

---

① 参见陈瑞华:《有效辩护问题的再思考》,载《当代法学》2017 年第 6 期。
② 钱穆:《国史大纲》,商务印书馆 2010 年版,第 415 页。
③ 参见吴纪奎:《从独立辩护观走向最低限度的被告中心主义辩护观——以辩护律师与被告人之间的辩护意见冲突为中心》,载《法学家》2011 年第 6 期。

第十章 辩护律师忠诚义务的三个限度

一、问题的提出

纵观中国刑事诉讼体系的演进历史,不难发现,辩护制度已然发生了翻天覆地的重大变化。这不仅体现在律师辩护权利的扩大和发挥作用空间的扩展,亦反映于有效辩护的观念逐渐得到了法律人的广泛认可。而有效辩护目标的实现,需要从两个方面着力:一方面,需要借助于制度变革和观念革新,以激活被告人的辩护能力,强化其在刑事辩护中的主体意识及主导地位,从而使其真正成为刑事辩护权的掌舵者;①另一方面,需要通过规范及调整律师与被告人之间的关系,来确保律师履行忠诚义务,避免其因与被告人在辩护观点上相互抵牾和衍生内耗所引发的负面效应,进而使刑事辩护能够取得最佳效果。

作为辩护律师的首要职业伦理规范,忠诚义务无疑对辩护律师的执业行为发挥着非常重要的规范作用。② 根据忠诚义务的基本要求,辩护律师不仅要

---

① 关于自主性辩护理论,参见陈瑞华:《论被告人的自主性辩护权——以"被告人会见权"为切入的分析》,载《法学家》2013年第6期。

② 所谓忠诚义务,是指辩护律师应将维护嫌疑人、被告人的利益作为辩护的目标,尽一切可能选择有利于实现这一目标的辩护手段和辩护方法。参见陈瑞华:《论辩护律师的忠诚义务》,载《吉林大学社会科学学报》2016年第3期。

尽力维护当事人的利益，还须对其意志给予充分尊重。可以说，在中国律师制度历经多次变革之后，尤其是律师的身份从"国家的法律工作者"，到"为社会提供法律服务的执业人员"，再到当下的"为当事人提供法律服务的执业人员"，律师界对自己在刑事诉讼中所应扮演的维护当事人合法权益之角色，已然没有什么明显的异议。

但是长期以来，不少辩护律师深受"独立辩护人"理论的影响，①缺乏对当事人意志的充分尊重，甚至完全不受被告人意志的约束，以至于常常引发与被告人在辩护意见和策略上的矛盾，进而造成辩护效果上的内耗。甚至在一些极端个案中，还曾上演辩护律师"倒戈"的现象。因此，我们除了应对律师的独立辩护设置一定的边界外，还应要求其恪守忠诚义务，对被告人的意志给予充分尊重，特别是在辩护目标和事实问题上。② 不过，无论如何，辩护律师都不应在没有与被告人进行协商、沟通并征得其授权或同意的情况下，擅自发表与其相互矛盾的意见。否则，就是对忠诚义务的严重悖反。

当然，辩护律师的忠诚义务并不是绝对的。毕竟，根据《律师法》的规定，辩护律师除了应当维护当事人合法权益，还要维护法律正确实施与社会公平正义，其执业活动必须遵守宪法和法律，恪守律师职业道德和执业纪律，以事实为根据，以法律为准绳。换句话说，律师既是当事人合法权益的维护者，也是消极的真实义务的承担者，还是社会公平和正义的维护者。这些带有公益色彩的执业目标，无疑都为辩护律师的忠诚义务设置了外部边界。同时，《律师法》还对辩护律师设置了三条基本的执业红线：一是不得有损司法廉洁，即不得向法官、检察官、仲裁员以及其他有关工作人员行贿，介绍贿赂或者指使、诱导当事人行贿，或者以其他不正当方式影响法官、检察官、仲裁员以及其他有关工作人员依法办理案件；二是不得故意阻挠真相发现，即不得故意提供虚假证据或者威胁、利诱他人提供虚假证据，妨碍对方当事人合法取得证据；三是不得挑战司法尊严，即不得扰乱法庭、仲裁庭秩序，干扰诉讼、仲裁活动的正

---

① 根据"独立辩护人"理论，辩护律师具有独立诉讼地位，其可以独立进行辩护，而不受当事人意志的限制。参见陈瑞华：《独立辩护人理论的反思与重构》，载《政法论坛》2013年第6期。

② 参见陈虎：《独立辩护论的限度》，载《政法论坛》2013年第4期。

常进行。此外,根据2017年中华全国律师协会(以下简称全国律协)发布的《律师办理刑事案件规范》的规定,当律师与当事人或者委托人就辩护或代理方案产生严重分歧,不能达成一致的,可以代表律师事务所与委托人协商解除委托关系。这也体现了律师辩护的独立性,并构成了独立辩护对忠诚义务的限制。特别是,忠诚义务和真实义务之间很多时候还存在内在冲突,需要认真研究如何为作为忠诚义务核心内容的保密义务和不得拒绝辩护等设置例外。本章从宏观、中观、微观三个角度,对忠诚义务的限度进行研究,既有助于解决辩护律师如何履行忠诚义务的问题,也有助于解决被告人与辩护律师的辩护冲突,还有助于化解辩护律师的执业风险。

二、宏观限度:"执业目标"上的限制

在20世纪80年代,作为司法行政部门的干部和国家公务员,律师与公、检、法人员一样是"国家的法律工作者",[①]其任务是对国家机关、企业事业单位、社会团体、人民公社和公民提供法律帮助,以维护法律的正确实施,维护国家、集体的利益和公民的合法权益。[②] 1996年《律师法》第2条对律师的定位是"为社会提供法律服务的执业人员"。2007年《律师法》第2条第1款对律师的定位则是"为当事人提供法律服务的执业人员"。这一定位在2017年修正后的《律师法》中得到了保留。但是,《律师法》并没有将维护当事人利益作为律师执业活动的唯一目标,而是要求律师在执业活动中实现三个目标,即除了维护当事人的合法权益外,还要维护法律正确实施和社会公平正义。这既意味着律师所维护的只能是当事人的合法利益;也表明律师在维护当事人合法利益时,不得采取妨碍法律正确实施、损害社会公平正义的行为。因此,"执业目标"上的限制事实上构成了辩护律师忠诚义务的宏观限度。

(一)律师是当事人合法权益的维护者

作为"为当事人提供法律服务的执业人员",律师在刑事诉讼中

[①] 参见李奋飞:《失灵——中国刑事程序的当代命运》,上海三联书店2009年版,第79页。

[②] 参见《律师暂行条例》第1条。

的责任是根据事实和法律,提出被追诉人无罪、罪轻或者减轻、免除其刑事责任的材料和意见,维护被追诉人的诉讼权利和其他合法权益。为了维护被追诉人的利益,辩护律师可以进行以下五种形态的辩护:一是无罪辩护,即在辩护律师认为控方的指控不能成立的情况下,说服办案机关在侦查阶段撤销案件,在审查起诉阶段作出不起诉处理,或者在审判阶段宣告无罪。二是罪轻辩护,即在辩护律师认为控方指控的罪名不成立的情况下,论证被追诉人构成了另一较轻的罪名。三是量刑辩护,即在辩护方对被追诉人构成犯罪不持异议的情况下,通过与检察机关积极的沟通、协商,说服其在被告人自愿认罪认罚后及时终结诉讼,或在提起公诉的情况下向法庭提出较为轻缓的量刑建议,①或者通过提出若干法定或酌定的量刑情节,来向法庭论证应对被告人作出从轻、减轻或者免除刑罚的裁决。四是程序辩护,如果辩护律师发现案件中存在违反法定诉讼程序的情形,则可以进行程序性辩护,即挑战侦查行为、公诉行为和审判行为的合法性,说服司法机关对这些行为作出违法之宣告,并最终排除这些诉讼行为和诉讼结果的法律效力。五是证据辩护,即根据证据规则对单个证据能否转化为定案根据,以及现有证据是否达到法定证明标准进行辩护。②

此外,刑事诉讼不仅要解决被追诉人的刑事责任问题,还要对刑事涉案财物进行审理和处置。而目前我国刑事涉案财物处置程序存在审前阶段裁判方缺位、审判阶段裁判程序附属化、第三人参与权虚化的构造缺陷,并由此引发了部分办案机关恣意查封、扣押、冻结和处置涉案财物的问题。③ 因此,在涉案财物的处理过程中,辩护律师有着大量为委托人争取权利的空间。特别是在罚金、没收财产、涉案财物的处置等方面,辩护律师可以通过会见、阅卷、调查、申请重新鉴定等活动,最大限度地减少罚金、没收财产、追缴赃款赃物的数量,从而减少被告人的经济损失。这尽管并不属于传统刑事辩

---

① 参见李奋飞:《论"交涉性辩护"——以认罪认罚从宽作为切入镜像》,载《法学论坛》2019年第4期。

② 参见陈瑞华:《论刑事辩护的理论分类》,载《法学》2016年第7期。

③ 方柏兴:《刑事涉案财物处置程序的诉讼化及其限度》,载《兰州大学学报(社会科学版)》2019年第1期。

护业务的组成部分,但作为维护当事人合法权益的活动,这种诉讼活动应被视为传统刑事辩护业务的必要延伸。①

值得注意的是,2012 年《刑事诉讼法》确立了"犯罪嫌疑人、被告人逃匿、死亡案件违法所得的没收程序",这标志着一种新的"对物之诉"已在我国法律上得到了确立。② 不过,在这一被称为"特别没收程序"的执行中,律师接受犯罪嫌疑人、被告人的近亲属委托,是以诉讼代理人而不是以辩护人的身份参加诉讼的。当然,无论律师以何种身份参加诉讼,也无论其采取的是哪种辩护类型,都是为了维护被追诉人的利益,其可以在尊重当事人意见的前提下,根据事实和法律在法庭上与控方进行"唇枪舌剑""你来我往"式的平等对抗,也可以在审查起诉环节与控方积极地展开沟通、协商和对话。③

作为负责任的辩护律师,无论法律素养和执业水平高低,都应时刻铭记:辩护权是被追诉人的权利,律师接受委托或者指派进行辩护的目的,并非孤立地维护法律正确实施,而是为了维护被追诉人的合法权利。因此,律师在辩护活动中,应当按照有利于当事人的原则开展工作,提出裨益于当事人的辩护意见,但不能以违法的方式去维护当事人的利益。虽然辩护律师有时很难对委托人提出的诉求是否合法做价值判断,但如果其明知维护行为将造成犯罪行为的继续性或将被委托人用于违法目的的,④则应主动拒绝辩护。

(二)律师是"消极的真实义务"的维护者

以事实为根据是我国诉讼制度的基本原则,甚至被称为公理性

---

① 参见陈瑞华:《刑事辩护的第六空间——刑事辩护衍生出来的新型代理业务》,载《中国律师》2018 年第 2 期。

② 这种裁判形态有别于以处理被告人刑事责任为核心的"对人之诉",因此被归纳为刑事诉讼中的"对物之诉"。陈瑞华:《刑事对物之诉的初步研究》,载《中国法学》2019 年第 1 期;方柏兴:《论刑事诉讼中的"对物之诉"——一种以涉案财物处置为中心的裁判理论》,载《华东政法大学学报》2017 年第 5 期。

③ 参见李奋飞:《论"交涉性辩护"——以认罪认罚从宽作为切入镜像》,载《法学论坛》2019 年第 4 期。

④ 参见欧卫安:《辩护律师的伦理:以忠诚义务为视点》,载《西南师范大学学报(人文社会科学版)》2005 年第 6 期。

原则。① 《刑事诉讼法》明确要求人民法院、人民检察院和公安机关进行刑事诉讼,必须以事实为根据。但该法却未对律师提出同样的要求。虽然,《律师法》第 3 条、第 32 条也分别规定,律师执业必须"以事实为根据",委托人故意隐瞒与案件有关的重要事实的,律师有权拒绝辩护或者代理;但是,这并不意味着律师执业要与公、检、法机关办案承担同样的"真实义务"。

尽管确保案件客观真相的准确还原,并通过严厉打击犯罪维系社会秩序稳定,被认为是中国刑事诉讼的首要诉求。② 但是,发现案件真相或者保障案件真相发现的责任,是落在公、检、法机关特别是承担追诉使命的检警机关肩上的,而不在律师身上。实际上,包括辩护制度在内的诸多现代意义上的诉讼程序和制度,都与发现案件真相或者与保障案件真相之发现没有明显的关系。甚至,有些程序和制度的设计往往还会直接影响乃至妨碍公、检、法机关挖掘真相。

当然,刑事辩护制度的建立和完善,由于允许辩护律师充分地参与到诉讼中来,提出证据、观点和主张,并对检控方的证据、观点和主张进行有效的反驳,在很多情况下确实能有效帮助法庭发现案件的事实真相。不过,其价值往往偏于"毋枉",而不在于"毋纵"。也就是说,辩护制度的存在能够使法庭审判最大限度地发挥纠错功能,从而有利于实现不冤枉无辜这一价值目标。③

作为当事人合法权益的维护者,辩护律师即便发现了不利于被追诉人的事实和证据,也只能依据保密义务维持缄默状态,或者予以忽视,而绝不能提醒公、检、法机关注意或向其提交。当然,律师参与刑事诉讼活动,只能采取合法或者至少不违法的方式和手段,而不得帮助被追诉人隐匿、毁灭、伪造证据或者串供,也不得威胁、引诱证人作伪证以及进行其他干扰司法机关诉讼活动的行为。④

---

① 参见任伊珊、田应朝:《对"以事实为根据"的再认识》,载《政法论坛》1999 年第 1 期。

② 参见李奋飞:《从"顺承模式"到"层控模式"——"以审判为中心"的诉讼制度改革评析》,载《中外法学》2016 年第 3 期。

③ 参见李奋飞:《失灵——中国刑事程序的当代命运》,上海三联书店 2009 年版,第 227 页。

④ 不过,这样的禁止性规定并不只是约束辩护律师,对于其他的诉讼参与人也同样适用。

所以,如果说辩护律师在刑事诉讼中承担着所谓"真实义务"的话,那么,其所承担的"真实义务",也仅是不得积极实施歪曲事实的行为的义务。这种义务被称为"消极的真实义务",区别于公、检、法机关——尤其是检警机关——所承担的以恢复案件事实本来面貌为目的的"积极的真实义务"。显然,辩护人只承担"消极的真实义务",而不承担"积极的真实义务"。否则,委托辩护人的被告人将处于比没有辩护人的被告人更为不利的境地,这既违反常理,[①]也有悖于辩护制度设置的初衷。不过,辩护律师所承担的"消极的真实义务",实乃辩护律师执业的"底线要求",自然也构成了忠诚义务的外部界限。

(三)律师是社会公平和正义的维护者

公平和正义是人类追求的永恒目标,也是法治社会的核心价值。因此,无论是代表国家的警察、检察官和法官,还是以维护当事人合法权益为己任的辩护律师,都承担着维护公平和正义的使命。不过,作为不具有公权属性的诉讼主体,律师维护公平和正义的方式与公、检、法人员大相径庭。因为,其只能站在有利于被告人的立场上发挥作用。若没有律师作用的有效发挥,被追诉人的诉讼主体地位是得不到保障的。

毕竟,作为被追诉方的一方,被追诉人无论地位多高,也无论其多么富有,都无法与代表国家追诉机关的警察、检察官相比。因为,当某人因涉嫌犯罪面临刑事追诉时,往往会被采取限制人身自由的强制措施,不要说其还是法律的"门外汉",即使其拥有丰富的法律知识,也会因为承受着被追诉的心理压力而容易"当事者迷"。因此,没有辩护律师的有效帮助,指望被追诉人通过"自行辩护"来维护自己的合法权益是不现实的。只有通过辩护律师的积极协助,其防御能力才能得以强化,亦可适度平衡控辩双方的力量悬殊,并保障无罪的人不受刑事追究。从这个角度来看,辩护制度的存在不仅是实现控辩平等的需要,也是实现司法公平和正义的最低要求。

---

① 有关"消极的真实义务"的讨论,参见[日]佐藤博史:《刑事辩护的技术与伦理》,于秀峰、张凌译,法律出版社2012年版,第37页以下。

因此，辩护律师虽然既不会像检察官那样去考虑国家利益和社会利益，也不似法官那样去追求司法公平和公正，而是仅从有利于被告人的角度来实施诉讼行为，但其所扮演的维护公共利益的角色定位却从未被否认。"对于辩护人来说，背离了与委托人的依赖关系，完全不可能期待它的其他的公共性功能，只有忠实地捍卫委托人的利益，才能实现对辩护人所期待的公共性功能。"① 正是辩护人尤其是辩护律师的积极介入，才有力保障了具有公益内涵的法治程序。② 中国改革开放四十多年以来，刑事执法的法治化水平无疑已经取得了大幅度提高。这其中无疑也凝结着辩护律师的心血和汗水。

表面上看，辩护律师只是站在被告人的立场上行事的，采取的辩护方式有时还会与代表国家的追诉机关形成对抗，但律师并非社会的异己力量。正如所指出的那样，"辩护人为了维护程序的适当性而行使的防御权，不单是为了正在代理的嫌疑犯、被告人，而是为了维护潜在的同样情况下的所有人的权利"。③ 因为，至少从理论上讲，每个人都有可能成为被追诉人，所以，保障了当事人的权利，其实也就保障了每位公民的权利，社会的公平正义也就相应地得到了保障。

三、中观限度："身份独立"上的限制

应该说，不少辩护律师至今仍然抱守的"独立辩护论"是有规范依据的。2000年2月21日全国律协发布的《律师办理刑事案件规范》（已失效）第5条就明确规定，律师担任辩护人或为犯罪嫌疑人提供法律帮助，依法独立进行诉讼活动，不受委托人的意志限制。不过，2017年8月27日第九届全国律协常务理事会第八次会议审议通过的《律师办理刑事案件规范》删除了律师"独立辩护"条款，在要求律师"依法独立履行辩护职责"的同时，又要求律师在辩护活动

---

① ［日］村冈启一：《辩护人的作用及律师的伦理》，尹琳译，载《外国法译评》1998年第2期。
② 参见林钰雄：《刑事诉讼法》（上），中国人民大学出版社2005年版，第161页。
③ ［日］村冈启一：《辩护人的作用及律师的伦理》，尹琳译，载《外国法译评》1998年第2期。

中,应当在法律和事实的基础上尊重当事人意见,按照有利于当事人的原则开展工作,不得违背当事人的意愿提出不利于当事人的辩护意见。这意味着,辩护律师既不能完全不受当事人意愿的约束进行所谓的"独立辩护",也不能罔顾法律和事实对当事人唯命是从。

作为社会公平和正义的维护者,律师必须把握好刑事辩护的行为界限,而不能为了维护当事人的利益,不择手段、为所欲为。其不仅应在法律和事实的基础上进行辩护,还应注意保持自己的独立立场,而不能异化为被追诉人的"喉舌"或者"附庸"。正如 A. Ф. 科尼所警告的,在为自己的客户进行辩护时,律师不应当成为自己客户的仆人,不应当成为使其逃脱应得的司法惩罚的帮助犯。① 律师可以根据案件的具体情况,选择甚至创新自己的辩护风格,但却不能违背职业道德和执业纪律,更不能突破法律底线,以至于损害其他法律价值。特别是,律师要和委托人保持适度的距离,守住基本的法律底线,既不能有损司法的廉洁性,也不应挑战司法的尊严。

(一) 不得对当事人唯命是从

作为忠诚义务的承担者,律师自然应将最大限度地维护当事人的利益作为执业目标,并对当事人的意愿给予充分的尊重。但是,作为向当事人提供法律服务的执业人员,律师有自己的独立的专业判断,不可能一味迎合当事人的意愿,更不应对当事人唯命是从。否则,就会丧失最低限度的独立性。美国上诉法院第四巡回审判庭首席法官克莱门特(Clement F. Haynsworth)就认为:"(律师)为当事人服务但并不是他们的仆人。他提供服务以促进当事人合法和适当的目的,但律师永远不要忘了,他才是主人。他并不完全是为了完成当事人的命令。律师需要自己决定什么才是道德上和法律上正确的做法,并且,作为一名专业人员,他也不能服从当事人让他站在其他立场的要求……律师必须从他自己的角度而不是当事人的角度来为当事人提供法律服务。"② 皮尔斯(Pearce)法官在朗德尔诉沃斯利案(Rondel v. Worsley)的判决中也直言不讳地指出:"辩护

---

① 参见[俄]尤·彼·加尔马耶夫:《俄罗斯刑事诉讼律师违法活动面面观》,刘鹏、丛凤玲译,中国政法大学出版社 2013 年版,第 365 页。
② [美]蒙罗·H. 弗里德曼、阿贝·史密斯:《律师职业道德的底线》,王卫东译,北京大学出版社 2009 年版,第 47 页。

律师的独立性对于维护司法的尊严、确保司法的高效运转以及阐明事实至关重要。"①

辩护律师所应具有的这种最低限度的独立性,无疑构成了忠诚义务的外部边界。例如,在辩护律师知道被追诉人是"替人顶包",而被追诉人又希望律师为其进行有罪辩护的情况下,律师应对被追诉人进行劝说,以便其能够放弃不明智的选择,讲出实情,并据此展开辩护活动。这其实也是辩护律师忠诚义务的应有之义。如果劝说无效,辩护律师最好选择退出辩护。因为,对明知是无罪的人,如果律师按照被追诉人的要求进行有罪辩护,无疑会损害社会利益。当然,辩护律师应当具有的这种独立立场也不应被过分强调。否则,就容易走向"独立辩护论"的误区,即以辩护律师具有独立的诉讼地位为由进行所谓的"独立辩护",即使在与被告人的辩护观点发生严重分歧时,也可不受其意志的干涉和左右。

从2017年全国律协通过的《律师办理刑事案件规范》第5条第3款的规定来看,律师界已然抛弃了那种传统的独立辩护理论。不过,相关规定只是明确禁止律师违背当事人意愿提出不利于当事人的辩护意见,却没有试图禁止律师违背当事人意愿提出有利于当事人的辩护意见。这意味着如果辩护律师认为当事人的意见是错误的,而自己的意见才是正确的,且又是有利于当事人的,就可以不顾当事人的意愿向办案机关提出。例如,如果审判前拒绝认罪的被告人法庭上突然认罪,但是辩护律师认为被告人的行为不构成犯罪的,就可以同被告人意见相左,继续按照之前的思路进行无罪辩护。在不少律师看来,这种看起来违背被告人意愿的做法,恰恰是在履行忠诚义务。

但我们认为,这种既未与被告人沟通、协调,也未获得被告人同意或授权的"独立辩护"是一种"致命的自负"。遇到被告人庭前拒绝认罪庭审时突然认罪的情况,律师应立即申请法庭休庭,与被告人进行充分的沟通、协商,尽力说服其接受自己的辩护思路。如果始终不能协调一致,说明律师与被告人之间的信任关系已受挑战。

---

① 转引自吴纪奎:《从独立辩护观走向最低限度的被告中心主义辩护观——以辩护律师与被告人之间的辩护意见冲突为中心》,载《法学家》2011年第6期。

此时，律师可以选择退出辩护，也可以在被告人不反对的情况下进行无罪辩护。如果律师选择退出本案的辩护，需将自己的决定及时告知被告人，并在新的辩护人到位后，再正式解除委托代理关系。不过，如果律师退出本案的辩护将会使被告人失去其他律师的帮助，从而使其辩护防御陷入明显不利时，或者法庭认为律师退出辩护将会拖延审判，严重影响诉讼效率时，法庭应有权拒绝律师退出辩护。

(二) 不得有损司法廉洁

作为与案件的处理结果具有直接利害关系的人，被追诉人聘请某位律师作为他的辩护人，当然希望其能为自己争取到最为有利的诉讼结局。这其实无可厚非。诚然，律师在接受委托后，也希望通过自己的辩护努力，包括但其实远远不限于提出被追诉人无罪、罪轻或者减轻、免除刑事责任的材料和意见，以削弱乃至推翻指控，从而促使办案机关对被追诉人作出较为轻缓的处理甚至宣告无罪。可以说，在追求"好"结果的出现上，被追诉人和辩护律师的目标通常是一致的。

但是，"好"结果能否出现往往又取决于律师法律素养和执业水平的高低、是否尽职尽责、所采取的辩护策略是否恰当以及司法环境的好坏等多方面的因素。在委托人动辄提出要达到诸如无罪、罪轻或者减轻、免除刑罚等要求的情况下，律师虽然不能做出任何承诺，但却可以根据案件的具体情况为其输出恰如其分的辩护思路，并为其提供尽职尽责的辩护服务。为了达到预期的辩护效果，律师还可以穷尽一切法律内外的救济手段。[1]

不过，有些底线却不能突破。也就是说，律师不得以影响案件的审理和裁决为目的，与本案审判人员、检察人员、仲裁员在非办公场所接触，不得向上述人员馈赠钱物，也不得以许诺、回报或提供其他便利等方式与承办案件的执法人员进行交易。[2] 但是，这些年来，律师因涉嫌行贿罪被追诉的新闻却时有发生。

或许，正因如此，当事人在决定聘请某位律师时，往往并非或者

---

[1] 参见陈瑞华：《刑事辩护的艺术》，北京大学出版社2018年版，第190页。
[2] 参见全国律协发布的《律师职业道德和执业纪律规范》第20条。

主要不是因为这位律师的法律素养高、辩护技巧好,而是或者主要是因为其相信这位律师的人脉关系有助于达成"好"结果。当事人的这一"信任",有时源于其要聘请的那个人的身份,有时源于其要聘请的那个人曾经办理过某一有影响的案件等。在委托律师担任辩护人时,很多当事人不仅希望律师能够提供专业化的法律服务,还会要求律师做些"运作"之类的事情。此时,律师如果定力不够,就很容易在"成功报酬"的诱惑下做出有损司法廉洁的行为。但是,"无论哪个地方,刑事辩护的第一要义在于:不能将律师自己送进监狱"。①

(三)不得挑战司法的尊严

如果说刑事辩护是一门艺术的话,那么其首先应该是一门说服法官的艺术。也就是说,律师的辩护活动是以说服裁判者接受其辩护意见为目标的。这几乎是不言自明的常识。毕竟,只有律师在刑事诉讼中的各种行为真正追求并有助于实现让裁判者接受自己的观点和意见之结果,刑事辩护才会产生实质性的效果。而要想让自己的意见得到裁判者的尊重,律师首先应当尊重裁判者。

但是近年来,在中国刑事司法领域中,律师"死磕"法官却俨然成了一种现象。前些年轰动全国的常熟民工案、贵州小河案、北海律师案等,都被认为是"死磕"辩护的典型,在很大程度上也是"死磕"策略的"巅峰"。②

辩护方与审判方直接进行对抗乃至"死磕"的现象,也被称为"辩审冲突"。究其成因,这里面既可能有刑事审判权的异化问题,③也有律师因认为自己的权利受到侵犯从而拒绝遵守法庭纪律和相关规定的问题。"某些行为对法官而言可能是有损尊严的或无礼的,但对律师而言可能是有效代理其当事人所必须的。"④以杭州莫

---

① 转引自兰荣杰:《刑辩律师维护当事人利益的行为界限》,载《交大法学》2018年第2期。
② 参见兰荣杰:《刑辩律师维护当事人利益的行为界限》,载《交大法学》2018年第2期。
③ 参见李奋飞:《论"表演性辩护"——中国律师法庭辩护功能的异化及其矫正》,载《政法论坛》2015年第2期。
④ [美]蒙罗·H.弗里德曼、阿贝·史密斯:《律师职业道德的底线》,王卫东译,北京大学出版社2009年版,第88页。

某晶纵火案辩护律师的退庭事件为例,在杭州中级人民法院对莫某晶纵火案的一审庭审中,某律师因所提出的申请证人出庭作证、申请对莫某晶进行司法精神鉴定、申请收集调取证据、申请变更管辖等请求,均未能得到合议庭的准许,就愤然宣布退出法庭,并因此被认定违反了《律师法》、司法部发布的《律师执业管理办法》等法律法规的有关规定,从而付出了被停止执业半年的代价。

律师为了维护当事人的合法权利,具有认真、负责、敢于抗争的职业精神固然可嘉,采取直接挑战法庭权威的"死磕式辩护",在个别案件中可能也会"有所斩获";但就整体效果而言,"死磕式辩护"可能不仅无助于预期目标的实现,[①]而且更会将自身置于司法诉求的对立面上。这绝不仅仅是个别律师的职业风险问题,还极易使整个行业蒙受专业性质疑,陷入破窗效应的窠臼。[②] 现行的职业伦理规范也已为其划定了行为底线。例如,律师不得无故不出庭参与诉讼,或者违反法庭规则,擅自退庭;又如,律师不得聚众哄闹、冲击法庭,侮辱、诽谤、威胁、殴打司法工作人员或者诉讼参与人,或者有其他严重扰乱法庭秩序的行为;再如,律师不得对本人或者其他律师正在办理的案件进行歪曲、有误导性的宣传和评论,恶意炒作案件。此外,律师也不得以串联组团、联署签名、发表公开信、组织网上聚集声援等方式或者借个案研讨之名,制造舆论压力,攻击、诋毁司法机关和司法制度。

四、微观限度:"真实义务"上的限制

如前所述,虽然我国《律师法》明确要求律师执业必须"以事实为根据",但是律师所承担的真实义务与公安司法机关所承担的真实义务却是迥异的。根据现行《刑事诉讼法》第 52 条的规定,审判人员、检察人员、侦查人员必须依照法定程序,收集能够证实犯罪嫌疑人、被告人有罪或者无罪、犯罪情节轻重的各种证据。而辩护律

---

① "争论的目的是说服,对法官使用攻击性策略并不会对说服法官有所帮助。"参见[美]蒙罗·H.弗里德曼、阿贝·史密斯:《律师职业道德的底线》,王卫东译,北京大学出版社 2009 年版,第 88 页。

② 参见李奋飞:《中国律师业的"格局"之辩——以辩护领域的定性研究为基点》,载《政法论坛》2017 年第 4 期。

师在刑事诉讼中的责任则是提出犯罪嫌疑人、被告人无罪、罪轻或者减轻、免除其刑事责任的材料和意见,维护犯罪嫌疑人、被告人的诉讼权利和其他合法权益。即便是获取了不利于犯罪嫌疑人、被告人的证据,其也因为承担着保密义务而不能向公安司法机关提交。换言之,不同于公安司法人员承担的"积极的真实义务",律师所承担的只是一种"消极的真实义务",即不得为了追求有利于当事人的结果,去积极实施歪曲事实、妨碍真相的行为。比如,辩护律师如果明知证人证言是虚假的,就"不得暗示或者设计一个更看似真实的辩护"。① "不考虑程序制度上的差异,无论英美法系国家还是大陆法系国家,都要求律师陈述事实,在法律界限内执业,并对法庭诚实和尊重。"②但是,我国长期以来重打击、轻保护(或者说重国家社会利益、轻个人权利)的刑事司法理念较深,辩护律师承担了过多的"真实义务",尤其体现在立法关于保密义务、拒绝辩护等例外的安排不够合理,导致律师有时不得不牺牲忠诚义务。这不仅不利于维护当事人的权益,也不利于维护律师的职业声誉。

(一)保密义务的例外

虽然,根据《刑事诉讼法》第 62 条第 1 款的规定,"凡是知道案件情况的人,都有作证的义务"。但是,《刑事诉讼法》还在第 48 条规定了辩护律师的保密特权,即对在执业活动中知悉的委托人的有关情况和信息,有权予以保密。《律师法》第 38 条也对律师提出了保守职业秘密的义务,即律师应当保守在执业活动中知悉的国家秘密、商业秘密,不得泄露当事人的隐私。对于在执业活动中知悉的委托人和其他人不愿泄露的有关情况和信息,律师也应当予以保密。律师保密特权和律师保密义务共同构成了律师职业秘密问题的基本内核,是律师职业秘密规则中不可或缺的两个方面。③

作为忠诚义务的应有之义,保密义务对于维系律师与当事人之

---

① [英]约翰·斯普莱克:《英国刑事诉讼程序》,徐美君、杨立涛译,中国人民大学出版社 2006 年版,第 415 页。
② [美]迪特里希·鲁施迈耶:《律师与社会——美德两国法律职业比较研究》,于宵译,上海三联书店 2010 年版,第 140 页。
③ 参见王进喜:《律师职业秘密问题研究》,载陈光中、江伟主编:《诉讼法论丛》第 3 卷,法律出版社 1999 年版,第 314 页。

间的秘密交流,确保律师和当事人之间的坦诚和信任,进而确保当事人获得有效的法律帮助是至关重要的。毕竟,律师若要发挥辩护的最大效用,必须以获悉充分的案件事实信息为前提。而只有律师承担起对当事人的严格保密义务,才可能获得当事人的信任而使其心无芥蒂,充分告知其涉及的案件信息。[1]

但是,根据《刑事诉讼法》《律师法》、全国律协发布的《律师执业行为规范(试行)》的规定,辩护律师对委托人的保密义务也不是绝对的。即对于在执业活动中知悉的"委托人或其他人准备或者正在实施危害国家安全、公共安全以及严重危害他人人身安全的犯罪事实和信息",律师不承担保密义务。

应当说,相关规定将委托人准备或者正在实施的上述三类严重犯罪行为,设置为律师保密义务的例外情形,不仅是正当的,也是必需的。但是,立法将律师从委托人那里获悉的"其他人"准备或正在实施的上述几类犯罪行为也作为保密义务的例外情形就未必是合适的,至少是值得研究的。此外,根据相关法律的规定,对于律师不再承担保密义务的几种情形,似乎可以直接进行揭发检举,或者提供相关证言。未来的制度安排是否可以考虑让律师承担起劝阻、警告等义务,如果无效,再向司法机关进行揭发检举,或者提供相关证言。尤其是,相关规定仅将上述几种情况作为律师保密义务的例外又是远远不够的。未来,可考虑结合一些域外经验。根据律师保密制度发展的经验,确立更为完善的例外情形。例如,在委托人利用律师实施犯罪或严重侵害他人人身、财产权益行为的情况下,律师不再承担保守职业秘密的义务;又如,在委托人授权同意公开时,律师也不再承担这一法律义务;再如,在可能被牵涉到委托人的犯罪行为中时,律师为保护自己的合法权益时,也可以披露委托人的秘密等。[2]

(二)拒绝辩护的例外

根据《律师法》第 32 条的规定,委托人可以拒绝已委托的律师

---

[1] 参见张曙、司现静:《中国辩护律师的真实义务范围研究》,载《辽宁大学学报(哲学社会科学版)》2013 年第 2 期。

[2] 参见刘少军:《保密与泄密:我国律师保密制度的完善——以"吹哨者运动"下的美国律师保密伦理危机为视角》,载《法学杂志》2019 年第 2 期。

为其继续辩护或者代理,同时可以另行委托律师担任辩护人或者代理人。但是,律师接受委托或者指定后,①无正当理由不得拒绝为委托人代理。② 否则,就是对被告人的背弃,也是对辩护律师忠诚义务的违反。因此,《律师法》第 48 条明确规定,律师接受委托后,无正当理由,拒绝辩护或者代理,不按时出庭参加诉讼或者仲裁的,由设区的市级或者直辖市的区人民政府司法行政部门给予警告,可以处 1 万元以下的罚款;有违法所得的,没收违法所得;情节严重的,给予停止执业 3 个月以上 6 个月以下的处罚。

为了对忠诚义务和真实义务这两种法律价值冲突进行协调,《律师法》允许辩护律师在以下三种情况下拒绝辩护:一是委托事项违法;二是委托人利用律师提供的服务从事违法活动;三是委托人故意隐瞒与案件有关的重要事实的。当然,根据《律师执业行为规范》第 42 条的规定,即使出现了上述三种情况,辩护律师也并非就要直接采取拒绝辩护的方式。也就是说,在拒绝辩护之前,律师可以先告知委托人,并与其进行充分交流,并向其提出整改建议,如果其不予理会,或仍坚持要求律师"从事违法活动",律师再行使拒绝辩护的权利。

显然,《律师法》所设定的上述三项例外,是明显有利于辩护律师而不利于当事人的。其之所以没有引发律师滥用该权利的问题,是因为律师在接受委托后,如果仅仅因为委托人的委托事项违法或者委托人提出了违法的要求就拒绝辩护,会对自己的收益带来不利影响。因此,即使辩护律师可以行使该权利,其也不会轻易行使。毕竟,律师需要通过执业而维持生计。从笔者的个别访谈来看,在律师的辩护实践中,委托人的委托事项违法,或者委托人向律师提出了一些违法要求的情况,并非罕见。在遇到这种情况时,律师通常只是委婉地拒绝接受该委托事项或者要求,然后继续为其进行辩护,而不会轻易采取拒绝辩护或者退出辩护的方式。而且,在辩护律师看来,对于委托人"隐瞒事实"的情况,更是不会将其作为

---

① 在贵州习水性侵犯幼女案中,一些原本由司法部门为被告人指定的辩护律师,就曾以"我不愿为这种人辩护"为理由,拒绝为本案的几名被告人辩护。参见顾德仁、李胜雄:《论律师的拒绝辩护权》,载《中共太原市委党校学报》2011 年第 2 期。

② 参见《律师职业道德和执业纪律规范》第 33 条。

拒绝辩护的理由的。道理很简单，一个要求了解全部事实的律师是不受欢迎的，也不容易得到委托人的信任。我们认为，将"委托人故意隐瞒与案件有关的重要事实"的情形，作为律师拒绝辩护的理由确实有所不妥。

首先，作为犯罪嫌疑人、被告人的一项基本诉讼权利，获得辩护权不应因隐瞒了所谓的重要事实而被限制。无论是按照《宪法》，还是按照《刑事诉讼法》，获得辩护权都是犯罪嫌疑人、被告人的一项基本诉讼权利。而"获得辩护"的核心则是获得律师的有效辩护。① 毫无疑问，不要说是"隐瞒了重要事实"的犯罪嫌疑人、被告人，即使是彻底保持沉默的犯罪嫌疑人、被告人，也有权获得辩护。保障犯罪嫌疑人、被告人依法享有的辩护权不仅是公安司法机关的义务，更是辩护律师的天职所在。犯罪嫌疑人、被告人向办案机关隐瞒某个事实的动机可能是为了逃脱惩罚或避免更严厉的惩罚。而向辩护律师隐瞒某个事实则可能是因为其认为该事实对律师的辩护没有意义或意义不大，② 也可能是因为担心律师知悉了该事实后会对其辩护带来不利的影响，抑或因为其相信律师即使不掌握该事实，也不影响其为自己做出有效的辩护。③ 当然，有时也不排除是因为其对律师尚不够信任，担心该事实告知律师后会被泄露出去。不过，无论犯罪嫌疑人、被告人是基于何种动机隐瞒了事实，通常并不会妨碍律师的辩护活动，基本上也不会给律师的辩护带来执业上的风险，因此，也不应成为律师拒绝辩护，从而限制犯罪嫌疑人、被告

---

① 参见尹晓红：《获得律师的有效辩护是获得辩护权的核心：对宪法第 125 条获得辩护条款的法解释》，载《河北法学》2013 年第 5 期。

② "将对律师不完全坦白的当事人说成精明主动的是不准确也不公平。尤其当这个当事人是面对敌对的世界孤军奋战时，他可能是惊恐的并且困惑的——甚至像保罗指出的那样，不能完全弄明白他自己到底发生了什么事情。他所需要的是律师基于事实作出的明智的建议。并且直到当事人得到律师的基于案件真实情况的指导，该当事人才可以真正明智地决定应该保留什么。"参见[美]蒙罗·H.弗里德曼、阿贝·史密斯：《律师职业道德的底线》，王卫东译，北京大学出版社 2009 年版，第 172 页。

③ 比如，在某杀人案件的指控中，被告人并没有作案时间，案发时其实际上在情人家里。但是，为了不让别人（包括律师）知道自己有婚外情，被告人隐瞒了这个事实。或许，其相信即使辩护律师不掌握此事实，也不影响其为自己进行无罪辩护。在一些极端的情况下，被告人可能宁愿承受蒙冤入狱的后果，也不希望律师知道并向法庭抛出该事实。在这种情况下，律师即使通过其他渠道知悉了该事实，也应当尊重被告人意志。

人获得律师辩护权利的根据。

其次,作为以维护犯罪嫌疑人、被告人合法权益为己任的诉讼参与人,辩护律师只承担"消极的真实义务",并不承担警察、检察官所承担的"积极的真实义务"。因此,辩护律师在为犯罪嫌疑人、被告人辩护时,只是不得积极地歪曲真实,而不需要掌握全部真实。甚至,在美国著名律师艾伦·德肖维茨看来,律师在为确实有罪的被告辩护时,还可以用一切合法的手段来隐瞒"全部事实"。"对被告辩护律师来说,如果证据是用非法手段取得的,或该证据带有偏见,损害委托人的利益,那么他不仅应当反对而且必须反对法庭认可该证据,尽管该证据是完全真实的。"①

最后,律师充分掌握案情,尽管很多时候确实有助于其对案件进行客观分析,并在此基础上提出中肯的辩护方案,进而为被告人提供有效的辩护。但是,这并不意味着律师掌握的事实越全面越好。相反,有时律师知悉了某些事实,反而会给辩护活动带来障碍。日本律师佐藤博史就指出,辩护人开始时应当这样告诉被告人:"这个情况很重要,请您认真听。我作为辩护人,为了使辩护活动能够达到预期效果,我需要知道一些真实的情况。当然,与您希望的裁判结果不一致的事实,我并不想知道。如果我知道了这些事实,会给辩护活动带来很大的障碍。最不理想的结果可能是我不得不辞去辩护人的职务。因此,请您把某些事情告诉我,请注意不要把那些与实现您的目标相矛盾的内容告诉我。请您讲吧。"②

(三)可否建议当事人保持沉默

如前所述,辩护律师在刑事诉讼中承担着"消极的真实义务",即不得积极实施歪曲事实的行为的义务。对于律师所承担的这种"消极的真实义务",《刑事诉讼法》和《律师法》均作了明确规定。根据《刑事诉讼法》第44条第1款的规定,辩护人或者其他任何人,不得帮助犯罪嫌疑人、被告人隐匿、毁灭、伪造证据或者串供,不得威胁、引诱证人作伪证以及进行其他干扰司法机关诉讼活

---

① [美]艾伦·德肖维茨:《最好的辩护》,唐交东译,法律出版社1994年版,第8页。
② [日]佐藤博史:《刑事辩护的技术与伦理》,于秀峰、张凌译,法律出版社2012年版,第47页。

动的行为。根据《律师法》第 40 条的规定，律师在职业活动中不得有故意提供虚假证据或者威胁、利诱他人提供虚假证据等行为。此外，《律师办理刑事案件规范》第 7 条也规定："律师参与刑事诉讼活动，不得帮助犯罪嫌疑人、被告人隐匿、毁灭、伪造证据或者串供，不得威胁、引诱证人作伪证以及进行其他干扰司法机关诉讼活动的行为。"第 253 条还规定，律师不得有故意向司法机关提供虚假证据或者威胁、利诱他人提供虚假证据等行为。

这里有个最为突出的问题是，由于按照现行《刑事诉讼法》的规定，辩护律师在会见犯罪嫌疑人、被告人时是不被监听的，[1]因此，有不少人担心会有律师违反职业伦理要求，在会见时向犯罪嫌疑人、被告人通风报信、教唆其翻供。不过，向犯罪嫌疑人、被告人通风报信、教唆其翻供固然是违反职业伦理的；但是，辩护律师是否可以在会见时建议、劝导、怂恿犯罪嫌疑人对侦查人员的讯问保持沉默呢？要回答这个问题，首先需要判断中国是否确立了沉默权制度。如果在中国的刑事诉讼中，沉默权已是犯罪嫌疑人的权利，那么，律师围绕如何行使该权利对其进行建议、劝导、怂恿，并不违反辩护人的消极真实义务。[2] 应该说，对于中国是否实际确立了犯罪嫌疑人的沉默权，目前法律人尚存在明显的分歧。比较流行的观点是，法律文本并没有确立沉默权制度。不过，也有学者认为，中国已经确立了"默示的沉默权"，其法律依据就是《刑事诉讼法》第 52 条的规定。而对于《刑事诉讼法》第 120 条"犯罪嫌疑人对侦查人员的提问，应当如实回答"的规定，其解释是："犯罪嫌疑人对侦查人员的提问，可以选择回答，也可以选择沉默，但如果选择回答，那就要如实陈述。换言之，犯罪嫌疑人有沉默权，但是没有说谎权。"[3]

本章基本认同上述解释。实际上，在《刑事诉讼法》确立"不得强迫任何人证实自己有罪"之前，也可以从辩护权中推出"默示的沉

---

[1] 此规定对于保障辩护律师依法履行辩护职责，维护被追诉人合法权益具有重大的积极意义。参见陈学权：《"会见不被监听"对律师职业伦理的挑战及应对》，载《法学杂志》2012 年第 11 期。

[2] 参见[日]佐藤博史：《刑事辩护的技术与伦理》，于秀峰、张凌译，法律出版社 2012 年版，第 105 页。

[3] 何家弘：《中国已确立沉默权制度》，载《人民法院报》2012 年 8 月 1 日。

默权"。作为公民的一项宪法性权利,辩护权的基本含义就是,在面临刑事指控的情况下,被追诉人可以进行积极的辩解、申辩和反驳。但是,进行辩解、申辩和反驳,是权利,而非义务。由于是权利,则既可以行使,也可以放弃。而无论选择哪种方式,都是辩护权的应有之义。[1] 据此,我们认为,律师在会见犯罪嫌疑人时建议、劝导乃至怂恿其对侦查人员的讯问保持沉默,并不违反辩护人的"消极的真实义务"。《律师办理刑事案件规范》第 61 条规定,辩护律师为犯罪嫌疑人提供法律咨询,应当告知犯罪嫌疑人有"不被强迫证实自己有罪的权利"等基本权利。但是,辩护律师不得建议、劝导乃至怂恿其向办案机关进行虚假陈述。

五、结语

作为整个法律体系变迁的缩影,中国律师职业自改革开放以来尤其是 1996 年《律师法》制定之后无疑也已经历了巨大变迁,具体表现在律师业自治程度的加强、律师界在公共生活中扮演越来越重要的角色、律师业务分工的逐渐细化,以及专业化程度要求更高的非讼业务的飞跃式增长等。[2] 从当前的发展趋势来看,被定位为"为当事人提供法律服务的执业人员"的律师,由于扮演着维护"消极的真实义务"和社会公平、正义的角色,因此,其既不同于国家机构人员,也非完全意义上见诸私利的市场主体。换言之,中国律师或将长期处在国家干预和行业自治的中间地带。[3] 相应地,刑事辩护要从"椭圆理论"(刑事辩护存在被告人和法院两个中心)走向"圆形理论"(刑事辩护以被告人为单一中心),[4]也将是个长期的过程。

不过,历史终究要向前发展的。随着 2017 年《律师办理刑事案件规范》的实施,辩护律师的忠诚义务得到了明显强化,特别突显了对当事人意愿的尊重。虽然《律师办理刑事案件规范》第 5 条将是

---

[1] 参见李奋飞:《中国确立沉默权了吗》,载《检察日报》2014 年 5 月 14 日。

[2] 参见程金华、李学尧:《法律变迁的结构性制约——国家、市场与社会互动中的中国律师职业》,载《中国社会科学》2012 年第 7 期。

[3] 参见李奋飞:《中国律师业的"格局"之辨——以辩护领域的定性研究为基点》,载《政法论坛》2017 年第 4 期。

[4] 参见[日]佐藤博史:《刑事辩护的技术与伦理》,于秀峰、张凌译,法律出版社 2012 年版,第 40 页以下。

否"有利于当事人"作为辩护律师可否违背当事人意愿的标准并非没有缺陷和有待商榷之处,但是,该条的重要意义却是不容置疑的。其不仅符合未来辩护律师职业伦理制度的发展方向,也有助于促使辩护律师逐步抛弃那种传统的"独立辩护论",从而将维护当事人的利益和尊重当事人的意愿作为一切工作的出发点和归宿。

可以预见的是,"忠诚义务"必将在未来中国律师职业伦理中居于越来越重要的地位,直至"圆形理论"被广泛接纳。这样,"一个辩护人,在履行其职责的时候,只认识一个人,那就是其当事人。对辩护人而言,其最重要且唯一的职责就是,使用一切方式挽救其当事人、为其谋利,并把危险和负担转移到其他人身上。在辩护人履行上述职责时,他必须无视其可能对其他人造成的惊慌、痛苦以及破坏"。① 不过,"圆形理论"越是得到接纳,律师职业伦理的塑造就越是重要。也正是出于这种考虑,本章才试图从"执业目标""独立辩护""真实义务"三个角度,对辩护律师忠诚义务的边界和限度进行讨论。虽然缺乏实证的分析,也谈不上系统的提炼,但却是"以问题为导向"的探索。

当然,"忠诚义务"的边界和限度问题,绝不仅仅限于前文中所研究的内容,实际还涉及利益冲突问题。"忠实义务是律师和委托人之间代理关系的基石,各种关于利益冲突的规则都体现了忠实原则的范围和界限。"②对于那些直接的利益冲突,《律师法》和《律师执业行为规范》都采取了严格禁止的态度和立场。例如,《律师法》第39条规定:"律师不得在同一案件中为双方当事人担任代理人,不得代理与本人或者其近亲属有利益冲突的法律事务。"又如,根据《律师执业行为规范》第51条的规定,除在该县区域内只有一家律师事务所且事先征得当事人同意外,同一律师事务所的不同律师不得同时担任同一刑事案件的被害人的代理人和犯罪嫌疑人、被告人的辩护人。再如,"同一名律师不得为两名或两名以上的同案犯罪嫌疑人、被告人辩护,不得为两名或两名以上的未同案处理但涉嫌的犯罪存在关联的犯罪嫌疑人、被告人辩护"。而对于那些

---

① [美]蒙罗·H.弗里德曼、阿贝·史密斯:《律师职业道德的底线》,王卫东译,北京大学出版社2009年版,第74页。

② 转引自许身健主编:《律师职业伦理》,北京大学出版社2017年版,第117页。

间接的利益冲突,《律师执业行为规范》则作了允许律师代理的例外,但前提是当事人要签署知情同意书,表明其已经知悉存在利益冲突的基本事实和可能产生的法律后果,以及当事人明确同意与律师事务所及律师建立或维持委托关系。例如,担任刑事案件犯罪嫌疑人、被告人的辩护人,而其同所的其他律师是该案件被害人的近亲属的;又如,同一律师事务所接受两名或两名以上的同案犯罪嫌疑人、被告人的委托,分别指派不同的律师担任辩护人的。

不过,和本章讨论的其他诸多问题一样,律师执业中的利益冲突问题也是较为复杂的。因为,其不仅关系委托人的利益,还涉及其他同案被告人的利益。因此,俄罗斯《律师职业道德法典》就明确规定:律师——辩护人不得没有必要地恶化其他被审人的处境。对于与被辩护人的利益相矛盾的其他被审人,只有在不反对他就不能充分地为律师的委托人进行辩护的条件下,律师反对的行为才是正当的。